广东省村（居）民委员会换届选举规程指引

广东省民政厅　编著

版权所有　翻印必究

图书在版编目（CIP）数据

广东省村（居）民委员会换届选举规程指引/广东省民政厅编著. —广州：中山大学出版社，2017.1

ISBN 978-7-306-05977-2

Ⅰ. ①广… Ⅱ. ①广… Ⅲ. ①村民委员会—选举—规程—广东　②居民委员会—选举—规程—广东　Ⅳ. ①D638-65

中国版本图书馆 CIP 数据核字（2017）第 011137 号

出 版 人：	徐　劲
策划编辑：	吕肖剑
责任编辑：	高　润
封面设计：	林绵华
责任校对：	陈俊婵
责任技编：	何雅涛
出版发行：	中山大学出版社
电　　话：	编辑部 020-84110283，84113349，84111997，84110779
	发行部 020-84111998，84111981，84111160
地　　址：	广州市新港西路 135 号
邮　　编：	510275　　传　真：020-84036565
网　　址：	http://www.zsup.com.cn　E-mail:zdcbs@mail.sysu.edu.cn
印 刷 者：	广州家联印刷有限公司
规　　格：	787mm×1092mm　1/16　19 印张　462 千字
版次印次：	2017 年 1 月第 1 版　2017 年 1 月第 1 次印刷
定　　价：	21.60 元

如发现本书因印装质量影响阅读，请与出版社发行部联系调换

编委会

主　编：卓志强

副主编：骆招群

编　委：周惠明　吴金卫　刘志才　刘德华　谢　军
　　　　叶小燕　陈　科　张伟敏　苏惠玲　何　蜜

前　言

　　任期届满，依法换届。村民委员会和社区居民委员会换届选举是城乡基层组织建设的一件大事，对于加强城乡基层治理，推进城乡社区治理体系和治理能力现代化，夯实党在基层的执政基础，具有十分重要的意义。为了帮助全省广大村（居）民和村民委员会、社区居民委员会换届选举工作人员更好地学习和掌握《中华人民共和国宪法》《中华人民共和国村民委员会组织法》《中华人民共和国城市居民委员会组织法》《广东省实施〈中华人民共和国村民委员会组织法〉办法》《广东省实施〈中华人民共和国城市居民委员会组织法〉办法》和《广东省村民委员会选举办法》等法律、法规和政策文件精神，方便掌握选举的规则和程序要求，根据上述法律、法规和中央、广东省的有关文件规定，我们组织编写了这本《广东省村（居）民委员会换届选举规程指引》。希望通过加强组织指导和规范选举程序，确保全省村（居）民委员会依法依规、平稳顺利地完成换届选举工作。

　　本指引仅作为广东省第七届村民委员会、第六届社区居民委员会换届选举的工作指导意见，为实际操作提供参考。

编　者
2016 年 12 月

目 录

第一编 村民委员会选举规程指引

第一章 概 述 ………………………………………………………… (3)
　　第一节　我国的选举制度 ……………………………………………… (3)
　　第二节　村民委员会选举的重要意义 ………………………………… (4)
　　第三节　村民委员会选举的法律基础 ………………………………… (6)
　　第四节　村民委员会选举的基本原则 ………………………………… (8)
第二章 村党组织在村民委员会选举中的作用 …………………… (10)
第三章 选举准备 ……………………………………………………… (12)
　　第一节　调查摸底 ……………………………………………………… (12)
　　第二节　民主评议 ……………………………………………………… (17)
　　第三节　责任审计 ……………………………………………………… (19)
　　第四节　部署动员 ……………………………………………………… (21)
　　第五节　落实经费 ……………………………………………………… (27)
第四章 选举机构 ……………………………………………………… (28)
　　第一节　乡镇以上选举机构 …………………………………………… (28)
　　第二节　村的选举工作机构 …………………………………………… (30)
第五章 参加选举村民的登记 ………………………………………… (39)
　　第一节　参选资格认定 ………………………………………………… (39)
　　第二节　做好登记工作 ………………………………………………… (40)
　　第三节　审核公布名单 ………………………………………………… (43)
　　第四节　办理委托投票和发放参选证 ………………………………… (46)
第六章 推选村民代表和选举村民小组长 …………………………… (49)
　　第一节　推选村民代表 ………………………………………………… (49)
　　第二节　选举村民小组长 ……………………………………………… (52)
第七章 选举方式 ……………………………………………………… (58)
　　第一节　村民委员会的职位和职数 …………………………………… (58)
　　第二节　村民委员会成员任职条件 …………………………………… (60)
　　第三节　有候选人的直接选举方式 …………………………………… (64)
　　第四节　无候选人的直接选举方式 …………………………………… (68)

第八章　选举竞争 ·· (69)
   第一节　选举竞争的组织和形式 ··· (69)
   第二节　竞争演讲的时间和内容 ·· (70)
   第三节　选举竞争应注意的问题 ·· (71)

第九章　投票选举 ·· (73)
   第一节　投票准备工作 ·· (73)
   第二节　正式投票选举 ·· (84)
   第三节　换届选举期间村民委员会的日常管理 ································ (97)
   第四节　做好后续工作 ·· (98)

第十章　另行选举和重新选举 ·· (103)
   第一节　另行选举 ··· (103)
   第二节　重新选举 ··· (105)

第十一章　村务监督委员会 ··· (106)

第十二章　选举监督和选举观察 ·· (109)
   第一节　选举监督 ··· (109)
   第二节　选举观察 ··· (111)

第十三章　违法违规违纪行为的查处 ·· (118)
   第一节　违法违规违纪行为的受理 ·· (118)
   第二节　违法违规违纪行为的调查 ·· (119)
   第三节　违法违规违纪行为的认定 ·· (119)
   第四节　违法违规违纪行为的处理 ·· (121)

第十四章　无效选举 ··· (122)
   第一节　无效选举的认定机关 ··· (122)
   第二节　无效选举的认定标准 ··· (123)
   第三节　无效选举的具体处理 ··· (124)

第十五章　村民委员会成员的罢免、辞职、职务自行终止与补选 ·· (126)
   第一节　村民委员会成员的罢免 ·· (126)
   第二节　村民委员会成员的辞职 ·· (129)
   第三节　村民委员会成员的职务自行终止 ····································· (130)
   第四节　村民委员会成员的补选 ·· (131)
   第五节　村民代表、村民小组长、村务监督委员会成员的罢免、辞职、职务
           自行终止和补选 ··· (133)

第十六章　验收和总结 ··· (136)
   第一节　选举验收 ··· (136)
   第二节　立卷归档 ··· (137)
   第三节　工作总结 ··· (141)

第十七章　村民委员会换届选举信访处理 …………………………………（142）

第二编　社区居民委员会选举规程指引

第一章　基本要求 ……………………………………………………………（149）
  第一节　社区居民委员会选举的法律基础 ………………………………（149）
  第二节　社区居民委员会选举的基本原则 ………………………………（151）
第二章　选举准备 ……………………………………………………………（153）
  第一节　调查摸底 …………………………………………………………（153）
  第二节　民主评议 …………………………………………………………（158）
  第三节　责任审计 …………………………………………………………（159）
  第四节　组织部署 …………………………………………………………（161）
  第五节　落实经费 …………………………………………………………（165）
第三章　社区选举委员会 ……………………………………………………（166）
  第一节　推选社区选举委员会 ……………………………………………（166）
  第二节　制定选举实施方案 ………………………………………………（168）
第四章　参加选举居民、户代表登记 ………………………………………（174）
  第一节　参选资格认定 ……………………………………………………（174）
  第二节　参选居民、户代表登记 …………………………………………（174）
第五章　推选居民代表和居民小组长 ………………………………………（183）
第六章　候选人 ………………………………………………………………（185）
  第一节　确定候选人 ………………………………………………………（185）
  第二节　候选人竞选 ………………………………………………………（190）
第七章　投票选举 ……………………………………………………………（192）
  第一节　投票准备工作 ……………………………………………………（192）
  第二节　投票选举程序 ……………………………………………………（197）
  第三节　另行选举 …………………………………………………………（204）
  第四节　重新选举 …………………………………………………………（205）
  第五节　颁发当选证书 ……………………………………………………（206）
  第六节　推选社区居务监督委员会成员 …………………………………（206）
第八章　交接与总结 …………………………………………………………（208）
  第一节　工作交接 …………………………………………………………（208）
  第二节　资料存档 …………………………………………………………（208）
  第三节　培训与建章立制 …………………………………………………（209）
第九章　罢免、辞职、职务自行终止与补选 ………………………………（210）
  第一节　罢免 ………………………………………………………………（210）

第二节　辞职 ·· (212)
　　第三节　职务自行终止 ·· (212)
　　第四节　补选 ·· (213)
　　第五节　居民代表、居民小组长的罢免、辞职、职务自行终止和补选 ······ (214)
第十章　违法违规违纪行为的查处 ··· (216)
　　第一节　违法违规违纪行为 ·· (216)
　　第二节　违法违规违纪行为的查处 ··· (217)

第三编　换届选举法律法规文件汇编

中华人民共和国宪法（摘录） ·· (223)
中华人民共和国村民委员会组织法 ·· (224)
中华人民共和国城市居民委员会组织法 ··· (229)
党的十八大报告节选和党的十八届三中全会有关精神 ························· (231)
中华人民共和国治安管理处罚法（摘录） ······································ (233)
全国人民代表大会常务委员会关于《中华人民共和国刑法》第九十三条第二款的
　解释释义 ··· (235)
广东省实施《中华人民共和国村民委员会组织法》办法 ······················· (236)
广东省实施《中华人民共和国城市居民委员会组织法》办法 ·················· (243)
广东省村民委员会选举办法 ·· (245)
广东省村务公开条例 ·· (252)
中共中央办公厅　国务院办公厅《关于加强和改进村民委员会选举工作的通知》
　（中办发〔2009〕20号） ·· (255)
中共中央纪委　中共中央组织部　民政部《关于认真解决村级组织换届选举中
　"贿选"问题的通知》（组通字〔2006〕30号） ····························· (259)
中共中央组织部　民政部《关于进一步严肃村"两委"换届工作纪律的通知》
　（组通字〔2010〕59号） ·· (261)
民政部《关于切实做好城市社区居民委员会换届选举工作的通知》
　（民函〔2009〕43号） ··· (263)
中共广东省委办公厅　广东省人民政府办公厅《关于加强和改进村民委员会
　建设的实施意见》（粤办发〔2011〕22号） ································· (265)
中共广东省委办公厅　广东省人民政府办公厅《关于加强城市社区居民委员会
　规范化建设的实施意见》（粤办发〔2011〕22号） ························· (269)
广东省民政厅　广东省监察厅　广东省财政厅《关于印发〈广东省村务监督
　委员会工作规则〉的通知》（粤民发〔2015〕92号） ······················· (272)
广东省民政厅《关于农村城市化中社区居委会设置有关问题的批复》
　（粤民基〔2003〕34号） ·· (278)

广东省民政厅《关于社区居民委员会名称、印章、衔牌问题的补充通知》
（粤民基〔2002〕5号） ………………………………………………………（279）
广东省民政厅 公安厅《关于制发村（居）民小组印章问题的通知》
（粤民基〔2000〕35号） ………………………………………………………（280）
广东省档案局 民政厅《关于印发〈广东省村民委员会档案管理暂行办法〉的
通知》（粤档发〔2001〕47号） ……………………………………………（281）
国务院办公厅转发民政部、公安部《关于规范村民委员会印章制发使用和管理
工作意见》的通知（国办发〔2001〕52号） ………………………………（283）
广东省人民政府办公厅《关于乡、镇人民政府，村民委员会、居民委员会名称、
印章、衔牌问题的通知》（粤府办〔1998〕74号） ………………………（285）
城市社区档案管理办法 ………………………………………………………（286）

后　记 ……………………………………………………………………………（292）

第一编
村民委员会选举规程指引

　　村民委员会选举规程指引依据《中华人民共和国村民委员会组织法》《广东省实施〈中华人民共和国村民委员会组织法〉办法》《广东省村民委员会选举办法》和《中共中央办公厅 国务院办公厅关于加强和改进村民委员会选举工作的通知》（中办发〔2009〕20号）、民政部印发的《村民委员会选举规程》，以及其他选举相关文件综合制定，具体指导全省第七届村民委员会的换届选举工作。

第一章 概 述

规程,简单来说就是"规则+程序"。所谓规则,即工作的要求、规定、标准和制度等;所谓程序,则是为实现特定目标而采取的一系列前后相继的行动组合,也即多个活动组成的工作程序。因此,规程可以定义为:使工作程序贯穿一定的标准、要求和规定。

村民委员会和社区居民委员会换届选举具有极强的法律性、技术性和专业性,每个步骤、每个环节都有详细而严格的规定。要想让严谨而规范的法律法规条款变得更容易理解和操作,制定规程并按照规程操作就是一个极为重要的途径。因此,一定要从思想上树立规程意识,依法严格按照规程组织开展村民委员会和社区居民委员会换届选举工作,切实做到该有的程序一个不少,该有的步骤一个不缺,该有的环节一个不省,该交给村(居)民的民主权利一个不留。

村民自治是在基层党组织领导和乡镇人民政府指导下,由村民依法通过民主选举、民主决策、民主管理、民主监督和参与农村社区建设,实现自我管理、自我教育、自我服务、自我监督。我国实行的村民自治是中国特色社会主义村民自治,是党的领导、发挥民主、依法办事的有机统一,与西方国家的自治有着本质的区别,也不是类似民族区域的自治和香港、澳门的特区自治。村民自治必须在中国共产党的领导下依法进行,不允许搞脱离中国共产党的领导的村民自治。村民委员会简称"村委会",是农村基层群众性自治组织,实行民主选举、民主决策、民主管理、民主监督。村民委员会是党和政府联系农民群众的桥梁和纽带,是国家基层政权的延伸,是村民会议和村民代表会议决策的执行者、农民群众参与基层社会治理的组织者、农村经济社会事务的管理者。村民委员会依法办理农村经济社会事务和公益事业,协助乡镇(街道)做好农村基层经济社会管理和公共服务工作。

村民委员会成员由村民直接选举产生。这是中国共产党在总结历史经验的基础上,为加强和改善党在农村的领导,正确解决新形势下的农民问题,保证农民当家作主,充分调动农民积极性,建设社会主义新农村而作出的一项重要决策;也是实行村民民主决策、民主管理、民主监督的前提和基础。了解我国的选举制度,掌握村民委员会选举的重要意义、法律基础、基本原则等重要内容,对于做好村民委员会民主选举,全面推进中国特色社会主义村民自治工作具有重要的意义。

第一节 我国的选举制度

一、选举制度的概念

选举制度是指选举各级人民代表大会代表及国家有关公职人员和选举村(居)民委

员会成员应遵循的各项制度的总称。选举制度是国家制度的重要组成部分。选举制度的本质是由国家制度的本质决定的，我国的国家性质决定了我国选举制度的性质——中国特色社会主义民主的选举制度。

二、选举制度的内容

选举制度一般由选举原则、选举程序和当选制度等构成，具体包括选举权和被选举权，候选人的资格、产生程序和竞争选举，选举的分类，选举结果的宣布等内容。

1. 选举权和被选举权

我国法律规定，凡年满18周岁的中华人民共和国公民，除依法被剥夺政治权利的人外，都有选举权和被选举权，充分保障了人民当家作主、参加管理国家事务的民主权利。

2. 候选人的资格、产生程序和竞争选举

村民委员会成员候选人的年龄限制在实际操作过程中暂时参考国家公务员退休制度；候选人产生的程序，即由谁、用什么方式提名产生候选人；候选人竞争选举，即向参选村民介绍候选人的情况，候选人发表治政、治村演讲，开展竞争选举活动。

3. 选举的分类

从不同的角度看，选举有很多类别。根据选举权的行使程序，选举可以分为直接选举和间接选举；根据投票行为的公开程度，选举可以分为公开选举和秘密选举等。

4. 选举结果的宣布

根据一定的当选制度对选票进行统计，并将统计结果公之于众，确认选举结果的合法性和有效性。为了保证选举的公开、透明和客观、公正性，应当公开计票，当场公布选举结果。

以上介绍的只是选举程序中的部分内容。在我国，村民委员会选举制度是社会主义选举制度的重要组成部分，对于实现人民当家作主具有重大作用。

第二节 村民委员会选举的重要意义

村民委员会选举是受法律规范调整和保护的村级自治体内部的选举，是我国社会主义民主在农村最广泛的实践形式之一。在民主选举、民主决策、民主管理、民主监督"四个民主"中，民主选举是党委、政府和群众最重视、法律法规最完善、贯彻执行最给力的一个环节，但也是农村矛盾最集中的一个环节。在当前经济社会不断发展和改革开放不断深入的大背景下，村民委员会选举具有重要的意义。

一、村民委员会选举是贯彻落实党和政府的方针、政策，促进农村社会主义物质文明和精神文明建设的有力保证

村民委员会是我国农村基层政权的延伸。在农村，党和国家的各项方针、政策的落实，改革开放和现代化建设各项任务的完成，都要依靠村民委员会动员和组织群众来实

现。村民委员会换届选举，三年一届，把农村最优秀的人才选进村民委员会，同时把那些不称职的村民委员会成员，甚至是贪官选下去，保持村民委员会的生机和活力，为我国农村的改革、发展和稳定提供强有力的组织保证。

二、村民委员会选举是农村基层社会主义民主建设的重要内容

社会主义民主是社会主义的本质要求和内在属性，它的本质和核心是人民当家作主。党的十八大提出："要健全基层党组织领导的充满活力的基层群众自治机制。"2012年12月，习近平总书记在首都各界纪念现行宪法公布施行三十周年大会上的讲话指出："国家的根本制度和根本任务，国家的领导核心和指导思想，工人阶级领导的、以工农联盟为基础的人民民主专政的国体，人民代表大会制度的政体，中国共产党领导的多党合作和政治协商制度、民族区域自治制度以及基层群众自治制度，爱国统一战线，社会主义法制原则，民主集中制原则，尊重和保障人权原则，等等，这些宪法确立的制度和原则，我们必须长期坚持、全面贯彻、不断发展。"因此，建设高度的社会主义民主始终是党和国家一个长期奋斗的目标。建设社会主义民主离不开广大农村阵地。正如彭真同志指出的那样，把村民委员会搞好，等于办好八亿农民的民主训练班，使人人养成民主生活的习惯。这是发展社会主义民主的一项很重要的基础工作，也是农村基层社会主义民主建设的重要内容。

三、村民委员会选举是党的群众路线在新形势下的新发展和从严治党的内在要求

中国共产党在长期的革命斗争中，形成了相信群众、尊重群众、依靠群众，从群众中来，到群众中去的优良传统。党的十八届六中全会指出，我们党来自人民，失去人民的拥护和支持，党就会失去根基。全党必须贯彻党的群众路线，为群众办实事、解难事，当好人民公仆。坚持问政于民、问需于民、问计于民，决不允许在群众面前自以为是、盛气凌人，决不允许当官做老爷、漠视群众疾苦，更不允许欺压群众、损害和侵占群众利益。必须坚决反对形式主义、官僚主义、享乐主义和奢靡之风。正是因为我们党始终坚持这条路线，始终坚持从严治党，才赢得了最广大人民群众的信赖、支持和拥戴，才取得了革命的伟大胜利，取得了经济社会的飞速发展。在新形势下，村民委员会由村民直接选举，正是党的群众路线在新形势下的新发展。村民委员会三年一选，村民群众选谁不选谁，投谁一票，都会在心中掂量，用秤称一称。村民群众自己选出的带头人体现了村民群众的意愿，有群众基础，受群众拥护。

四、村民委员会选举是密切农村党群、干群关系，稳定农村社会秩序的有效途径

当前在农村基层社会生活中，在某些地方的某项工作上还存在诸多难点、热点问题，如村务公开、财务管理、土地征收征用、生产资料分配、宅基地划分、村干部作风、侵占农民利益等，导致农民集体上访的增加和群体性事件的发生，造成党群、干群关系紧张。这些问题如何解决？实践证明，有了村民委员会民主选举，村民掌握了村民委员会成员的

选举权，就可以监督村民委员会成员依法依规办事，解决农村基层存在的矛盾和问题，改善农村党群、干群关系，维护农村社会的良好秩序。

综上所述，我们要充分认识村民委员会选举工作的重要意义，按照党的十八大关于"健全基层党组织领导的充满活力的基层群众自治机制"和党的十八届六中全会关于全面从严治党的要求，认真组织开展村民委员会换届选举工作，认真研究解决存在的问题，把以"党的领导、直接选举、公正有序"为基本要求的村民委员会选举实践进一步推向深入。

第三节　村民委员会选举的法律基础

《中华人民共和国宪法》（以下简称《宪法》）、《中华人民共和国村民委员会组织法》（以下简称《村组法》）、国家相关法律、广东省地方性配套法规、中央政策和我省相关规范性文件共同构成我省村民委员会选举的法律基础。

一、《宪法》是村民委员会选举的最高法律依据

《宪法》第一百一十一条规定："城市和农村按居民居住地区设立的居民委员会或者村民委员会是基层群众性自治组织。居民委员会、村民委员会的主任、副主任和委员由居民选举。居民委员会、村民委员会同基层政权的相互关系由法律规定。居民委员会、村民委员会设人民调解、治安保卫、公共卫生等委员会，办理本居住地区的公共事务和公益事业，调解民间纠纷，协助维护社会治安，并且向人民政府反映群众的意见、要求和提出建议。"

二、《村组法》和国家相关法律是村民委员会选举的基本法律依据

《村组法》作为村民自治的基本法，对村民委员会选举作出了具体的规定。《村组法》第二条规定："村民委员会是村民自我管理、自我教育、自我服务的基层群众性自治组织，实行民主选举、民主决策、民主管理、民主监督。村民委员会办理本村的公共事务和公益事业，调解民间纠纷，协助维护社会治安，向人民政府反映村民的意见、要求和提出建议。村民委员会向村民会议、村民代表会议负责并报告工作。"第六条规定："村民委员会由主任、副主任和委员共三至七人组成。"第十一条规定："村民委员会主任、副主任和委员，由村民直接选举产生。任何组织或者个人不得指定、委派或者撤换村民委员会成员。村民委员会每届任期三年，届满应当及时举行换届选举。村民委员会成员可以连选连任。"

三、我省地方性配套法规是村民委员会选举的具体法律依据

《广东省实施〈中华人民共和国村民委员会组织法〉办法》（以下简称《实施办法》）、《广东省村民委员会选举办法》（以下简称《选举办法》）以及其他相关法规，是我省村民自治和村民委员会选举的地方配套法规，对村民委员会的选举作出了具体而明确

的规定，是村民委员会选举的具体法律依据。其中，《实施办法》第二条规定："村民委员会是村民自我管理、自我教育、自我服务的基层群众性自治组织，实行民主选举、民主决策、民主管理、民主监督。村民委员会向村民会议、村民代表会议负责并报告工作。"第七条规定："村民委员会由主任、副主任和委员共三至七人组成。"第十五条规定："村民委员会主任、副主任和委员，依法由村民直接选举产生。任何组织或者个人不得指定、委派或者撤换村民委员会成员。村民委员会成员按照《广东省村民委员会选举办法》的规定选举产生。"

《选举办法》第二条规定："村民委员会由主任、副主任和委员共三至七人组成。"第三条规定："村民委员会主任、副主任和委员，由村民直接选举产生。任何组织或者个人不得指定、委派或者撤换村民委员会成员，也不得停止其职务。"第四条规定："村民委员会每届任期三年，届满应当及时进行换届选举。村民委员会成员可以连选连任。"第五条规定："村民委员会的换届选举工作由省人民政府统一部署，由设区的市和不设区的市、市辖区、县、自治县人民政府组织实施，各级人民政府主管部门负责日常工作。"

四、中央方针政策是村民委员会选举的重要政策依据

党中央一贯重视村民自治和村民委员会选举工作。党的十七大提出，"要坚持中国特色社会主义政治发展道路，坚持党的领导、人民当家作主、依法治国有机统一，坚持和完善人民代表大会制度、中国共产党领导的多党合作和政治协商制度、民族区域自治制度以及基层群众自治制度，不断推进社会主义政治制度自我完善和发展"，把基层群众自治制度确立为中国特色社会主义民主政治建设的四项制度之一。

党的十八大提出："要健全基层党组织领导的充满活力的基层群众自治机制，以扩大有序参与、推进信息公开、加强议事协商、强化权力监督为重点，拓宽范围和途径，丰富内容和形式，保障人民享有更多更切实的民主权利。"

同时，中央和国家还制定出台了《中共中央办公厅 国务院办公厅〈关于加强和改进村民委员会选举工作的通知〉》（中办发〔2009〕20号）、《中共中央纪委 中共中央组织部 民政部〈关于认真解决村级组织换届选举中"贿选"问题的通知〉》（组通字〔2006〕30号）、《中共中央组织部 民政部〈关于进一步严肃村"两委"换届工作纪律的通知〉》（组通字〔2010〕59号）等一系列政策文件，以规范村民委员会选举。

五、我省相关规范性文件是村民委员会选举的具体政策依据

《中共广东省委办公厅 广东省人民政府办公厅〈关于加强和改进村民委员会建设的实施意见〉》（粤办发〔2011〕22号）、《中共广东省委办公厅 广东省人民政府办公厅〈关于进一步推进农村民主监督的意见〉》（粤办发〔2012〕8号）等都对我省村民自治工作和村民委员会选举作出规定，是全省村民委员会选举的基本政策依据。

第四节　村民委员会选举的基本原则

综合《宪法》《村组法》和《实施办法》《选举办法》的规定精神，村民委员会选举主要有以下九大基本原则。

一、党的领导原则

村民委员会的换届选举工作必须是在中国共产党各级委员会的领导下依法进行的。村民委员会换届选举工作必须由省人民政府统一部署，由市、县、镇各级政府组织实施，各级人大依法监督，各级人民政府民政主管部门负责日常工作，其他组织、团体或者个人不能干涉或者进行。

二、普遍选举权原则

凡达到法定年龄（18周岁）、法律无限制性规定（未被剥夺政治权利）的公民，均有选举权和被选举权，而不受民族、种族、性别、家庭出身、宗教信仰、教育程度、财产状况等的限制。《村组法》第十三条的规定充分体现了这一原则。

三、平等选举权原则

所有选民在一次选举中只能投一张选票，即一人一票原则，而且所有选票的效力完全相等。《选举办法》第三十二条规定就是平等选举权原则的具体体现。

四、直接选举原则

村民委员会选举必须由参选村民直接选出村民委员会成员，不得由户的代表、村民代表间接选举（个别村民委员会成员缺额补选除外），也不得先选村民委员会委员，再由委员选主任、副主任，而应当由参选村民直接选举产生村民委员会主任、副主任和委员，任何组织或者个人不得指定、委派或者撤换村民委员会成员。《村组法》第十一条对此作出了明确规定。

五、差额选举原则

村民委员会主任、副主任、委员三种职位的候选人名额应当多于应选名额。差额选举扩大了参选村民的选择余地，体现了选举的选择性本质，有利于参选村民在几个候选人甚至其他村民中进行比较，选择自己最满意的人。《选举办法》第二十四条对差额选举问题作出了具体规定。

六、竞争选举原则

在村民委员会选举中，实行有组织的竞争选举，即由村民选举委员会统一组织候选人或者其他竞争者开展竞争选举活动，向参选村民介绍自己的情况、宣讲自己的治村方案，回答参选村民提问。便于参选村民进一步全面了解他们的情况，以便最后作出正确的选择。

七、秘密投票原则

秘密投票又称"无记名投票"，是指村民委员会选举采取无记名投票的方式进行选举，参选村民不必在选票或表决票上署自己姓名，本人亲自将选票或表决票投入票箱。这样可以免除投票人的思想顾虑，让他们把自己的真实选择表达出来。

八、公开原则

村民委员会选举的法律法规和政策必须公开，选举全过程和结果必须公开，特别要做到公开监票、唱票、计票，当场公布选举结果；同时，整个换届选举工作应当接受党委、政府的领导和指导，接受人大等机关、社会各界监督，确保公开、透明，让群众知情。

九、维护农村基层和谐稳定的原则

村民委员会的换届选举必须依法依规进行，必须坚持党的领导、人民当家作主和依法选举三者有机统一，是有组织、有秩序的村民内部事务，不是无政府主义、自由主义的，更不能受外部势力及其他组织、团体和个人干涉，扰乱农村和谐稳定发展。

第二章　村党组织在村民委员会选举中的作用

《村组法》第四条规定："中国共产党在农村的基层组织，按照中国共产党章程进行工作，发挥领导核心作用，领导和支持村民委员会行使职权；依照宪法和法律，支持和保障村民开展自治活动、直接行使民主权利。"《实施办法》第四条规定："中国共产党在农村的基层组织，按照《中国共产党章程》和《中国共产党农村基层组织工作条例》进行工作，发挥领导核心作用，领导和支持村民委员会行使职权；依照宪法和法律，支持和保障村民开展自治活动、直接行使民主权利。村民委员会应当维护中国共产党农村基层组织的领导核心地位。"《选举办法》第六条规定："村民委员会的选举工作应当在中国共产党广东省各级委员会的领导下依照宪法和法律进行。中国共产党在农村的基层组织，发挥领导核心作用，依法支持和保障村民委员会换届选举工作。"按照中央和省的有关要求，各级党委、人大、政府要把加强和改进村民委员会选举工作列入重要议事日程，形成党委领导、人大监督、政府实施、各有关部门密切配合的工作体制和运行机制。县级党委书记要认真履行"第一责任人"的职责，乡级党委书记要认真履行"直接责任人"的职责，村党组织要在村民委员会选举中充分发挥领导核心作用。各级党委组织部门要统筹协调村级党组织选举工作和村民委员会选举工作，加强指导。各级民政部门要充分发挥职能作用，认真抓好村民委员会选举工作的指导和监督检查。

充分发挥好各级党组织的领导核心作用，既是中央的要求，也是法律法规的规定；既是村民自治的天然需要，也是各级党委、政府的职责所在。因此，从村民委员会换届选举一开始，就要确立充分发挥好党组织的领导作用这个明确且最根本的指导思想。各级党组织在村民自治过程中，主要从加强工作领导、政治领导、思想领导和对重大问题、重要环节的领导等方面充分发挥核心作用，要善于把党的路线方针政策转变为村民群众的自觉行动，推动农村基层民主有计划、有组织、有秩序、有步骤地建设和发展。村党组织对村民委员会换届选举工作的领导主要有以下九个方面。

（1）依照法定程序，将村党组织负责人推选为村民选举委员会主任，主持村民选举委员会的推选工作，通过村民选举委员会来领导整个选举工作。

（2）在推荐村民委员会成员候选人时，根据任职条件和要求，对新一届村民委员会成员候选人特别是正、副主任候选人提出建议意见，并做好候选人的宣传介绍工作。

（3）提倡村党组织书记、副书记、委员通过法定程序选举兼任村民委员会主任、副主任和委员，提高村"两委"成员交叉任职比例。

（4）提倡将村党组织中负责纪检工作的委员推选为村务监督委员会主任，负责村务监督委员会的工作，加强对村民委员会换届选举工作的监督。

（5）村民委员会主任、副主任都暂缺时，村党组织可以提议一名委员暂时主持村民委员会的工作。

（6）村民委员会不作为时，由村党组织或村务监督委员会代为召集村民会议或者村民代表会议。在新一届村民委员会成员因故未选出而上一届村民委员会到期的情况下，村党组织可代替村民委员会工作，直到新一届村民委员会选出新成员。

（7）协助有关部门加强对村民委员会选举工作的监督，协助做好对村民举报的调查和对选举违法违规案件的调处。

（8）加强向村民群众宣传有关选举法规，引导村民群众树立健康的选举观念。

（9）发挥战斗堡垒作用，化解社会矛盾，排除选举干扰，维护农村基层社会和谐稳定，做好民族团结工作。

第三章 选举准备

进一步提高村民委员会选举的思想认识,切实增强政治责任感和历史使命感,超前谋划,及时安排,认真做好调查摸底、民主评议、责任审计、部署动员、落实经费等前期准备工作,是做好村民委员会选举的基础和前提。

第一节 调查摸底

充分掌握村情、社情、民情、舆情,是做好村民委员会选举的重要前提。确保村民委员会换届选举的情况明、底子清、问题准,进一步增强村民委员会换届选举的预见性、计划性,很重要,也很有必要。

一、加强调查摸底工作的组织领导

省、市、县、镇、村都要进行选举调查,摸清情况,为制定选举方案、安排部署选举工作提供依据。在村民委员会换届选举工作中,县(市、区)是承上启下的关键层面,乡镇(街道)是直接组织选举的组织层面,村则是换届选举的具体主体。因此,县、镇、村三级是调查摸底的重点。县(市、区)民政等相关部门和乡镇人民政府(街道办事处)必须对辖区内的村进行有关选举的全面调查,进行必要的统计和分析;村也要进行必要的调查分析。

二、明确调查摸底工作的基本内容

1. 县、镇两级调查的内容

县、镇两级的调查主要是围绕换届选举工作,摸清本行政区域内村民委员会的基本情况、历届选举情况和干部群众的思想状态等,包括以下十个方面的内容。

(1) 村的人口数、户数、村民小组数、村民小组长和副组长数、村民代表数、村务监督机构等情况。

(2) 村民委员会成员的职数、职务及性别、年龄、文化、民族、政治面貌,任职届期内的罢免、辞职、职务自行终止、补选情况,目标责任制完成情况,村民委员会班子情况和村民群众的评议、反映及信任情况等。

(3) 其他村级基层组织建设工作情况、与村民委员会相互关系问题等。

(4) 省、市、县三级对村"两委"办公经费、村干部待遇经费的落实情况。

(5) 镇、村干部和村民群众对选举工作的认识。

(6) 上届换届选举的信访情况。

(7) 上届换届选举中"难点村"的情况，本届选举中潜在"难点村"的情况，特别是宗族、宗教、派性和其他恶性势力影响选举的情况。

(8) 上届换届选举法制宣传教育的情况。

(9) 上届换届选举的经验和教训。

(10) 研究分析本届换届选举可能会出现的新情况、新问题，研究解决这些问题的办法和对策。

2．村一级调查的内容

村一级的调查主要包括以下四个方面的内容。

(1) 村民的思想动态、村民对上届村民委员会成员的满意度。

(2) 户籍变动情况，特别是户在人不在和人在户不在的情况。

(3) 本村村民外出打工情况和外来人口在村情况。

(4) 研究分析本届换届选举可能出现的问题和应对措施。

三、掌握调查摸底工作的实用方法

省、市、县、镇应当组织调查组，开展不同类型的调查研究工作。县级以上调查机构可以进行抽样调查，也可以选择有代表性的一两个乡镇（街道）进行点面结合的典型调查，还可以对宗族、派性严重的村进行有针对性的重点调查，"解剖麻雀"，研究分析问题。乡镇（街道）要对辖区内的村进行全面调查；建立工作台账，分门别类地进行汇总归纳、研究分析；对"难点村"开展整治工作。村的调查方法自定。省、市、县、镇具体调查方法如下。

(1) 召开各种类型的座谈会。如村、组务管理人员座谈会和党员座谈会、村民代表座谈会、村务监督委员会成员座谈会、群众代表座谈会、驻村单位代表座谈会等。

(2) 开展家访谈心活动，如登门走访、个别谈心等。

(3) 必要时进行暗访和随机抽查。

(4) 印发调查问卷并发给调查对象，进行书面调查，然后进行统计分析。调查问卷的样式如下：

调查问卷

(参考样式)

村民委员会选举调查问卷（村民）

性别_____　年龄_____　文化程度_____　是否当过村干部_____

1. 对现任村民委员会主任是否满意？（请在括号里打"√"，下同）
   (1) 满意（　　）　　　　　(2) 不满意（　　）

如果不满意，原因是什么？（可多项选择）
(1) 以权谋私（   ）
(2) 办事不公道（   ）
(3) 态度粗暴（   ）
(4) 工作能力差（   ）
(5) 不敢抓、不敢管（   ）
(6) 长期外出（   ）
(7) 说假话空话，不办实事（   ）
(8) 不关心群众疾苦（   ）
(9) 没有经济头脑（   ）
(10) 违法乱纪（   ）
(11) 其他：_____

2. 你觉得现任村民委员会主任能否连选连任？
(1) 能（   ）   (2) 不能（   ）

3. 你们村的村民委员会成员是否团结？
(1) 团结（   ）   (2) 不团结（   ）

4. 你是否知道你们村的村民委员会成员有哪几位？
(1) 知道（   ）   (2) 不知道（   ）

5. 你知道《中华人民共和国村民委员会组织法》《广东省村民委员会选举办法》吗？
(1) 知道（   ）   (2) 不知道（   ）

6. 上届村民选举委员会组织开展选举工作是否公正？
(1) 公正（   ）   (2) 不公正（   ）

7. 你认为采取哪种选举方式比较好？
(1) 有候选人的选举方式（   ）
(2) 无候选人的选举方式，即"海选"（   ）

8. 你认为这次选举可能会遇到哪些问题？（可以多项选择）
(1) 干部不团结，互相拆台（   ）
(2) 宗族房派斗争复杂（   ）
(3) 村民小组之间存在矛盾（   ）
(4) 村民不关心选举（   ）
(5) 乡镇干部干预（   ）
(6) 不依法办事，不尊重民意（   ）
(7) 其他：_____

9. 你认为本村村民委员会主任最合适的人选是谁？_____

10. 你们村的村民代表平时是否发挥作用？
(1) 有作用（   ）   (2) 作用不大（   ）   (3) 没有作用（   ）

11. 你对你们的村民小组组长印象如何？
(1) 好（   ）   (2) 一般（   ）   (3) 差（   ）

12. 当前群众反映最强烈的问题是什么？
    （1）_____
    （2）_____
13. 上次选举有哪些不妥的做法？
    （1）_____
    （2）_____
14. 你认为在村民委员会换届选举中，哪些环节容易出错？
    （1）_____
    （2）_____

村民委员会选举调查问卷（村干部）

性别_____ 年龄_____ 文化程度_____ 政治面貌_____ 现任职务_____

1. 这次选举，你是否愿意继续当干部？（请在括号里打"√"，下同）
   （1）愿意（ ）   （2）无所谓（ ）   （3）不想当（ ）
2. 你认为你们村民委员会干部之间是否团结协作？
   （1）团结（ ）   （2）不团结（ ）
3. 你认为现任村民委员会主任能否连选连任？
   （1）能（ ）   （2）不能（ ）
4. 目前村中还有哪些群众反映强烈的问题没有解决？
   （1）_____
   （2）_____
   （3）_____
5. 你认为这次选举可能会遇到哪些问题？（可多项选择）
   （1）选民民主意识差（ ）
   （2）宗族房派势力大（ ）
   （3）村民法制观念差（ ）
   （4）村级组织之间关系不协调（ ）
   （5）外出村民多（ ）
   （6）其他：
6. 你认为采取哪种选举方式比较好？
   （1）有候选人的选举方式（ ）
   （2）无候选人的选举方式，即"海选"（ ）
7. 上届选举有没有出现请客吃饭等拉票的情况？
   （1）有（ ）   （2）没有（ ）
8. 上届选举有没有公开组织开展竞选活动？
   （1）有（ ）   （2）没有（ ）

9. 上届村民委员会成员当选时,有没有当场进行资格审查?
   (1) 有(　　)　　　　(2) 没有(　　)
10. 上届村民选举委员会组织开展选举工作是否公正?
    (1) 公正(　　)　　　(2) 不公正(　　)
11. 你们村的村民小组长作用如何?
    (1) 好(　　)　　(2) 一般(　　)　　(3) 差(　　)
12. 村中的重大事情有没有召开村民会议、村民代表会议讨论决定?如有,召开过几次?
    (1) 有(　　)_____次　　(2) 没有(　　)
13. 你们村的村民代表作用发挥如何?
    (1) 好(　　)　　(2) 一般(　　)　　(3) 差(　　)
14. 你认为在村民委员会换届选举中,哪些环节容易出错?
    (1) _____
    (2) _____
15. 你认为村民委员会换届选举有哪些程序需要改进?
    (1) _____
    (2) _____

村民委员会选举调查问卷(乡镇干部)

姓名_____　职务_____　年龄_____　文化程度_____

1. 你们乡镇(街道)辖有_____个村民委员会。其中,班子整体素质好的有_____个,一般的有_____个,差的有_____个。
2. 你们乡镇(街道)经过村民直接选举产生的现任村主任有_____个,好的有_____个,不理想的有_____个,差的有_____个。
3. 这次选举,你认为有_____个村民委员会主任可能落选。
4. 你认为这次选举最大的问题是什么?(可多项选择)
   (1) 村干部不依法办事(　　)
   (2) 宗族房派势力干扰(　　)
   (3) 没有合适的人选(　　)
   (4) 村干部之间互相拆台(　　)
   (5) 村民民主意识差(　　)
   (6) 外出村民多(　　)
   (7) 选举工作人员素质低(　　)
   (8) 其他:_____
5. 你认为采取哪种选举方式比较好?
   (1) 有候选人的选举方式(　　)
   (2) 无候选人的选举方式,即"海选"(　　)

6. 上届选举拉票贿选的情况是否普遍?
   (1) 普遍（   ）   (2) 不普遍（   ）
7. 上届选举有没有出现群体性事件?
   (1) 有（   ）   (2) 没有（   ）
8. 村党组织是否在选举中发挥作用?
   (1) 有（   ）   (2) 没有（   ）
9. 你认为在村民委员会换届选举中哪些环节容易出错?
   (1) _____
   (2) _____
10. 你认为村民委员会换届选举有哪些程序需要改进?
    (1) _____
    (2) _____
11. 你认为乡镇（街道）党（工）委、人民政府（办事处）如何在换届选举中更好地发挥作用?
    (1) _____
    (2) _____

第二节　民主评议

　　民主评议是村级民主监督重要内容之一，也是做好换届选举的基础工作。《村组法》第三十三条规定："村民委员会成员以及由村民或者村集体承担误工补贴的聘用人员，应当接受村民会议或者村民代表会议对其履行职责情况的民主评议。民主评议每年至少进行一次，由村务监督机构主持。村民委员会成员连续两次被评议不称职的，其职务终止。"《实施办法》第三十七条规定："村民委员会成员由村民或者村集体承担误工补贴的其他村务管理、服务人员，应当接受村民会议或者村民代表会议对其履行职责情况的民主评议。民主评议每年年终进行一次，由村务监督委员会主持。村民委员会成员连续两次被评议不称职的，其职务自行终止。镇（乡）人民政府应当加强民主评议工作的组织、指导和监督。"

一、开展村民委员会及其成员民主评议工作的作用

　　开展民主评议村民委员会及其成员工作是村民委员会换届选举的法定工作步骤，是加强村民委员会建设、强化对村民委员会成员的监督、促进村民委员会成员廉洁自律的一种有效形式，是贯彻村民自治原则、落实村民民主监督权利的重要体现，是推进基层民主政治建设的一项重要内容。对村民委员会及其成员工作进行民主评议，目的是了解和反映村民群众对村民委员会工作和对村民委员会成员在任期内表现的评价，引导村民委员会成员增强责任意识、群众意识、廉洁意识，正确履行法定职责，自觉接受村民监督，并为村民选择新一届村民委员会成员提供参考依据。

二、村民委员会及其成员民主评议工作的内容

1. 组织

民主评议工作由村务监督委员会主持，没有成立村务监督委员会的由村党组织主持，乡镇（街道）人民政府（办事处）指导和监督。

2. 对象

民主评议的对象包括村民委员会及其成员、集体经济未剥离的"村改居"社区居民委员会及其成员，还包括由集体承担误工补贴的其他村（居）务管理、服务人员。

3. 形式

民主评议工作的主要形式是村民会议或者村民代表会议，也可以辅以问卷调查、群众访谈、随机暗访、接受质询等。

4. 内容

民主评议工作的重点是执行路线方针政策和法律法规、执行村民（代表）会议和村民委员会决议、协助乡镇（街道）人民政府（办事处）开展工作、工作态度、工作方法、办事效率、工作成绩、服务群众、团结协作、公道廉洁十个方面。

5. 程序

整个民主评议过程可按照以下六个步骤进行。

（1）评议对象述职。评议对象分别从自己分管的工作、履行的职责、存在的问题及今后努力的方向等方面实事求是地向参评人员述职。

（2）参评人员询问。由参评人员向每名评议对象进行询问，评议对象如实回答参评人员提出的问题。

（3）民主评议。参评人员填写"民主评议表"和"征求意见表"，填完后投入票箱，做到背靠背评议，充分发扬民主。

（4）汇总核实。村务监督委员会对评议结果进行汇总，对评议中反映出来的问题进行分析，在做出必要的核实后，形成针对班子和个人的评议报告，提交乡镇（街道）党（工）委、人民政府（办事处）。

（5）反馈公布评议结果。将评议结果向评议对象本人反馈，向村党支部、村民委员会和村民代表会议通报，并在村务公开栏中予以公布。

（6）建档备案。将民主评议结果收集归档，存入村干部业绩档案，作为年度村干部政绩考核、工资报酬评定等的重要依据。

6. 等次划分

民主评议时，对村民委员会工作按满意、基本满意、不满意三个等次进行评价，对村民委员会成员和其他人员按优秀、称职、基本称职、不称职四个等次进行评价。

7. 结果运用

民主评议的结果要与村民委员会成员的奖惩直接挂钩。对被评为满意的村民委员会、优秀的村民委员会成员，乡镇（街道）可以给予精神上或物质上的鼓励和奖励；对被评

为不称职的村民委员会成员，不能推荐为新一届村民委员会成员候选人人选；连续两次被评为不称职的村民委员会成员，其现任职务自行终止；对被评为不满意的村民委员会，可以进行通报批评等；对被评为不称职的由村集体承担误工补贴的其他村（居）务管理、服务人员，要及时劝退。

三、对村民委员会及其成员民主评议工作的要求

1. 加强督促，分级负责

地级以上市要深入调查研究，经常进行督促指导，了解掌握民主评议的进度，探索并总结民主评议的经验；县（市、区）要结合本地实际制定操作方案，集中力量、集中时间、集中精力，探索运用交叉评议、互动评议、量化评议等新的评议方法，精心组织、科学安排；乡镇（街道）要根据上级要求，具体抓好民主评议工作的落实，确保民主评议工作有组织、有秩序地进行。

2. 严格程序，不走过场

在组织开展民主评议村民委员会及其成员的工作中，要坚持走群众路线，充分了解村民群众的意见；要根据国家和省有关法律、法规和党的有关方针、政策，坚持按照程序组织民主评议，做到规定的内容不能缺、规定的步骤不能少、规定的程序不能漏；要坚持实事求是的原则，如实、客观地反映民主评议的过程，切实保证民主评议的质量。

3. 公正透明，监督有效

在组织开展民主评议工作的过程中，既要注意保障评议人的民主权利，又要注意保护被评议人的正当权益，还要充分发挥村党组织的领导核心作用和各类村级基层组织、"两代表一委员"的参与作用，确保整个民主评议工作公正、公平和具有广泛的代表性。要及时通过村务公开栏、农村党风廉政信息平台以及发放明白纸、宣传单等形式，公开民主评议过程和公示民主评议结果，全程接受群众的监督，使整个民主评议工作始终阳光、透明、公开。

第三节　责任审计

任期和离任经济责任审计是指在村民委员会成员因任职期满、职务自行终止、免职、辞职等原因不再担任本职务时，对其履行经济责任情况所进行的审查和客观评价，目的是监督村民委员会成员正确执行党和国家的财政经济方针、政策，严肃财经法纪，促进村民委员会成员尽职尽责，严格履行经济责任，提高村务管理的透明度，确保村民群众的知情权、监督权。

一、审计内容

《村组法》第三十五条规定："村民委员会成员实行任期和离任经济责任审计，审计包括下列事项：（一）本村财务收支情况；（二）本村债权债务情况；（三）政府拨付和

接受社会捐赠的资金、物资管理使用情况；（四）本村生产经营和建设项目的发包管理以及公益事业建设项目招标投标情况；（五）本村资金管理使用以及本村集体资产、资源的承包、租赁、担保、出让情况，征地补偿费的使用、分配情况；（六）本村五分之一以上的村民要求审计的其他事项。"审计的重点是财务收支、债权债务情况，有无因重大决策使集体财产遭受严重损失；有无以权谋私、贪污、挪用公款、行贿、受贿等违法行为；有无违反中央、省、市、县关于廉政建设的有关规定；有无违反财政、财务收支规定和违反法律法规的其他行为。根据审计的具体内容可分为一般审计和专项审计。

（1）一般审计。包括集体资产管理使用、财务预决算、财务收支、生产经营和建设项目的发包管理、集体的债权债务、上级拨款或接受社会捐赠的资金和物资使用情况。

（2）专项审计。包括农民负担及群众要求审计的其他热点问题。

二、审计程序

村民委员会成员的任期和离任经济责任审计，由省统一部署，县级人民政府农业部门、财政部门和乡镇人民政府（街道办事处）负责组织，审计结果应当公布，其中离任经济责任审计结果应当在下一届村民委员会选举之前公布。审计程序如下：

（1）省人民政府农业、财政等有关部门发出通知，对村民委员会成员的任期和离任经济责任审计进行统一部署。

（2）县级人民政府农业部门、财政部门和乡镇人民政府（街道办事处）负责组织。乡镇人民政府（街道办事处）按照要求，成立由主要领导牵头的审计工作领导小组，农业经济经营管理站（财政服务中心）具体组织完成审计工作。在完成审计前，不得部署开展村民委员会换届选举。

（3）村民委员会对村民会议或者村民代表会议的审计决定，应立即组织实施，不得以任何借口拖延。乡镇人民政府（街道办事处）应当督促村民委员会落实村民会议或者村民代表会议审计决定。

（4）对审计有争议的村应当及时组织召开村民会议或者村民代表会议，讨论审计问题。

（5）及时召开村民会议或者村民代表会议通报审计结果并张榜公布。

审计所需费用，由县、乡镇（街道）、村共同解决。

三、审计方式方法

审计方式主要有三种：①乡镇（街道）农经纪检组成联合审计组，并吸收村民代表参与审计；②请县级财政、农业等部门派人审计；③委托具有审计资格的专业审计机构审计。

审计方法主要是"六查六看"：①查账本，看账目是否符合财务规定；②查财产实物总账，看账物是否相符；③查现金账表，看是否存在现金管理混乱的问题；④查往来账表，看内外债权债务；⑤查收支账，看收入是否入账、开支是否合理；⑥查项目工程，看是否按规定公开投标和履行合同规定。

四、注意事项

在审计过程中，要注意以下五个方面的事项。

（1）要确保审计工作公开、公平、公正。要严格规范审计工作程序，严肃审计工作纪律，审计结果要及时公开，接受群众监督。

（2）要分清问题的性质，分别做出处理。审计审出问题的，违规的要进行整改；违纪的按违纪处理；违法的要追究法律责任；涉嫌犯罪的，及时移交司法机关立案调查；不依法依规的应予以纠正。

（3）要充分尊重群众意见。大多数村民有意见的要重新调整处理。依法依规公正处理后，村民仍有意见的，要做好疏导工作，直到大多数村民同意选举为止。

（4）要严格奖惩。离任审计与民主评议结果要与村民委员会成员的推荐使用直接挂钩，审计不过关、民主评议被评为不称职的，不能推荐为新一届村民委员会成员的候选人人选。

（5）特殊情况的处理。对于情况特殊的村，如果争议过大，或者因历史遗留问题等而不能如期完成审计工作，为了不影响换届选举，经县级人民政府分管审计的领导同意，可以边审计边换届。

第四节　部署动员

《选举办法》第五条规定："村民委员会的换届选举工作由省人民政府统一部署，由设区的市和不设区的市、市辖区、县、自治县人民政府组织实施，各级人民政府主管部门负责日常工作。"做好部署动员工作是村民委员会换届选举的必经步骤。

一、部署换届选举工作

在省开展部署动员后，市、县、镇、村各级都应当分别召开换届选举工作会议，部署换届选举工作，有组织、有计划、有步骤地开展工作。

县级以上选举工作会议，参加人员应是各级有关领导，即各级换届选举领导、指导小组成员和办公室工作人员、联络员、观察员及有关部门的负责同志。乡镇（街道）换届选举工作会议，参加人员应是乡镇（街道）党（工）委、人民政府（办事处）的领导和干部，乡镇（街道）换届选举领导指导小组成员及办公室工作人员，有关直属单位领导，驻村干部，各村党组织、村民委员会主要负责人，村民选举委员会主任，村务监督和理财机构负责人。会议内容主要是传达上级有关换届选举工作会议精神和文件要求；宣布换届选举工作方案和有关选举方面的决定；讨论、研究有关问题，听取工作汇报；密切协作、加强领导等。

村换届选举工作会议，参加人员应是村党组织和村民委员会成员、村民选举委员会成员、村务监督机构全体成员、村民代表、村民小组长、全体党员、驻村干部、驻村单位代表等。会议内容主要是传达县、镇两级换届选举工作会议精神和上级有关换届选举的决定；宣布本村村民委员会换届选举的具体实施步骤、方法和要求；讲解换届选举的重要意义和作用；要求参会人员不仅要积极参加选举，而且要起到模范表率作用；严格遵守法律法规，做到依法换届选举，保证选举工作顺利进行。

要注意处理好"届期"与"部署"的问题。《选举办法》第四条规定"村民委员会每届任期三年，届满应当及时进行换届选举"，第五条规定"村民委员会的换届选举工作由省人民政府统一部署"。因此，一方面，必须在省人民政府统一部署后才能组织开展村民委员会换届选举，在省人民政府统一部署之前，不能私自组织开展村民委员会的换届选举；另一方面，在省人民政府规定的换届期内，各村民委员会均属任期届满，不应以具体月、日为硬性界限。

二、制定换届选举工作方案

选举工作方案要以县级为单位制定。乡镇（街道）根据县级方案的内容和要求，制定贯彻实施意见。

（一）方案的制定程序

在调查研究的基础上，县级民政部门联合相关部门，根据法律法规、有关政策规定和上级要求，结合本地实际情况拟订提出"××县（市、区）第××届村民委员会换届选举工作方案"草稿，在征求组织、纪检监察、宣传、人大法委、农委、选联工委、法工委、公安、民政、司法、财政、农业、计生、审计和共青团、妇联等部门的意见后，可通过以下三种方式审定：①由县委或者县政府常务会讨论并审议定稿，这种方式比较直接、有效，体现党委、政府对换届选举的领导；②先由政府常务会议讨论，再提请人大常委会审议通过，由县人大常委会颁布方案，这种方式能够增强方案的权威性；③直接召开县委、县人大、县政府领导参加的联席会议或县级村民委员会换届选举工作领导小组全体会议，审议定稿，这种方式的效率比较高。

（二）方案的内容

1．指导思想

选举的指导思想应写明选举的依据、目的和重大意义。指导思想要中心突出，表述准确，文字简练，目的明确。

2．选举的时间要求

县级方案中务必写明本行政区域的村民委员会换届选举从××××年××月××日开始，历时多少天，于××××年××月××日结束。

3．建立县级换届选举工作领导小组

4．选举的程序及方法步骤

选举的程序和方法步骤是方案的主要内容，应包括以下八个方面：
（1）选举的准备工作。
（2）选举的宣传发动、动员部署。

（3）制定涉选突发性、群体性等重大事件应急处置方案。

（4）开展换届选举工作，包括参选村民登记、提名确定候选人、竞争选举、投票选举的有关要求（采用无候选人选举方式的，省去提名确定候选人的环节）等。

（5）新老班子工作交接，指导完善制度、开展工作。

（6）培训新一届村民委员会成员，巩固选举成果。

（7）开展选举统计，整理选举档案。

（8）验收与总结。

每个步骤和程序要写明工作的内容、时间要求、法律规定、达到的目的和应注意的事项，保证选举依法依规、有序地进行。

（三）方案的实施

方案确定后，县委、县政府常务会议审议通过的，应以县委、县政府名义下达；县人大常委会审议通过的，应以县人大常委会名义下达；县委、县政府联席会议审议的，应以县委、县政府名义联合下达。方案由县领导小组及其工作机构、乡镇（街道）指导小组及其工作机构、村民选举委员会贯彻执行，县级人大常委会和乡镇人大主席团负责对方案的执行情况进行监督和保障。

乡镇（街道）主要负责落实方案的执行和实施，指导村民选举委员会制定村级换届选举工作方案。

三、培训换届选举工作人员

村民委员会换届时，要成立换届选举机构，配备工作人员并进行培训。

（一）培训对象

1. 指导换届选举的工作人员

指导换届选举的工作人员包括各级村民委员会选举工作领导、指导小组成员和办公室人员以及选举观察员等；各级民政部门、乡镇（街道）参与村民委员会换届选举工作、临时抽调、招聘的换届选举工作人员，驻村干部。

2. 直接组织村民委员会换届选举的工作人员

直接组织村民委员会换届选举的工作人员包括村民选举委员会成员、"三票人员"、公共代写人、安保人员和参与换届选举其他工作的人员。

（二）培训内容

1. 市、县、镇组织的培训

培训内容主要有以下六个方面：

（1）《村组法》《实施办法》和《选举办法》，村务公开、村务监督有关规定以及中央、省有关村级换届选举文件和会议精神。

（2）选举基本知识，如怎样设计印制选票、填写选举结果报告单，怎样划票、唱票、计票、监票,如何组织开展选举观察、选举统计等。

(3) 村民委员会选举操作规程。

(4) 村民委员会换届选举工作方案,包括突发性、群体性等重大事件的应急处置预案。

(5) 换届选举工作的好做法和好经验。

(6) 上级关于村民委员会换届选举工作的文件以及资料收集、归档办法。

2. 村民选举委员会组织的培训

培训内容主要有以下五个方面:

(1)《村组法》《实施办法》和《选举办法》,村务公开、村务监督有关规定以及省、市、县(市、区)有关村级换届选举文件和会议精神。

(2) 选举的基本知识和村民委员会选举操作规程。

(3) 村民委员会换届选举工作实施方案,包括突发性、群体性等重大事件的应急处置预案。

(4) 选举工作人员的职责、操作程序、操作办法和注意事项。

(5) 配合开展选举观察工作。

四、加强换届选举宣传教育工作

宣传教育是动员广大干部、村民和公众参与的重要手段,是普及法制教育、形成良好的舆论氛围,进一步推动选举工作的重要途径,是村民委员会换届选举工作中不可缺少的重要环节,贯穿于选举工作的整个过程。

村民委员会选举工作是一项社会系统工程。加强对村民委员会选举工作的宣传教育和舆论引导的目的,就是要充分发挥新闻媒体的积极作用,大力宣传党的方针政策,宣传村民委员会选举的法律法规和相关政策,宣传选举中涌现的好经验、好做法,形成正面引导的强大声势;就是要动员和教育村民自觉遵守选举法规,积极参加选举,教育干部依法办事,尊重村民的民主权利,引导社会公众认识、支持或参与选举工作。通过宣传教育和舆论引导,最终让村民明白选举的目的、意义和要求,使选举的基本原则、村民委员会成员的基本条件、民主选举的法定程序等内容家喻户晓;同时,防范选举违法以及破坏选举工作的现象和行为的发生,维护和保障选民依法行使民主权利,提高选举质量,提高公民的民主与法制意识,推进我国农村基层民主政治建设。

(一) 基本内容

在村民委员会选举工作中,宣传教育的对象有干部、村民和一般公众。针对不同的宣传教育对象,内容也有所不同。

1. 对干部的宣传教育

干部,特别是县、镇两级国家干部以及村"两委"成员直接肩负着贯彻执行党中央赋予的全面推进农村基层"四个民主"和贯彻落实《村组法》的任务。在村民委员会换届选举年,县(市、区)有关领导、各部门的有关领导及乡镇(街道)干部都要参与换届选举工作。他们有的担任换届选举领导、指导机构的领导,有的是选举机构的工作人员，他们对选举工作的认识和重视程度，直接影响本地区选举的质量。对干部和选举工作人员进行宣传教育，主要包括以下八个方面的内容。

（1）宪法的有关内容。

（2）邓小平理论中关于社会主义民主政治建设的论述、"三个代表"重要思想、科学发展观、五大发展理念。

（3）中央和省关于建设社会主义民主政治、推进农村基层民主的重要会议、文件精神，特别是中办发〔2009〕20号文件精神。

（4）《村组法》《实施办法》和《选举办法》。

（5）村民委员会选举规程指引。

（6）村民委员会选举、建设典型经验。

（7）上级关于村民委员会选举工作的文件。

（8）民主与法制基础理论。

2. 对村民的宣传教育

在村民委员会选举工作中，对村民进行宣传教育，就是要让村民了解和认识村民委员会选举的重要意义，熟悉有关法律和政策，掌握选举方法与步骤，提高思想认识，转变观念，自觉自愿参加选举，依法行使民主权利。同时，也为村民委员会选举工作奠定良好的社会群众基础。对村民进行宣传教育，主要包括以下八个方面的内容。

（1）党在农村的基本路线、方针和政策。

（2）《村组法》《实施办法》和《选举办法》。

（3）各级村民委员会换届选举领导、指导工作机构有关村民委员会选举的基本要求。

（4）村民委员会选举工作的重要意义、作用与目的。

（5）村民的基本权利和义务。

（6）县、镇两级村民委员会选举工作方案。

（7）村民委员会选举的程序和基本步骤。

（8）其他需要选民了解和掌握的选举知识。

对村民的宣传教育要贯穿于村民委员会选举工作的整个过程。在村民委员会选举的准备阶段，要重点宣传有关的选举法律法规；在参选村民登记阶段，要教育和引导村民积极登记，珍惜和享受自己的民主选举权利；在投票选举阶段，要向村民宣传投票选举的程序、方法和步骤，让村民了解投票的具体时间、地点、程序和办法，以及如何办理委托投票手续，如何填写选票、使用秘密划票处等，教育村民遵守选举法规，充分行使自己的民主权利，选好、选准村民委员会成员；在村民委员会选举结束后，引导村民支持和配合村民委员会的工作，把村里的民主决策、民主管理、民主监督工作做好。

3. 对一般公众的宣传

要加强对社会各界一般公众的宣传工作，进行舆论引导。对一般公众进行宣传，主要包括以下四个方面的内容。

（1）党在农村的路线、方针和政策，以及村民自治制度。

（2）《村组法》《实施办法》和《选举办法》。

（3）村民委员会选举工作的重大意义、目的和作用。
（4）乡镇人民政府与村民委员会的关系，村民与参选村民、村民委员会与社区居民委员会的区别和联系等。

（二）主要方式

在村民委员会选举工作中，宣传教育的方式多种多样，主要有以下八种。
（1）采用广播、电视、报刊等大众传播媒介和黑板报、宣传栏、村务公开栏、农村党风廉政暨村务公开信息平台、标语、宣传册、宣传单、宣传车等老办法，以及手机短信和微信、论坛、网络等新形式，大张旗鼓地宣传村民委员会选举。
（2）召开各种会议，如动员会、座谈会、学习报告会、专题讲座、研讨会和现场经验交流会等，宣传有关村民委员会选举的法规和政策，传达上级有关会议、文件精神。
（3）公布换届选举工作咨询电话，设立村民委员会选举工作咨询站、点，发放有关村民委员会选举的资料介绍，讲解有关法规、政策，耐心解答人民群众关心的热点和难点问题。
（4）组织文艺演出队、宣传队下乡演出宣讲，寓教于乐，使宣传教育生动形象，群众喜闻乐见。
（5）开展家访谈心，深入农民群众家中、田间地头，利用各种公共场所讲解有关村民委员会选举的知识，耐心、细致地做好村民的思想政治工作。
（6）动员学校师生利用课外时间，义务宣传村民委员会选举。
（7）开展村民委员会选举宣传教育周等活动。
（8）使用标语口号，广泛宣传村民委员会选举工作的重要意义。

宣传教育的标语口号示例

①贯彻党的路线、方针、政策，推进农村基层民主政治建设。
②认真贯彻实施《中华人民共和国村民委员会组织法》。
③认真贯彻执行《广东省实施〈中华人民共和国村民委员会组织法〉办法》。
④认真贯彻执行《广东省村民委员会选举办法》。
⑤坚持党的领导，充分发扬民主，严格依法选举。
⑥加强党的领导是搞好村民委员会选举的根本保证。
⑦加强党的领导，保障村民委员会选举圆满完成。
⑧抓好村组织换届选举，依法推进农村基层民主政治建设。
⑨搞好村民委员会选举，促进农村改革、发展、稳定。
⑩村民委员会换届选举是广大村民政治生活中的一件大事。
⑪加强领导，精心组织，保证村民委员会选举圆满完成。
⑫实行民主选举，民主决策，民主管理，民主监督。
⑬珍惜民主权利，投好神圣一票。
⑭坚持群众路线，充分发扬民主。

⑮尊重村民意愿,保障民主权利。
⑯充分发扬民主,做到人人参与。
⑰积极参加选举,行使当家作主权利。
⑱尊重选民意愿,保障选民的选举权利。
⑲健全村级选举监督机制,确保换届选举依法进行。
⑳严肃选举纪律,依法打击蓄意破坏选举的行为。
㉑严肃查处拉票贿选行为,营造风清气正换届环境。
㉒实行公平竞争,接受群众监督。
㉓尊重选民民主权利,尊重选举结果。
㉔依法选举村民委员会是人民群众依法直接行使民主权利的最有效、最广泛的途径。

第五节　落实经费

《选举办法》第七条规定:"各级人民政府组织和指导村民委员会选举工作所需经费,由本级财政安排。财政困难的不设区的市、市辖区、县、自治县,上级人民政府给予补助。"乡镇以上人民政府民政部门的选举工作经费由本级财政安排,主要用于开展换届选举工作动员、部署、中期分析、总结表彰会议,培训选举工作人员和新一届村民委员会成员,开展宣传教育,进行调查研究和督查验收,编印选举工作文件、材料、资料、简报,接待上级督查调研验收,建立选举观察制度和开展选举观察,解决选举工作人员的聘用费、办公费、车辆及交通费、差旅和误餐补贴、包村帮扶等费用,帮助贫困地区、村解决换届选举工作经费问题等。

《选举办法》第七条同时规定:"村民委员会的选举经费由村的集体经济收益解决,不设区的市、市辖区、县、自治县和乡、民族乡、镇财政给予适当的补助。不得将选举经费摊派给村民。"村的选举经费主要由村自己解决,但不设区的市、县、镇给予适当的经费补贴。村的选举经费主要用于培训本村的选举工作人员、宣传、制作票箱、设立秘密写票处、召开选举大会、设立投票站等方面的开支。

选举工作结束后,换届选举工作机构应把收支情况向本级人民政府报告,村民选举委员会应把收支情况向新产生的村民委员会及村民会议或者村民代表会议报告,接受审计部门的审计和村民群众的监督。

第四章 选举机构

为切实加强村民委员会换届选举的组织领导,保质保量地完成好各项工作任务,各级都应当成立综合的换届选举领导和工作机构,建立健全领导和工作机制,统筹组织开展村民委员会换届选举工作。

第一节 乡镇以上选举机构

《选举办法》第八条规定:"村民委员会换届选举期间,不设区的市、市辖区、县、自治县和乡、民族乡、镇应当成立村民委员会换届选举工作指导小组,指导村民委员会换届选举工作。"

一、省级、地级以上市换届选举机构及职责

在村民委员会换届选举年,省和地级以上市根据本地区的实际情况,成立专门的换届选举领导和工作机构。其中,省民政厅作为负责村民委员会换届选举的职能部门,在省村、社区"两委"换届选举工作联席会议的统筹下,具体指导村民委员会换届选举工作。

1. 省村、社区"两委"换届选举工作联席会议及省民政厅的主要职责

(1) 宣传贯彻《村组法》、中办发〔2009〕20号文件、《实施办法》《选举办法》等法律法规和省的政策文件。

(2) 确定村民委员会统一换届选举的时间、期限。

(3) 加强村民委员会换届选举工作的组织领导、统筹协调和指导监督,动员部署选举工作,依法确定选举的规则和基本步骤。

(4) 示范、培训选举工作骨干。

(5) 编印选举工作简报。

(6) 组织开展选举观察。

(7) 接待群众咨询和信访,依法行政。

(8) 汇总选举报表、数据,进行选举总结和通报。

2. 地级以上市换届选举领导和工作机构或地级人民政府及其民政主管部门的主要职责

(1) 结合本行政区域的实际情况,将省级有关村民委员会换届选举安排、部署具体化,确定本辖区内村民委员会换届选举工作和时间要求。

(2) 培训换届选举工作人员,对县级村民委员会换届选举工作给予指导。

（3）组织开展选举观察，检查所辖区内村民委员会换届选举工作进展情况。

（4）接待群众咨询和信访，依法行政。

（5）汇总所辖区村民委员会换届选举报表和各种数据，总结换届选举工作并报省民政厅。

二、县级、乡镇（街道）选举机构及职责

《选举办法》第五条规定："村民委员会的换届选举工作由省人民政府统一部署，由设区的市和不设区的市、市辖区、县、自治县人民政府组织实施，各级人民政府主管部门负责日常工作。"

《选举办法》第三十七条规定："任何组织和个人不得有下列行为：（一）以暴力、威胁、欺骗、诽谤等手段致使村民、候选人不能依法行使选举权和被选举权；（二）用金钱或者其他手段贿赂村民、候选人或者选举工作人员；（三）涂改、伪造选票或者虚报选票数；（四）妨害村民选举委员会和选举工作人员履行职责。村民对前款所列情形有权向乡、民族乡、镇村民委员会换届选举工作指导小组，乡、民族乡、镇人民代表大会和人民政府，不设区的市、市辖区、县、自治县人民代表大会常务委员会和人民政府及其有关主管部门举报，有关机关应当负责调查并依法处理。"

《选举办法》第四十九条规定："违反本办法第三十七条规定，采取不正当手段当选村民委员会成员的，由不设区的市、市辖区、县、自治县人民政府主管部门或者乡、民族乡、镇人民政府宣布其当选无效；违反《中华人民共和国治安管理处罚法》的，由公安机关依法处理；构成犯罪的，依法追究刑事责任。"

县、镇两级对村民委员会换届选举工作负有直接组织指导责任和仲裁权力，县成立村民委员会换届选举工作领导小组，乡镇成立村民委员会换届选举工作指导小组，并根据省、地两级对换届选举工作的部署，集中时间、集中力量抓好本行政区域的村民委员会换届选举工作。

（一）县级村民委员会换届选举工作领导小组

1. 组成

县级村民委员会换届选举工作领导小组由县级党委、人大、政府及其有关职能部门的主管领导组成。其中，正、副组长一般由县级党委、人大、政府的主管领导担任，成员一般由县级党委办公室、组织、纪检监察、宣传，人大法工委、农委、选联工委、内司委，政府办公室、公安、民政、司法、财政、农业、卫生计生、审计、信访以及共青团、妇联等有关部门的负责人组成。县级村民委员会换届选举工作领导小组下设办公室，负责选举的日常工作，一般由县级民政局局长兼任办公室主任，办公地点设在民政局。

2. 职责

（1）宣传、贯彻村民委员会换届选举的法律法规和上级有关村民委员会换届选举方面的政策规定。

（2）组织开展村民委员会现状调查。

（3）指导村民选举委员会制定村换届选举工作方案，确定选举时间。

(4) 部署村民委员会换届选举工作，培训换届选举工作人员。

(5) 开展换届选举试点，总结试点工作经验。

(6) 设计制定选票、选民证、委托投票证及选举用的各种文书、统计报表的样式。

(7) 指导和监督所辖区村民委员会的换届选举工作，组织开展选举观察。

(8) 依法仲裁选举争议，依法受理、调查处理、办结、书面回复村民申诉、检举、控告和来信来访，依法查处和纠正选举违法违规现象。

(9) 组织检查验收，交流选举经验，撰写换届选举总结，进行评比表彰。

(10) 承办村民委员会换届选举工作中的其他事项。

(二) 乡镇（街道）村民委员会换届选举指导小组

1. 组成

乡镇（街道）村民委员会换届选举工作指导小组由乡镇党委、人大、政府及有关工作部门的主要领导组成。在县级村民委员会选举工作领导小组的领导下，负责对本辖区的村民委员会换届选举工作进行指导和监督。

2. 职责

(1) 宣传和执行《村组法》《实施办法》《选举办法》及中央、省有关村民委员会换届选举的政策。

(2) 具体部署、指导和监督选举工作，配合做好选举观察工作，引导村民依法进行选举。

(3) 制定选举工作方案，规范选举文书、选票样式，并报不设区的市、市辖区、县、自治县人民政府主管部门备案。

(4) 培训选举工作人员。

(5) 依法认定选举争议，依法受理、调查处理、办结、书面回复村民申诉、检举、控告和来信来访。

(6) 指导、帮助村民委员会完成交接工作。

(7) 指导建立健全选举工作档案。

(8) 总结和组织交流选举工作经验。

第二节 村的选举工作机构

《选举办法》第九条规定："村成立村民选举委员会，负责主持村民委员会的选举工作。"村民委员会换届选举，村应当依法推选产生村民选举委员会。

一、村民选举委员会的组成和任期

《选举办法》第九条规定："村民选举委员会由主任、副主任和委员共七至十一人组成。"村民选举委员会可设主任一名、副主任一至两名、委员若干名。村民选举委员会成员应当遵守法律法规，执行中央、省的政策，代表和维护村民利益，倾听村民意见，办事公道,作风正派,有一定的组织能力,热心为村民服务。其成员应有一定的代表性,应有党员代表、村民代表和村民小组长的代表;同时,为了推动男女平等国策在农村的落实,村民选举委员会成员还应当有适当的妇女名额。

《选举办法》第九条还规定:"村民选举委员会的任期,自推选产生之日起至村民委员会完成工作移交时止。"村民选举委员会是一个临时机构,按照法规规定,新旧村民委员会工作移交后,即自动解散,印章等上交乡镇(街道),财务等由乡镇审计,档案等移交新一届村民委员会。

二、村民选举委员会的产生方式

《选举办法》第九条规定:"村民选举委员会成员可以通过召开村民会议或者村民代表会议无记名投票推选产生,也可以将选举委员会成员名额分配到各村民小组会议无记名投票推选产生。村民选举委员会成员按照得票多少的顺序确定当选。推选方式和具体名额由村民会议或者村民代表会议确定。"村民选举委员会成员的推选,由村党组织主持,县、镇两级换届选举领导、指导小组及办公室派人给予指导、监督。推选村民选举委员会前,村党组织、上一届村民委员会可根据大多数村民的意见,提出村民选举委员会成员候选人建议名单,引导村民推选村中公道正派、能依法办事、有选举操作经验的优秀分子为选举委员会成员。提倡村党组织书记通过法定程序推选为村民选举委员会主任。任何组织或个人不得非法指定、委派或撤换村民选举委员会成员。

村民选举委员会成员的产生方式有以下两种。

1. 村民推选大会或者村民代表会议推选

推选村民选举委员会成员的村民推选大会和村民代表会议,由村党组织召集和主持。村民选举委员会成员按得票多少的顺序确定当选。

采用村民推选大会或者村民代表会议推选村民选举委员会成员的,有以下两种方式。

(1)名额推选。即在选出全部名额后,再召开村民选举委员会会议推选出主任、副主任、委员。

(2)职位推选。即一开始就进行职位推选,在村民推选大会或者村民代表会议上按照主任、副主任、委员职位进行推选,直接选出。

2. 村民小组推选大会推选

各村民小组推选村民选举委员会成员时须召开村民小组推选大会,由村民小组组长主持,由村党组织统一部署并派人参加。

各村民小组推选村民选举委员会成员时,可以采用以下两种办法。

(1)按本村村民选举委员会成员人数实行无记名投票。票箱集中送到村民委员会办公地,由村党组织在村民小组长、村民代表和村民的监督下进行公开唱票、计票、汇总,获得多数选票者当选为本村村民选举委员会成员。

(2)按分配给本村村民小组的村民选举委员会名额实行无记名投票。按分配给本村村民小组的村民选举委员会成员数额推选本组的村民选举委员会成员。公开唱票、计票,按照简单多数原则确定当选。可以由两个或两个以上村民小组共同召开类似会议推选产生村民选举委员会成员。

采用村民小组推选大会推选村民选举委员会的，只能采取名额推选的方式进行。

如召开18周岁以上村民参加的村民推选大会，参会的村民须超过18周岁以上村民的半数；如召开户代表会议，参会的户代表须超过本村三分之二的户数；如召开村民代表会议，参会人数须超过村民代表会议组成人员总数的三分之二，推选会议才为有效，推选才能进行。

此外，村民选举委员会可就选举过程中的一些技术问题，如不按规定写票、写错别字、小名等作出规定；对一些重大问题，如采取何种选举方式、采用村民会议的哪一种会议形式、是否采用"二合一"选举等，村民选举委员会只能提出初步意见，提交村民会议或者村民代表会议讨论决定，并在选举工作方案中明确具体事项。

三、村民选举委员会的内部分工

《选举办法》第十条规定："村民选举委员会成员的分工可以通过内部协商或者投票决定，并向全体村民公布，同时报乡、民族乡、镇村民委员会换届选举工作指导小组备案。村民选举委员会议事实行少数服从多数的原则。"

村民选举委员会应当指定专人负责换届选举的文书工作，以确保换届选举的有关资料保管齐全，选举结束后移交新一届村民委员会。

村民选举委员会成员推选产生并认定有效后，村党组织应发布公告，告知本村全体村民，并报乡镇换届选举工作指导小组备案。

成立村民选举委员会公告的样式如下：

××村第××届村民委员会选举公告

（第1号）

经本村村民会议（村民代表会议或者村民小组会议）推选，产生了组织和主持本村第××届村民委员会换届选举工作的村民选举委员会。现将名单公布如下：

主　任：×××。

副主任：×××。

委　员：×××、×××、×××。

××村党组织（公章）
××××年××月××日

四、村民选举委员会的主要职责

根据《实施办法》第十七条、第二十六条和《选举办法》第十一条、第五十二条的规定，村民选举委员会主持所在村村民委员会、村民小组长的选举和村民代表、村务监督委员会的推选工作，其主要职责有以下九个方面。

（1）开展宣传动员工作，解答村民提出的有关选举的问题。

（2）制定本村换届选举工作实施方案，经村民会议或者村民代表会议通过，报乡、民族乡、镇村民委员会换届选举工作指导小组备案后公告。

（3）确定、公布选举方式、选举日和日程安排，准备村民委员会成员候选人提名表、选票和其他表格。

（4）培训监票人、计票人、唱票人、公共代写人等工作人员。

（5）审查、登记并公布登记参加选举的村民名单，处理村民对登记参加选举的村民名单有异议的申诉。

（6）审查村民委员会成员候选人资格，依法确定、公布候选人名单。

（7）组织投票选举，公布选举结果，并报乡、民族乡、镇村民委员会换届选举工作指导小组备案。

（8）总结和上报选举工作情况，建立选举工作档案。

（9）主持村民委员会的工作移交。

其中，村民选举委员会应当根据要求，结合本村实际，制定本村的换届选举实施方案和日程安排，经村民会议或者村民代表会议审议通过后，报乡镇（街道）备案，进行公告。

村民委员会选举工作实施方案公告的样式如下：

××村第××届村民委员会选举公告

（第2号）

经村民会议（或村民代表会议）审议通过，报镇人民政府备案，我村《村民委员会选举工作实施方案》现予公布。

××村第××届村民选举委员会（公章）

××××年××月××日

××村村民委员会选举工作实施方案

（参考样式）

为全面做好我村第××届村民委员会换届选举工作，根据《中华人民共和国村民委员会组织法》《广东省实施〈中华人民共和国村民委员会组织法〉办法》《广东省村民委员会选举办法》法律法规和上级有关文件精神，结合本村实际，特制定本实施方案。

一、关于选举方式

本次村民委员会换届选举实行有候选人的直接选举方式（或者无候选人的直接选举方式）。

二、关于选举日、选举地点

村民委员会成员提名日为××××年××月××日，选举日为××××年××月××

日,各票箱统一在××月××日××点启用,××月××日××点结束投票。采取召开选举大会方式进行投票(或者采取设立中心投票站和分投站方式进行投票),设主会场,地点在×××;另设分会场,地点分别在×××、×××和××× (采取设立中心投票站和分投站的方式进行投票的,中心投票站地点在×××;分投站地点分别在×××、×××和×××)。

三、关于"三票"人员、公共代写人和其他选举工作人员

本届总监票人为×××;

监票人为×××、×××、×××等,分别监管、护送第×号票箱;

计票人为×××、×××、×××等;

唱票人为×××、×××、×××等;

公共代写人为×××、×××、×××等;

其他选举工作人员为×××、×××、×××、×××等。

四、关于参选资格

除法律法规已有规定外,结合我村实际,以下几类人员有参选资格,可在本村进行登记(可参考选举规程相关内容):

(一)……

(二)……

本届登记参加选举的村民(以下简称"参选村民")名单,从××××年××月××日起开始在村民委员会办公地和各村民小组公布。

五、关于委托投票和使用流动票箱

需要委托投票或使用流动票箱的参选村民,在参选村民名单公布后六日内由本人或其近亲属(配偶、父母、子女、兄弟姐妹、祖父母、外祖父母、孙子女、外孙子女)提供相关证件和书面委托书前往村民选举委员会办理。只能委托近亲属投票,每一人委托投票不得超过三张。

这项工作由×××、×××、×××等负责。

本村设立×个流动票箱,在监票人×××、×××、×××的监督下,在选举日上门接受身体行动不便的参选村民的投票。

六、关于设立秘密写票处

中心投票会场、分会场(或者中心投票站、分投站)都设立秘密写票处,参选村民在秘密写票处写票。本次选举共设立秘密写票处×处,地点分别在×××、×××、×××。

这项工作由×××、×××、×××等负责。

七、关于选举的投票办法

(一)投票方式(是采用召开选举大会投票的方式,还是采用设立中心投票站和分投站的方式;另外,经镇人民政府同意,设立×个流动票箱辅助投票)。

(二)投票次数(是一次投票还是分次投票等)。

(三)领取选票(选票统一由乡镇人民政府印制、分发)。

这项工作由×××、×××、×××等负责。

八、关于认定选票和计票规则
（一）有效票的认定（包括全部正确选票、部分正确选票、部分人名清楚选票的认定）。
（二）无效票的认定［包括空白选票（即弃权票）、瞎写的选票、不按规定写的选票的认定］。
（三）是否允许采用"下加计票法"。
（四）同名同姓村民的识别。
（五）其他规定。

九、关于误工补贴标准（也可以不作规定）
本届选举，凡亲自参加投票的参选村民，在投票之后可领取×元误工补贴；本次选举的村民选举委员会成员、"三票"人员和工作人员，每工作一天，领取×元误工补贴。补贴费用由村集体支付，选举结束后到×××（地点）领取。
这项工作由×××、×××、×××等负责。

十、关于选举中违法行为的处理（也可以不作规定）
本届选举中违反法律法规导致重新选举或造成其他损失的，对当事人除按照法律法规进行处罚外，还要赔偿村集体支付给村民的误工补贴。

十一、关于村民代表的推选和村民小组长的选举
（一）村民代表推选、村民小组长选举的时间安排。
（二）村民代表推选、村民小组长选举的方式、地点等。

十二、关于突发性、群体性等重大事件的应急处置方案
注：其他关于提名程序、投票程序、工作移交等，在不违背国家和省有关法律法规、政策文件的前提下，可以作出适合本村实际的相应规定。

以上选举工作实施方案由村民选举委员会提出，要提交村民会议或村民代表会议逐一表决。村民（代表）会议可以对方案有关条款提出修正再通过，也可以对方案整体否决或表决通过。经表决通过的村选举工作实施方案先报乡镇（街道）审查，然后公告，正式生效。

村民委员会选举日程安排公告的样式如下：

××村第××届村民委员会选举公告

（第3号）

经本村村民会议（或者村民代表会议）审议通过，并经乡镇（街道）人民政府（办事处）备案审查通过，现将我村《村民委员会选举日程安排》予以公布。

××村第××届村民选举委员会（公章）
××××年××月××日

××村村民委员会选举日程安排

(××××年××月××日至××月××日)

(参考样式)

阶段	日期	项目	内容和要求	负责人
第一阶段：选举准备（×天）	××月××日至××月××日	一、推选村民选举委员会	通过召开村民会议或村民代表会议无记名投票推选，或将名额分配到村民小组无记名投票推选产生村民选举委员会成员。公布村民选举委员会成员名单（公告）	村党组织
		二、制定方案	根据要求，结合本村实际，制定本村选举工作实施方案，确定日程安排。方案提交村民会议或村民代表会议逐一表决通过，报乡镇（街道）备案审查后，向村民公告	村民选举委员会
		三、培训选举骨干	组织村换届选举工作人员，学习有关法律法规、政策文件，明确目的意义、方法步骤和工作要求	乡镇（街道）、村民选举委员会
第二阶段：参选村民登记（×天）	××月××日至××月××日	一、宣传发动	①公布选举日（公告） ②发出"致村民的一封信"，要求发至每家每户。利用广播、标语、专栏、宣传车等广泛开展宣传，做到家喻户晓、人人皆知 设立选举工作咨询点，专人负责，要求做到有记录、有汇报、有答复	村民选举委员会
		二、参选村民登记	年满18周岁的村民，不分民族、种族、性别、职业、家庭出身、宗教信仰、教育程度、财产状况、居住期限，都具有选举权和被选举权，但是依照法律被剥夺政治权利的人除外 应当将下列人员列入参选村民名单：①户籍在本村并且在本村居住的村民；②户籍在本村，不在本村居住，本人表示参加选举的村民；③户籍不在本村，在本村居住一年以上，本人申请参加选举，并经村民会议或者村民代表会议同意参加选举的公民。已在户籍所在地或者居住地登记参加村（居）民委员会选举的公民，不得再参加其他地方村民委员会的选举 有下列情形之一的村民，经村民选举委员会确认，不列入参选村民名单：①依照法律被剥夺政治权利的；②精神病患者不能行使选举权利的；③本人书面明确表示不参加选举的；④登记期间不在本村居住，村民选举委员会依法告知后，在期限内未表示参加选举的	村民选举委员会

续上表

阶段	日期	项目	内容和要求	负责人
第二阶段：参选村民登记（×天）	××月××日至××月××日	三、公布本届参选村民名单	经登记的参选村民名单在选举日的20日以前，在村民委员会和各村民小组所在地公告。接受村民投诉，必要时修正参选村民名单并造册、编号	村民选举委员会
第三阶段：推选村民代表、选举村民小组长（×天）	××月××日至××月××日	一、推选村民代表	依照法律法规、政策进行（见本编第六章）	村民选举委员会
		二、选举村民小组长	依照法律法规、政策进行（见本编第六章）	村民选举委员会
第四阶段：提名、确定候选人（×天）	××月××日至××月××日	一、发布公告	①发布公告，内容包括村民委员会应选名额、提名办法；②宣传候选人条件	村民选举委员会
		二、召开提名大会	①召开提名大会，宣布提名结果；②资格审查；③发布公告，公布候选人名单	村民选举委员会
第五阶段：投票选举（×天）	××月××日至××月××日	一、投票准备	准备票箱、设置会场等	村民选举委员会
		二、投票选举村民委员会成员	投票选举可以通过召开选举大会的方式，也可以通过设立中心投票站和分投站的方式进行；可以进行一次投票，也可分次投票；可以采取"下加计票法"	村民选举委员会
		三、新老班子工作交接	新一届村民委员会组成后的十日内，在乡镇（街道）的监督下，村民选举委员会主持召开村民委员会新老班子交接工作会议，完成相关工作的集体交接手续。交接手续完成后，新班子成员向乡镇（街道）签订履职廉政承诺书，并在村民委员会和各村民小组集体公布	村民选举委员会
第六阶段：建章立制、立卷归档（×天）	××月××日至××月××日	一、建立健全村民自治的各项规章制度	修改、完善村民自治章程及各项制度	新一届村民委员会
		二、建立村民委员会选举工作档案	对选举工作中形成的文件、资料、表格等选举材料进行收集整理，分类装订成册，按档案管理要求专柜保管	新一届村民委员会
		三、进行选举工作总结	认真总结选举工作经验，写出书面总结材料报乡镇（街道），接受检查验收	新一届村民委员会

注：如果采取无候选人选举方式，则不经过第四阶段。

以上选举日程安排由村民选举委员会提出，要提交村民会议或者村民代表会议逐一表决。村民（代表）会议可以对选举日程安排有关内容提出修正再通过，也可以对选举日程安排整体否决或表决通过。经表决通过的村选举日程安排报乡镇（街道）备案审查并公告后，正式生效。

五、村民选举委员会的回避要求

《村组法》第十二条规定："村民选举委员会成员被提名为村民委员会成员候选人，应当退出村民选举委员会。"《选举办法》第十二条规定："村民选举委员会成员接受提名为村民委员会成员候选人的，其村民选举委员会职务自行终止。"法律法规对有候选人的选举方式作出了村民选举委员会成员的回避规定，当然，村民选举委员会成员也有权辞去职务。但在无候选人的选举方式中，村民选举委员会成员在被列入建议名单或者成为竞选者后，都要在制定竞选规则、组织和主持开展竞选活动等工作中回避。

六、村民选举委员会的职务自行终止和免职

《选举办法》第十二条规定："村民选举委员会成员在选举期间无正当理由三次不参加村民选举委员会会议的，其职务自行终止。""对不依法履行职责的村民选举委员会成员，乡、民族乡、镇村民委员会换届选举工作指导小组或者本村五分之一以上有选举权的村民可以提出免职建议，经村民会议、村民代表会议或者推选其为村民选举委员会成员的村民小组会议同意，予以免职。""村民选举委员会成员接受提名为村民委员会成员候选人的，其村民选举委员会职务自行终止。""村民选举委员会成员职务自行终止或者被免职的，村民选举委员会应当予以公告。"

七、村民选举委员会的补选

《选举办法》第十二条规定："村民选举委员会成员职务自行终止或者被免职的，……其缺额按照原推选得票多少的顺序依次递补或者另行推选。"递补或者另行推选产生的村民选举委员会名单应当上报乡镇（街道）备案。

八、村民选举委员会的经费开支管理

村民选举委员会在工作期间的经费开支由所在村或者乡镇（街道）解决，按照所在村日常报支程序报支。

第五章　参加选举村民的登记

参加选举村民的登记，是指村民选举委员会依照法律法规规定的条件和程序，对依法享有选举权利的村民是否参加村民委员会选举活动意向的确认。对参加选举的村民进行登记既是对村民民主权利的一次确认，保障有选举权的村民参与此项选举的权利，防止无选举权的村民参与选举；也是对本届参选村民数的一次统计，了解选举的规模和范围，为确定选举方式和投票方式、有效组织选举提供依据。

第一节　参选资格认定

确认村民是否具有参加村民委员会选举的资格是进行登记的前提条件。参加选举村民的资格是指村民依法享有选举权和被选举权所必须具备的条件。这里的选举权是指符合法定条件的村民依照《村组法》《实施办法》和《选举办法》的规定，可以参加村民委员会投票选举的权利；而被选举权包括被提名权和当选权，是指经过依法登记的村民依照《村组法》《实施办法》和《选举办法》的规定，可以被提名为村民委员会候选人、被选为村民委员会成员的权利。未经依法登记的村民视为放弃本届参选资格、当选资格，具体情况由村民（代表）会议决定。

《村组法》第十三条规定："年满十八周岁的村民，不分民族、种族、性别、职业、家庭出身、宗教信仰、教育程度、财产状况、居住期限，都有选举权和被选举权；但是，依照法律被剥夺政治权利的人除外。"《选举办法》第十三条规定："年满十八周岁的村民，依照法律规定享有选举权和被选举权。计算村民年龄的截止时间为本村的选举日。"第十四条规定："村民委员会选举前，应当对下列人员进行登记，列入参加选举的村民名单：（一）户籍在本村并且在本村居住的村民；（二）户籍在本村，不在本村居住，本人表示参加选举的村民；（三）户籍不在本村，在本村居住一年以上，本人申请参加选举，并经村民会议或者村民代表会议同意参加选举的公民。已在户籍所在地或者居住地登记参加村（居）民委员会选举的公民，不得再参加其他地方村民委员会的选举。"第十五条规定："有下列情形之一的，经村民选举委员会确认，不列入参加选举的村民名单：（一）依照法律被剥夺政治权利的；（二）精神病患者不能行使选举权利的；（三）本人书面明确表示不参加选举的；（四）登记期间不在本村居住，村民选举委员会依法告知后，在规定期限内未表示参加选举的。"这是依据我国宪法关于公民的选举权、被选举权条件作出的相应规定，对参加选举的村民资格的规定是比较宽松的。

综合上述法律法规的规定，在村民委员会选举中，一个村民是否拥有参选资格，必须同时具备以下三个条件。

(1) 属地条件。这其中按照户籍条件可以分成两大类。一类是户籍在本村的村民。其中户籍、居住均在本村的村民应予以登记（本人明确不参加选举的除外）；户籍在本村但不在本村居住的，在村民选举委员会依法告知后，在规定期限内本人表示参加选举的村民，也应予以登记。《村组法》和《选举办法》都规定列入参加选举村民登记的对象是村民，但已不再局限于本村村民，因此，另一类是户籍不在本村，但已在本村居住一年以上的公民，经本人申请并经村民会议或者村民代表会议同意，也应纳入参加选举的村民登记范围。

(2) 年龄条件。即必须年满18周岁。计算年龄的时间，以选举日为准，即到投票选举日当天必须年满18周岁。出生日期以身份证或者户口簿记载的日期为准；身份证和户口簿出生日期不一致的，以户口簿记载的日期为准。

(3) 政治条件。即未被剥夺政治权利。以下两种人即使具备其他条件也不具备参加选举的资格：一种是依法被剥夺政治权利的人，以司法机关的法律文书为准；另一种是因为各种严重刑事犯罪案被羁押的犯罪嫌疑人，正在接受侦查、起诉、审判的人，经县级以上人民检察院或者人民法院决定，停止其选举权和被选举权的人（其他部门认定无效），以县级以上人民检察院或者人民法院的正式文书为准。

只有同时具备以上三个条件的村民，才是拥有参加本村村民委员会选举资格的村民，应依法予以登记。《选举办法》第十五条第（二）项、第（三）项、第（四）项所列举的情况，是针对具备参加选举资格、应予以登记，但因无法正常行使选举权利或者主动放弃选举权利的村民所作出的不列入本届参选村民名单的特殊规定。

第二节　做好登记工作

对参加选举的村民进行登记前，村民选举委员会必须先确定选举日。《选举办法》第十六条规定："村民选举委员会应当在选举日二十日前在村民委员会和各村民小组所在地公布登记参加选举的村民名单。"因此，参加选举的村民的登记工作应在选举日二十日前结束（发生异议的除外，但最迟不能超过选举日或提名选举日的七日前）。参加选举村民的登记的具体办法和要求有以下三个方面。

一、确定登记工作人员

村民选举委员会负责挑选一些法律观念强、有一定文化水平、工作认真负责、熟悉情况的村民担任登记员，乡镇（街道）要派人给予协助。村民数量多、登记工作量大的村，也可以由每个村民小组推荐若干村民，经村民选举委员会认可后担任登记员。进行参加选举的村民登记工作前，乡镇（街道）和村民选举委员会应对登记员进行培训，使之明确登记对象的资格条件、登记的法律要求，掌握政策界限，明确任务、方法、时间要求以及相关法律责任等。

二、明确登记对象

根据《选举办法》第十四条的规定,户籍在本村且在本村居住、户籍在本村而不在本村居住但表示参加选举、户籍不在本村但在选举日前居住满一年以上且本人申请经由村民会议或者村民代表会议同意的三种人可以列为登记对象(即"三列入人员"),村民选举委员会应当依法进行登记。其中第三类人员只需同时提供其户籍所在地或者居住地村(居)民委员会所出具的不参加或者未参加原籍地、居住地村(居)民委员会选举的书面有效证明,也可按照现行有关政策规定办理登记。

在登记过程中,《选举办法》第十五条规定四类特殊情况,不登记为本届参加选举的村民,具体是指"依照法律被剥夺政治权利的;精神病患者不能行使选举权利的;本人书面明确表示不参加选举的;登记期间不在本村居住,村民选举委员会依法告知后,在规定期限内未表示参加选举的""四不列入人员"。这些人员都必须经村民选举委员会成员集体研究讨论作出确认,必要时还要进行相关求证,才可以不列入登记,而不能由登记员自行把握、自行认定。

经村民选举委员会确认登记的参加选举的村民名单应当在选举日 20 日前张榜公布。经登记并公布,最后由村民选举委员会确认的,就是本届经登记的参加选举的村民数,即过去习惯称呼的"有效选民数"(包括委托投票的村民)。

从数量、范围看,有如下关系:

本村村民数(总人口)+ 非本村户籍在本村居住一年以上的公民数

↓   减去:不满 18 周岁的本村村民数

18 周岁以上的本村村民数 + 非本村户籍在本村居住一年以上的公民数

↓   减去:①被依法剥夺政治权利的本村公民数
     ②在选举日前在本村居住满一年以上且本人没有参加选举登记选举或申请参加选举登记但村民(代表)会议不同意的非本村户籍公民数

有参加选举资格的村民数

↓   减去:不列入参加本届参选村民数(包括精神病患者不能行使选举权利的、书面明确表示不参加选举的、登记期间不在本村居住且村民选举委员会依法告知后在规定期限内未表示参加选举的村民数)

登记参选村民数(即过去习惯称呼的"有效选民数")

↓   减去:实际未参加投票选举的登记参选村民数

实际参加投票选举的参选村民数

如果村民代表的推选和村民小组长的选举采取的是户的代表方式的，也要在参选村民登记的时候，一并进行户的代表的登记工作。户的代表的确认等由县级民政部门制定具体规则。

三、掌握登记方法

村民选举委员会在调查、摸底、核实的基础上，应结合本村实际，采取登记员上门入户登记和在村民委员会办公地点、各村民小组固定登记等相结合的形式，实行"一登、二查、三核、四公开、五补漏"五步走的方法，组织开展参加选举的村民的登记工作，做到不重、不漏、不错、不多。对于登记期间不在本村居住的村民，村民选举委员会应尽到告知义务，通过公告、书面通知、电话、短信、委托其亲朋好友通知等有效方式，通知外出村民须在规定期限内向村民选举委员会书面表示是否参加本届村民委员会选举，逾期未作出书面表示的将不列入本届参加选举的村民名单，也不补办登记手续。进行登记时必须制作登记名册存档备查。造册登记时最好编号，以便统计和发放"登记参加选举的村民凭证"（以下简称"参选证"）。

如果个别外出村民确实不方便回来进行现场登记，为确保其民主选举权利，也可以灵活采用电话通知的方式，由三名以上选举工作人员现场打电话并当场签名确认的方式进行。但是，这种方式要慎重使用。如果一些村民已经确认不参加选举，后来又反悔说要参加，应当按照《选举办法》第十六条"村民选举委员会应当在选举日二十日前在村民委员会和各村民小组所在地公布登记参加选举的村民名单。对登记参加选举的村民名单有异议的，应当自名单公布之日起五日内向村民选举委员会申诉，村民选举委员会应当自收到申诉之日起三日内作出处理决定，并书面告知有关村民；村民对处理决定不服的，可以自收到告知书之日起三日内向乡、民族乡、镇村民委员会换届选举工作指导小组申诉，该指导小组应当在选举日七日前作出决定，书面答复申诉人，并告知该村村民选举委员会"的规定，把选举日前第三日的24时，作为登记截止时间，截止时间过后一律不再登记。

此外，《选举办法》第十七条规定，"因故……推迟选举的，应当核实登记参加选举的村民名单的变动情况，并予以公告"，及时让群众知情。

开展参加选举村民登记工作公告的样式如下：

××村第××届村民委员会选举公告

（第××号）

经××乡镇（街道）批复同意，我村第××届村民委员会换届选举工作定于××月××日开始，提名选举日为××月××日、正式选举日为××月××日（有候选人的选举）或者选举日为××月××日（无候选人的选举）。参加选举村民的登记工作从××月××日开始，到××月××日止。适合法定条件的本村户籍和非本村户籍人员均可到村民委员会办公地点和各村民小组所在地报名登记，地处偏远的村民也可以接受登记员上门登记。登记期间不在本村居住的村民，须在××月××日至××月××日期间，向村民选举委员会表示是否参加本届村民委员会换届选举，逾期未作出表示的，将不列入本届参选村民名单，也不补充登记。

望村民互相转告，做好准备，准时进行登记。

××村第××届村民选举委员会（公章）

××××年××月××日

参选村民名册的样式如下：

名册封面为：

××村第××届村民委员会选举参选村民名册

××村村民选举委员会（公章）

登记员_____（签名）

登记员_____（签名）

××××年××月××日

名册内芯为：

××村第××届村民委员会选举参选村民花名册

姓名	性别	出生日期	户口所在地	所在村民小组	身份证号码	备注（编号）

第三节 审核公布名单

参选村民名单直接关系到村民的选举权和被选举权，意义重大，因此，既不能出现差错、张冠李戴，也不能有所遗漏，必须准确无误，以保障有选举权的村民权利不受侵犯。

如果参选村民名单把本来享有选举权的村民遗漏，就会使有选举资格的村民丧失选举权；如果把没有选举资格的人列入名单，就会使他们获得选举权，妨碍其他村民的选举权。因此，凡是对于登记参加选举的村民名单有异议的，都有权依照法定程序、法定时间向村民选举委员会提出申诉，要求村民选举委员会进行解释、作出处理，这是对村民选举权利的重要保障。

一、审核参选村民名单

参选村民资格问题是近年来村民委员会换届选举实践中争议比较多的一个问题。在登记参加选举的村民的过程中，登记员要严格依法办事，认真进行审核。凡情况特殊的村民、有争议的村民，准予登记或不准予登记都要交由村民选举委员会逐个给予审核确认。

1. 认真研究分析登记工作中出现的特殊情况

（1）属非农户口的特殊情况。一是离退休的国家机关公务员、企事业单位人员，回村居住并想参选；二是国家公务员、企事业单位人员想回村参选；三是外地迁入本村又是非农户口的人员想参选。

（2）属农转非的特殊情况。一是因国家建设需要，部分村民农转非，村民委员会建制仍保留。这又可分为两种情况：国家给予安排工作和通过其他途径已就业的；年老体弱、残疾未安排工作和就业，仍居住在本村且尽村民义务的。二是不属国家建设需要，而是个人通过关系农转非或曾经是农村基层干部，上级为了照顾他（她）而农转非的。可能是本人不在本村生产，但家庭还在本村生产、生活，也可能是本人及其家庭生产都不在本村，但居住、生活在本村的。

（3）属农村户籍的村民特殊情况。一是户籍在但人不在的，即外出人员。有的是外出多年且与本村无联系、无下落、找不到本人的，即无联系户；有的是户籍在本村而本人从未在本村居住的，即空挂户。二是人在但户籍不在的，即在村办企事业中长期打工的外地人员或者在驻村单位中长期工作的合同工，投靠本村亲属但户口未迁移或者未来得及迁移的。三是因承包本村农业项目、移民等原因将户籍迁入本村的外地人员。

（4）结婚方面的特殊情况。结婚后在配偶户籍所在的村生产、生活，但户口未迁入，本人要求在居住的村参加选举的。

2. 研究解决登记工作中出现的特殊情况所要遵循的原则

根据《村组法》和《选举办法》有关参加选举村民的登记的规定精神，解决上述特殊问题，应遵循以下五条基本原则。

（1）户籍所在地原则。一般情况下，只有农村居民户籍在本村、有选举权的村民，在村民委员会选举中才具备参加选举村民资格，才能进行登记。这是法律法规规定的基本原则。有选举权和被选举权的村民应当在户籍所在地的村进行参选登记。

（2）经常居住地原则。依法具有中华人民共和国国籍的中国公民，同时具备以下四个条件的，可给予登记：第一，在本村居住满一年以上的，时间从选举日往前追溯满一年即可，判断的标准以居住证为准；第二，本人向村民选举委员会提出书面申请；第三，能提供未参加或者不参加户籍所在地或者其他居住地的村（居）民委员会选举的书面证明；

第四，经村民会议或村民代表会议同意的。满足上述条件，经村民选举委员会审核，可在居住地的村进行登记并参加选举。

（3）不得重复登记的原则。任何村民、中国公民不得在两个或两个以上的村（居）民委员会重复进行登记。外出务工经商的村民，凡在城市、城镇生产、生活，而且参加了社区居民委员会选举的，不能再重复登记为村民委员会选举的选民。

（4）公职人员不参选。《村组法》第三十八条规定："驻在农村的机关、团体、部队、国有及国有控股企业、事业单位及其人员不参加村民委员会组织，但应当通过多种形式参与农村社区建设，并遵守有关村规民约。"国家公职人员不参加村民委员会选举。

（5）民主决策的原则。如果上述前四个原则和要求仍不能解决参加选举村民登记工作中出现的有争议的问题，就应该坚持民主决策的原则，由村民会议或者村民代表会议严格依照法律法规规定讨论决定，根据多数村民或者村民代表的意见决定是否给予登记。村民会议或者村民代表会议在讨论是否给予登记为参加选举的村民时，应考虑是否有利于本村的团结和稳定，是否有利于本村经济社会的发展。

二、公布参选村民名单

村民选举委员会审核确认参选村民名单后，还要及时张榜公布，一是让村民明确自己是参加选举的对象；二是让广大村民对公布的参选村民名单进行审查、监督，纠正偏差。依据《选举办法》第十六条的规定，参选村民名单合法的公布主体是村民选举委员会，只有这一机构才有权正式公布参选村民名单。参选村民名单的公布有时限要求，必须在选举日的20日以前公布。参选村民名单必须张贴在村民委员会和村民小组所在地显要和公开的位置。如果是实行有候选人的选举方式，则要在提名选举日的20日以前公布，然后要对提名选举日到正式选举日这段时间内的符合参选条件者进行补登记，发布新的参选村民名单。

三、村民申诉和争议处理

参选村民名单公布后，村民对公布的名单有不同意见的，应按照《选举办法》第十六条规定"对登记参加选举的村民名单有异议的，应当自名单公布之日起五日内向村民选举委员会申诉"办理。村民选举委员会应当认真听取村民的申诉和意见，在收到申诉之日起三日内作出处理决定，并书面告知有关村民；村民选举委员会处理不了的，可以提请召集村民会议或村民代表会议进行表决。村民对处理决定不服的，可以自收到告知书之日起三日内向乡、民族乡、镇村民委员会换届选举工作指导小组申诉，该指导小组应当在选举日七日前作出决定，书面答复申诉人，并告知该村村民选举委员会。村民仍有异议的，应当在选举日的五日前直接向当地基层人民法院起诉。乡、民族乡、镇村民委员会换届选举工作指导小组、村民选举委员会和村民都应注意申诉和处理的时效规定。已公布的参选村民名单有变动的应及时张榜公布，具体名单以调整确认后的名单为准。

这里要注意的是，提出参选村民名单异议的主体，既可以是名单涉及的村民本人，也可以是认为名单有错误的其他任何村民，只要认为名单可能存在错误或者其他异议，都可以依法提出申诉。

参选村民名单公告的样式如下：

××村第××届村民委员会选举公告

（第××号）

（可以多榜公告）

现将经登记确认的本村第××届村民委员会参选村民名单公布如下，如有异议，请于××××年××月××日前向村民选举委员会提出。

××村民小组：×××、×××、×××……

××村民小组：×××、×××、×××……

……

其他非本村户籍人员：×××、×××、×××……

以上村民在选举日外出不能参加投票的，可以书面委托本村有选举权的近亲属（即配偶、父母、子女、兄弟姐妹、祖父母、外祖父母、孙子女、外孙子女）代为投票，但每一人接受委托投票不得超过三人。需要委托投票的村民，委托人和被委托人请一起于××××年××月××日前到村民选举委员会办理书面委托手续。

××村第××届村民选举委员会（公章）

××××年××月××日

第四节　办理委托投票和发放参选证

办理委托投票手续和发放参选证也是村民委员会换届选举的环节之一，通常是在参选村民名单公布后开展。

一、办理委托投票手续

《选举办法》第二十九条规定："登记参加选举的村民在选举期间外出不能参加投票的，可以书面委托本村有选举权的近亲属代为投票，但每一村民接受委托投票不得超过三人。委托投票应当自登记参加选举的村民名单公布之日起六日内到村民选举委员会办理，村民选举委员会应当对委托投票的参选村民进行审核，并在两日内在村民委员会和各村民小组所在地予以公告。"要明确以下五个问题。

（1）委托投票不等于代为行使选举权。委托投票是受托人严格遵照委托人的意愿写票和投票，它不同于代为行使选举权。任何人不得代替他人作出是否参加选举和选举何人的意愿表示。但在实际操作中，委托投票很容易变成代为行使选举权，代为决定要投谁的票，这是需要特别注意澄清和防止的。

（2）委托投票的受托对象为本村有选举权的近亲属。根据最高人民法院《关于贯彻执行〈中华人民共和国民法通则〉若干问题的意见》第十二条解释，近亲属是指"配偶、父母、子女、兄弟姐妹、祖父母、外祖父母、孙子女、外孙子女"，除此之外，不能委托其他人投票。

（3）委托投票必须办理书面委托手续。具体程序是由参选村民本人和被委托的近亲属一起到村民选举委员会现场填写委托投票证，当面写清被委托村民的姓名、与被委托人的关系、委托理由，经村民选举委员会批准后，委托生效。未经村民选举委员会批准、不按期办理委托手续，不得委托他人投票。

（4）每一人接受委托投票不得超过三人。在办理委托投票的工作中，一定要遵守"每一村民接受委托投票不得超过三人"的硬性规定，不能使委托投票过多、过滥，影响选举的公平、公正。因此，能不用委托投票的要尽量不用，非用不可的也应控制委托投票的总量和张数。

（5）不能委托之后再委托。已经办理委托投票手续的被委托的村民，在选举日当天应亲自参加选举大会或到投票站，凭本人的参选证和委托投票证领取选票、填票和投票，不得将本人的参选证和委托投票证交给他人进行再委托投票。选举工作人员也应认真核对是否是本人领取选票或者委托投票证中的被委托人的姓名后，再发选票。

委托投票名单公告的样式如下：

××村第××届村民委员会选举公告

（第××号）

现将经村民选举委员会审核通过的委托投票的参选村民名单公告如下：

委托人：×××；……被委托人：×××。

委托人：×××；……被委托人：×××。

××村第××届村民选举委员会（公章）

××××年××月××日

委托投票证的样式如下：

××村第××届村民委员会选举委托投票证

编码：

委托人姓名	
被委托人姓名	
委托人是被委托人的：丈夫□；妻子□；父亲□；母亲□；子□；女□；兄□；弟□；姐□；妹□；祖父□；祖母□；外祖父□；外祖母□；孙子□；孙女□；外孙子□；外孙女□。（请在对应的□内打"√"）	

续上表

委托理由	
村民选举委员会意见	（公章）　　年　月　日
说明	此证由委托人填写，经村民选举委员会批准盖章有效。被委托人凭本人参选证和本证领取委托人的选票。

二、颁发参选证

参选证是确认参选村民选举资格的凭证，也是领取选票的凭证。参选证由村民选举委员会按照本届参选村民名单及编号填写，并加盖村民选举委员会印章。参选证应在最后确认本届参选村民人数后及时发给参选村民，按照登记名单分发，不得多发或少发，发后注明签收人或代签收人，并告知参选村民妥善保管，作为投票选举时领取选票的凭证。已办理书面委托投票的参选村民，不再发给参选证。

参选证的样式如下：

××村第××届村民委员会选举参选证

编码：

姓名＿＿＿＿＿＿
性别＿＿＿＿＿＿
年龄＿＿＿＿＿＿
编号＿＿＿＿＿＿

投票时间＿＿＿＿＿＿
投票地点＿＿＿＿＿＿

注意事项：
1. 凭本证领取本人选票。
2. 本证只限本人使用，他人使用无效。
3. 依法办理委托投票手续后，本证与委托投票证一起，方能领取委托人的选票。
4. 未经盖章无效。

××村第××届村民选举委员会（公章）
发证日期：××××年××月××日

第六章 推选村民代表和选举村民小组长

村民代表会议是村民会议授权的议事决策机构，村民小组是按照村民居住状况设立、受村民委员会领导的村民自治单元。村民代表的推选与村民小组长的选举，是村民委员会换届选举的重要组成部分和法定工作。

第一节 推选村民代表

由村民代表和村民委员会成员组成的村民代表会议是村民行使民主决策、民主管理的重要载体。《村组法》第二十五条规定："人数较多或者居住分散的村，可以设立村民代表会议，讨论决定村民会议授权的事项。村民代表会议由村民委员会成员和村民代表组成。"《实施办法》第二十六条规定："二百户以上或者居住分散的村，可以设立村民代表会议。"《选举办法》第五十二条规定："村民代表的推选，以及村民小组长和副组长的选举参照本办法执行。"全省近两万个村，基本上都有200户以上，因此，为落实好村民的民主决策权利和便于民主决策，应当推选村民代表，建立村民代表会议制度，组织进行民主决策。

一、村民代表的数额与任期

1. 村民代表的数额

村民代表的数额受本村的户数、人口和居住条件制约。《村组法》第二十五条规定："村民代表由村民按每五户至十五户推选一人，或者由各村民小组推选若干人。"《实施办法》第二十六条规定："村民代表的推选，由村民选举委员会主持，可以由村民按照居住相邻的原则和每五户至十五户推选一人的比例推选产生，也可以将名额分配至各村民小组，由村民小组召开村民小组会议推选产生，村民代表的人数不得少于二十人。"在坚持便于村民代表联系村民，便于村民代表开会、议事、决策的前提下，村民代表由村民按每五户至十五户推选一人，一般来说，500户至1000户的村，村民代表的名额应为50～70人，1000户以上的村，村民代表的名额应为70～100人。

2. 村民代表的任期

《村组法》第二十五条规定："村民代表的任期与村民委员会的任期相同。村民代表可以连选连任。"《实施办法》第二十六条规定："村民代表的任期与本届村民委员会的任期相同，可以连选连任。"村民代表的换届与村民委员会的换届同步，村民委员会换届了，村民代表也要换届，不能不换届。

二、村民代表的组成、构成与条件

1. 村民代表的组成

《村组法》第二十五条规定:"村民代表会议由村民委员会成员和村民代表组成,村民代表应当占村民代表会议组成人员的五分之四以上,妇女村民代表应当占村民代表会议组成人员的三分之一以上。"《实施办法》第二十六条规定:"村民代表会议由村民代表、村民委员会成员组成。村民代表应当占村民代表会议组成人员的五分之四以上,妇女村民代表应当占村民代表会议组成人员的三分之一以上。多民族村民居住的村,应当有人数较少的民族的代表。"

2. 村民代表的构成

村民代表是组成村民代表会议的主体,是村民利益和意愿的代表者,来源于广大村民群众,要具有一定的代表性、群众性和广泛性。

(1) 在组织上,要有中国共产党党员代表、中国共青团团员代表、村民小组长代表、农业科协代表、民兵代表等。

(2) 在职业上,要有村办企业的代表、种植户代表、养殖户代表和农村其他方面的代表。

(3) 在性别上,要有妇女代表,而且妇女应占村民代表的三分之一以上。

(4) 在民族构成上,多民族居住的村,各民族都应有一定比例的代表。

(5) 在年龄上,要老、中、青相结合,既要有村中德高望重的老党员、老干部、普通老村民,又要有事业有成、懂经济、善管理的中年农民企业家、专业户,还要有朝气蓬勃、勇于开拓、思想解放的年轻人。

3. 村民代表的条件

村民代表会议具有决策、监督职能,村中许多重大问题要由村民代表会议讨论决定,因此,村民代表素质的高低、参与议事决策能力的强弱,直接关系到村民代表会议的质量和决策的正确与否,所以村民代表应具备一定的条件。

(1) 政治条件。居住在本村、年满18周岁以上、未被剥夺政治权利的有选举权、被选举权的村民;拥护中国共产党的领导,热爱社会主义,具有较高的政治觉悟。

(2) 品德条件。品德,是指人的思想道德和品行,包括公道正派、坚持原则、主持正义、执行政策、遵纪守法、不徇私情等。

(3) 能力条件。能力,是指议事、决策的能力。村民代表要在村民代表会议上,对村中的重大问题进行研究、分析、判断,发表意见,进行决策,要求村民代表密切联系村民,热心为村民服务,有参政议政能力和相应的法律法规和政策水平,一年中有三分之二以上的时间在本村。

(4) 文化条件。村民代表应当有一定的文化水平和议事能力,这是保证村民代表质量,提高村民自治水平的重要因素。根据当前我国的教育水平,村民代表应当具有初中以上文化程度,不识字的村民不能当选为村民代表。

三、推选方式

根据《村组法》第二十五条、《实施办法》第二十六条、《选举办法》第五十二条的规定，村民代表由村民会议或者村民小组会议推选产生。参加村民会议和村民小组会议的村民都是经过登记参加选举的村民，因此，这两个会议在推选村民代表与平时民主决策的对象是不完全一致的。为与平时的民主决策的村民会议和村民代表会议进行区别，推选用的村民会议和村民代表会议统一称为"村民推选大会"和"村民小组推选大会"。

1. 推选的时间和组织

根据《实施办法》第二十六条的规定，村民代表推选时间最好在村民选举委员会推选产生之后、在村民委员会正式投票选举前，推选工作由村民选举委员会主持，以便发挥村民代表会议在村民委员会换届选举中的作用；也可与村民委员会和村民小组长的选举同步。特别要注意，村民代表的推选时间要在村民选举委员会的推选产生之后。

2. 确定村民代表名额

按照法律法规规定确定本村的村民代表名额总数，代表总数必须按照每5户至15户选1名代表确定，人数不得少于20人。

3. 名额分配

如果村民代表是由各村民小组推选大会推选产生，村民选举委员会应当把本村村民代表名额数分到各村民小组。

4. 召开村民推选大会或村民小组推选大会推选

其议程是：

（1）宣布开会。

（2）宣布工作人员名单，讲解有关规则和注意事项等。

（3）无记名投票。（参照村民委员会投票选举程序）

（4）计票。（参照村民委员会投票选举程序）

（5）宣布当选。经资格审查后，村民代表以得票多少的顺序确定当选。

（6）颁发当选证书。乡镇（街道）或者村民选举委员会向村民代表颁发由省民政厅统一印制、县级民政部门盖章的"广东省村民代表当选证书"，确立村民代表的法律地位。

5. 发布公告

在本届村民代表推选产生的当天或者次日，村民选举委员会要在村民委员会和各村民小组所在地发布公告，公布村民代表名单；对村民代表名单造册登记一式三份，一份报县级民政部门，一份报乡镇（街道），一份本村留存归档。

新一届村民代表公告的样式如下:

××村第××届村民委员会选举公告

(第××号)

经依法推选,本村共产生第××届村民代表××名,现予公布:

××村民小组:×××、×××、×××……
××村民小组:×××、×××、×××……
××村民小组:×××、×××、×××……
××村民小组:×××、×××、×××……
……

××村第××届村民选举委员会(公章)
××××年××月××日

村民代表登记册的样式如下:

××村第××届村民代表登记册

姓名	性别	年龄	民族	文化程度	所在村民小组	是否连任	村内担任职务	联系户姓名或联系村民姓名

第二节 选举村民小组长

村民小组是农村基层组织建设的重要组成部分,也是农村自治管理的最基本单元。村民小组长是村民小组组长和副组长的统称。村民小组长担负着带领群众管理村民小组全面事务的重任,是连接村党组织、村民委员会与村民之间的桥梁和纽带。《村组法》第三条规定:"村民委员会可以根据村民居住状况、集体土地所有权关系等分设若干村民小组。"《实施办法》第十二条规定:"村民委员会可以根据村民居住状况、集体土地所有权关系等分设若干村民小组。村民小组的设立、撤销、更名、范围调整，由村民委员会召集相关村民小组会议讨论后提出，经村民会议或者村民代表会议讨论通过后，报镇（乡）人民政府批准，并报不设区的市、市辖区、县、自治县人民政府民政主管部门备案。"第十三条规定："村民小组设组长一名，根据需要可以设立副组长。……村民小组在村民委员会领导下开展工作，执行村民会议、村民代表会议、村民小组会议和村民委员会的决定、决议。"

针对近年来全省村民小组运作情况和存在的问题，有必要加强认识，消除一些误解，以便更好地加强村民小组建设：一是1998年我省农村基层管理体制改革后，已经不存在生产队，村民小组也不等同于经济合作社，因此，村民小组不能表述为"××生产队""××队"或者"××合作社"，广大干部群众对此要与时俱进，以免造成混淆。二是中共广东省委、省政府在1998年推行村民自治时，根据村民居住状况等，在自然村的基础上科学、合理地设立了村民小组，自然村不是村民自治的单元，不等同于村民小组，以后组织开展村民自治工作特别是在统计、表述时，一律不讲自然村、不统计自然村数量、不以自然村为自治单元。三是《村组法》第三条和《实施办法》第十二条规定中的"若干"一词在"百度百科"里的意思是"一般三个或者以上"，"比两个多但比许多要少的一个不定数目"，因此，一些地方的村民委员会只设置一两个村民小组是不符合法律精神的，要么不设立村民小组，如果要设立，就至少要设三个以上村民小组。错误设置村民小组的地方要纠正过来。四是村民小组作为村民自治的基本单元，撤销、调整时一定要慎重，绝对不能搞行政命令式的自上而下的"一刀切""大扫除"式的撤销；也不能随便将村民小组一撤了之，一定要按照《实施办法》第十二条规定的程序进行，村、镇、县三级程序缺一不可，少了任何一个环节，撤销村民小组都不合法。特别是县级民政部门的备案审查是必要条件、必经程序，县级民政部门要切实履行好备案审查职责，严格监控村民小组的调整、撤并等行为。

根据中共中央办公厅、国务院办公厅印发的《关于以村民小组或自然村为基本单元的村民自治试点方案》（厅字〔2016〕31号）精神，条件许可的地方，在经批准后，可以村民小组或者自然村为基本单元开展村民自治试点工作。试点工作的开展经由以下审批程序：县（市、区）党委和政府提出申请、报省民政厅，省民政厅会同有关部门审核、报省人民政府审定、报民政部、民政部会同试点工作各指导部门共同研究批复。试点内容主要有两个方面：一是符合条件的村民小组或者自然村，可建立党小组或者党支部；不符合条件的，可两个及以上村民小组或者自然村建立联合党小组或者党支部；设立的党小组或者党支部均在村党支部的领导下开展活动，支持和保障村民开展自治活动，发挥好凝聚群众、服务群众、引领群众、教育群众的作用。二是在保持现有村民委员会设置格局的前提下，对处于独立居民点且拥有集体土地所有权的村民小组或者自然村，根据群众意愿建立村民理事会，代表村民对本集体组织范围内的公共事务开展议事协商，实行民主管理和监督；村民理事会向村民小组会议负责并报告工作；村民理事会成员任期与村民委员会相同；村民理事会成员的产生根据本人自愿、群众认可的原则，通过民主推选产生，可采取村民代表推选方式，也可以采取直接推选方式。提倡村民小组组长与村民理事会理事长互相兼职，鼓励本村党员团员、教师、乡村医生、致富能手、复转军人、回乡大中专毕业生、大学生村干部、返乡创业农民工、退休公职人员等加入村民理事会；村民理事会在村党组织和村民委员会的指导下开展工作，主要职能是开展协商议事、办理公益事业、调解矛盾纠纷、维护村民权益、倡导文明新风、服务生产生活。

一、村民小组长的任职条件与任期

村民小组是拥有独立地域、财产、法律地位的实体，是人民公社"队为基础"在新时期的延续，也是村民委员会联系村民群众的桥梁和纽带。选好、选准、选强村民小组长，加强村民小组建设，对于搞好村民自治具有十分重要的意义。

1. 村民小组长的任职条件

《实施办法》第十七条规定："村民小组长应当具备《广东省村民委员会选举办法》第十九条所列条件。"《选举办法》第十九条规定："村民委员会成员一般具备以下条件：（一）遵守宪法、法律、法规和国家政策；（二）遵守村民自治章程和村规民约；（三）品行良好，公道正派，热心公益；（四）有一定的组织管理能力，工作认真负责，能够在本村工作并带头发展农村经济；（五）具有初中以上学历，身体健康。"这五条是硬性条件，和以往村民小组长没有任职条件不一样。除此之外，为了使村民小组长称职和充分履职，村民小组长还应具备以下条件：

①年满18周岁以上的本组村民。
②拥护中国共产党的领导，热爱社会主义，具有较高的政治觉悟。
③居住在本村，一年中有三分之二以上的时间在本村。

2. 村民小组长的任期

《村组法》第二十八条规定："村民小组组长任期与村民委员会的任期相同，可以连选连任。"《实施办法》第十七条规定："村民小组长与本届村民委员会任期相同，可以连选连任。"就是说，村民小组长的任期与村民委员会相同，村民委员会进行换届选举，村民小组长也要同步进行换届选举；村民委员会换届了，村民小组也要换届，不能不换届。

此外，为了推动男女平等国策在农村基层的落实，提倡有一定比例的村民小组长由妇女担任。村的选举工作实施方案可以对此作出规定。

二、村民小组长的选举

《实施办法》第十七条规定："村民小组长的推选由村民选举委员会或者村民委员会主持，由村民小组会议推选产生。……当选人数不足应选名额的，不足的名额另行选举。另行选举的，参照《广东省村民委员会选举办法》第三十五条的规定执行。"《选举办法》第五十二条规定："村民代表的推选，以及村民小组长和副组长的选举参照本办法执行。"既然是参照，一些必要的程序就不能少，如召开村民小组的村民选举大会、无记名投票、秘密写票、公开唱票、当场宣布选举结果、发布公告等，都应参照村民委员会投票选举的程序。

1. 选举的时间与组织

选举村民小组长，可以在村民委员会成员选举前进行，也可以与村民委员会成员选举同时进行，或者在村民委员会成员选举之后进行。鉴于村民代表推选一般在村民委员会选举前进行，所以村民小组长选举一般与村民代表推选同时进行；如放在村民委员会选举之后，则时间非常紧迫，因为村民选举委员会的使命将在村民委员会的移交工作完成时止。村民小组长的选举作为村民委员会整体选举工作的组成部分，由村民选举委员会召集和主持。

2. 选举方式

村民小组长的产生方式有两种，一是按照《村组法》第二十八条的规定，通过村民小组会议推选产生，即"召开村民小组会议，应当有本村民小组十八周岁以上的村民三分之二以上，或者本村民小组三分之二以上的户的代表参加，所作决定应当经到会人员的过半数同意"；另一种方式是按照《选举办法》第五十二条关于"村民代表的推选，以及村民小组长和副组长的选举参照本办法执行"的规定，通过登记参加选举的本村民小组村民选举产生，即"有登记参加选举的（本村民小组）村民过半数参加投票，且收回选票数等于或者少于发出选票数的，选举有效；收回选票数多于发出选票数的，选举无效。选票上所选的每项职务人数等于或者少于应选人数的有效，多于应选人数的无效，书写模糊无法辨认或者不按规定符号填写的部分无效"，"获得参加投票的（本村民小组）村民的过半数赞成票，始得当选"。至于采取何种方式产生村民小组长，各地要根据农村实际情况加强指导，经由村民（代表）会议讨论决定并报乡镇（街道）备案、列入本村选举工作实施方案的程序。村民委员会成员可以兼任村民小组长。对于委托投票和流动票箱的问题，按照《实施办法》第十八条的规定执行，即"村民不能参加推选村民小组长会议的，可以书面委托本村民小组有选举权的近亲属代为投票，但每一村民接受委托投票不得超过三人。采用户的代表投票的，户与户之间不能委托投票。村民小组长的推选一般不使用流动票箱"。

3. 选举的程序

选举的程序可参照村民委员会的选举程序，包括以下六个方面。

（1）组织召开村民小组会议或者选举大会。

（2）宣布工作人员，讲解有关规则、注意事项等。

（3）无记名投票。

（4）计票。

（5）宣布当选。按照《村组法》第二十八条的规定，采用村民小组会议推选村民小组长的，从全部票箱收回的选票总数超过本组18周岁以上的村民或者户的代表总数的三分之二，选举有效；获得收回的选票数的过半数赞成票，始得当选，即遵循"三分之二加过半"的原则。按照《选举办法》第五十二条规定采用参选村民参加的村民小组选举大会方式选举村民小组长的，从全部票箱收回的选票总数超过登记参加选举的本组村民总数的一半，选举有效；获得收回的选票数的过半数赞成票，始得当选，即遵循"两个过半"的原则。经资格审查后，主持人当场宣布选举结果。

（6）颁发当选证书。乡镇（街道）或者村民选举委员会须在村民小组长当选后十天内，向村民小组长颁发由省民政厅统一印制、县级民政部门盖章的"广东省村民小组长当选证书"，确立村民小组长的法律地位。

4. 公告选举结果

在新一届村民小组长选举产生的当天或者次日，村民选举委员会要在村民委员会和各村民小组所在地发布公告，公布新一届村民小组长名单；对村民小组长名单造册登记一式三份，一份报县级民政部门，一份报乡镇（街道），一份本村留存归档。

新一届村民小组长公告的样式如下：

××村第××届村民委员会选举公告

（第××号）

××××年××月××日，经各村民小组会议依法选举，下列人员分别当选为各村民小组正副组长：

××村村民小组组长：×××；副组长：×××。
××村村民小组组长：×××；副组长：×××。
××村村民小组组长：×××；副组长：×××。
××村村民小组组长：×××；副组长：×××。

特此公告。

××村第××届村民选举委员会（公章）
××××年××月××日

村民小组长登记册的样式如下：

村民小组长情况统计表

村民小组名称	户数	人口	姓名		是否连任		报酬情况		备注
			组长	副组长	组长	副组长	定补	其他补贴	
××村村民小组									
××村村民小组									

5. 选举违法违规的处理

《实施办法》第二十二条规定："任何组织或者个人不得指定、委派或者撤换村民小组长。在村民小组长选举过程中违反本办法规定的，参照《广东省村民委员会选举办法》第七章的规定执行。"《选举办法》第七章第四十八条规定："有下列行为之一的，由上一级人民政府责令改正,对直接责任人给予处分:(一)指定村民委员会成员候选人的;(二)指定、委派或者撤换村民委员会成员的;(三)违反法律、法规规定停止村民委员会成员职务的;(四)无正当理由不组织或者拖延村民委员会换届选举的;(五)以不正当手段妨害村民委员会成员履行职责的。"第四十九条规定:"违反本办法第三十七条规定,采取不正当手段当选村民委员会成员的,由不设区的市、市辖区、县、自治县人民政府主管部门或者乡、民族乡、镇人民政府宣布其当选无效;违反《中华人民共和国治安管理处罚法》的,由公安机关依法处理;构成犯罪的,依法追究刑事责任。"第五十条规定:"村民选举委员会不主持工作移交或者上一届村民委员会不办理移交手续的,由乡、民族乡、镇人民政府责令改正;造成村集体财产损失的,依法承担赔偿责任;违反《中华人民共和国治安管理处罚法》的,由公安机关依法处理。"

三、换届选举期间村民小组的管理

在换届选举期间(即省人民政府自部署村级换届选举之日起至新旧村民小组长工作交接完成的这段时间),村民小组的日常管理仍由村民小组长负责,但是村民小组的印章必须在省人民政府自部署村级换届选举之日起十天内,交由乡镇(街道)统一保管;所有的经费开支、经济往来票据、合同等必须由村民小组、村民委员会、乡镇(街道)人民政府(办事处)共同盖章,否则将对三级追究责任;上一届的村民小组长必须在与新一届村民小组长工作交接前处理妥当所有的账务、债务,新一届的村民小组长不处理上一届村民小组的账务、债务。

在新旧村民小组长工作交接完成后的五天内,乡镇(街道)发还村民小组印章,村民小组恢复正常运作。

第七章 选举方式

《选举办法》第十八条规定:"村民委员会成员的选举,可以采取有候选人的选举方式,也可以采取无候选人的选举方式。"设置了比过去更加科学合理的村民委员会选举方式,供村民群众选择。无候选人的直接选举方式是在"二合一"选举的基础上总结出来的。明确村民委员会成员的选举可以采取有候选人和无候选人两种直接选举方式,有利于各地根据各村的实际情况进行灵活选择。各地可以在村级工作基础较好、具备一定选举条件的村,积极推行无候选人的直接选举,但在一些村情复杂、村级工作基础薄弱的村,应该严格按程序分步操作,实行有候选人的直接选举,这样有利于选举进程的顺利推进。无论采取哪种选举方式,都必须保证村民的直接选举权。

第一节 村民委员会的职位和职数

《村组法》第六条规定:"村民委员会由主任、副主任和委员共三至七人组成。村民委员会成员中,应当有妇女成员,多民族村民居住的村应当有人数较少的民族的成员。"《实施办法》第七条规定:"村民委员会由主任、副主任和委员共三至七人组成,村民委员会成员之间不得有夫妻、父母子女、兄弟姐妹关系。村民委员会成员中应当至少有一名妇女成员,多民族村民居住的村应当有人数较少的民族的成员。"《选举办法》第二条规定:"村民委员会由主任、副主任和委员共三至七人组成,各村的具体职数由村民会议或者村民代表会议提出方案,报乡、民族乡、镇人民政府批准,并报不设区的市、市辖区、县、自治县人民政府主管部门备案。村民委员会成员中应当至少有一名妇女;多民族村民居住的村应当有人数较少的民族的成员。"

一、村民委员会职数的确定

法律法规规定了村民委员会成员的数量为三至七名。实践中,村民委员会职数究竟由多少人组成比较合适,主要应当考虑以下三个因素。一是便于村民自治和协助政府开展工作,能够完成各项任务。二是尽量减轻农民的负担。一般来说,村民多,居住分散,村民委员会承担任务重的,村民委员会成员人数应当多一些;村民少,居住集中,村民委员会承担任务轻的,村民委员会成员人数可以少一些。三是村民委员会成员一般为单数。值得注意的是,村民委员会的制度设计是委员会制度,是集体领导制度,按照少数服从多数的原则,实行全体成员集体决策,不是行政机关的"一把手"负责制,不能由村民委员会主任一个人说了算。因此,为了便于按照少数服从多数的原则决定问题,村民委员会成员一般应为单数。

新一届村民委员会选举方式和职位、职数，经乡镇（街道）人民政府（办事处）批准、报县级民政部门备案审查后，由村民选举委员会向全体村民公布。我省往届村民委员会选举出现有的地方不论村大小，一律规定同样的职数，甚至一律规定为三人，有的规定为三人后通过选聘的途径解决人手不足问题。这是不妥当的，脱离了国家和省的立法精神，也不符合实际需要。极个别村可能出现村提出的职数配置方案与乡镇（街道）人民政府（办事处）的意见产生分歧的情况。当出现这种情况时，乡镇（街道）人民政府（办事处）与村之间要加强沟通协调，力求达成一致。无法达成一致的，可暂按上一届村民委员会的职数进行配备。

二、少数民族村民委员会成员的确定

《宪法》第四条规定："中华人民共和国各民族一律平等。国家保障少数民族的合法的权利和利益，维护和发展各民族的平等、团结、互助关系。"《实施办法》第七条和《选举办法》第二条关于少数民族村民委员会成员的规定，是与《宪法》和有关法律的衔接和具体化。在我省，韶关、清远等少数地方农村居住有少数民族，一个村有几个民族的村民居住，各民族的习惯和利益存在一定的差异。村民委员会没有人数较少的民族的成员，可能不便于开展工作，也可能不便于村民实行自治。在这里应当注意的是，法律法规规定的"多民族村民居住的村应当有人数较少的民族的成员"，既包括在汉族村民集中居住的村中，应有少数民族村民担任村民委员会成员，也包括一个或多个少数民族聚居的村中，应有人数较少的汉族或其他民族的村民担任村民委员会成员。

三、妇女村民委员会成员的确定

《宪法》第四十八条规定："中华人民共和国妇女在政治的、经济的、文化的、社会的和家庭的生活等各方面享有同男子平等的权利。国家保护妇女的权利和利益，实行男女同工同酬，培养和选拔妇女干部。"《妇女权益保障法》也规定："妇女有权通过各种途径和形式，管理国家事务，管理经济和文化事业，管理社会事务。"《实施办法》第七条和《选举办法》第二条关于妇女村民委员会成员的规定，是对《宪法》和有关法律的衔接和具体化。同时，为了推动妇女更多地参与农村基层事务管理，人数较多且村民委员会成员职数较多的村，不要限于只有一个妇女村民委员会成员，可以随着职数的增加适当提高妇女村民委员会成员的名额；同时，妇女村民委员会主任在乡镇（街道）全部村民委员会中也要占有一定的比例。

村民委员会成员选举方式和职位、职数公告的样式如下：

××村第××届村民委员会选举公告

（第××号）

经××××年××月××日召开的村民会议（村民代表会议）讨论通过，并经乡镇人民政府批准，我村第××届村民委员会选举采取无候选人的选举方式或者有候选人的选

举方式；村民委员会成员由主任1人、副主任×人、委员×人，共×人组成。

请村民互相转告，并以此方式和职位、职数的规定，依法提名候选人或者正式选举。

××村第××届村民选举委员会（公章）

××××年××月××日

第二节　村民委员会成员任职条件

在一个村的范围内，村民朝夕相处，生产和生活相关，对本村的情况最了解。谁有经济头脑，谁忠厚老实，谁能为老百姓办事，谁平时公道正派，大家心中都有一杆秤。那么，什么样的人选为村民委员会成员，就直接关系到村民委员会班子的整体素质，直接关系到换届选举后村的经济发展与社会和谐稳定，直接关系到每个村民的切身利益。

一、村民委员会成员任职条件

1. 素质要求

《村组法》第十条规定："村民委员会及其成员应当遵守宪法、法律、法规和国家的政策，遵守并组织实施村民自治章程、村规民约，执行村民会议、村民代表会议的决定、决议，办事公道，廉洁奉公，热心为村民服务，接受村民监督。"

村民委员会成员不仅自己要带头学法、遵法，而且还应当组织村民学法、遵法，只有全体村民都学法、遵法，才能运用法律武器保护自己的合法权益。遵纪守法还有一个重要的要求，就是要遵守并组织实施村民自治章程、村规民约，执行村民会议、村民代表会议的决定、决议。村民自治章程是村民会议根据国家的法律法规和政策，结合本村的实际情况，制定通过的关于本村如何实行村民自治的综合性规范，被人们形象地称为村民实施自治的"小宪法"。村规民约是村民会议根据国家法律、法规和政策，结合本村的实际情况，讨论制定的某一方面的行为规范。村民自治章程和村规民约是全体村民共同意志的体现，它把村民的权利和义务、村级各类组织之间的关系和工作程序，以及经济管理、社会治安、村风民俗、婚姻家庭、计划生育等方面的要求规定得明明白白，是每个村民在日常生产生活中必须遵守和执行的行为规范。村民委员会作为村民会议和村民代表会议的执行机构和工作机构，必须执行村民会议、村民代表会议的决定、决议，接受村民会议和村民代表会议的监督，向村民会议、村民代表会议负责并报告工作。

村民委员会及其成员有没有威信，村民满意不满意、拥护不拥护，关键在于村民委员会及其成员办事公道不公道、廉洁不廉洁。办事公道，就是村民委员会及其成员在办理村民自治事务时要做到合法、合理。合法，就是要符合宪法、法律法规和党纪、国家政策。合理，就是要讲道理，要符合公认的道德标准。廉洁奉公，就是不多吃、多拿、多占，做到公私分明，不徇私情，不以公谋私，真正以最大多数村民的最大利益为一切工作的出发点。村民委员会成员要做到办事公道、廉洁奉公，一要正确处理集体利益与个人利益的关系。先公后私，还是先私后公，甚至损公肥私，这对村民委员会及其成员来说是一个重要的考验。有的村民委员会成员没有摆正集体利益和个人利益的关系，忘记了自己是村民选举出来的广大村民的办事人，利用手中掌握的权力牟取私利，最后被村民所抛弃。二要坚持原则，善于做说服教育工作。村民委员会的工作牵涉村民的权利和利益，比如，宅基地该怎么分配、调解民间纠纷如何分清是非等，都必须坚持原则，对不明真相或者无理取闹的村民多做说服、解释、教育工作。坚持原则，可能一时不被理解，但时间长了，大多数村民会有一个比较公正的看法，村民委员会及其成员的威信就能树立起来，村民自治工作就可以开展得比较顺利。

从事村民委员会工作，没有一副热心肠是不行的，没有一点奉献精神也是不行的。如果村民委员会成员都从个人得失考虑，什么都讲按劳取酬，给多少补贴做多少工作，是肯定做不好村民委员会工作的。热心为村民服务，同时也要注意切合实际，不能好高骛远。农村各地经济发展和自然条件很不一样，许多事情其他地方能办到，本地不一定能办到；其他地方能办好，本地不一定能办好。热心为村民服务，还要注意工作方法，注意团结大多数村民群众。有的村民委员会成员工作热情很高，但工作方法简单粗暴，不善于做细致的说服解释工作，虽有一腔热血，却总做不好工作。因此，村民委员会成员不仅要有一副热心肠，还要了解村民的思想状况和需求，了解村民的疾苦和困难，善于团结和带领广大村民一道奔小康，取得多数村民的支持和拥护。

2. 任职条件

《村组法》第十五条规定："村民提名候选人，应当从全体村民利益出发，推荐奉公守法、品行良好、公道正派、热心公益、具有一定文化水平和工作能力的村民为候选人。"《选举办法》第十九条规定："村民委员会成员一般具备以下条件：（一）遵守宪法、法律、法规和国家政策；（二）遵守村民自治章程和村规民约；（三）品行良好，公道正派，热心公益；（四）有一定的组织管理能力，工作认真负责，能够在本村工作并带头发展农村经济；（五）具有初中以上学历，身体健康。"村民委员会成员的基本任职条件有以下六点：①严守政治纪律，站稳政治立场，坚决维护国家利益，坚定不移地贯彻执行党的路线方针政策；②模范遵守和严格执行法律法规，始终不渝地维护公共秩序和社会稳定；③公道正派，作风民主，团结协作，廉洁自律；④服务发展、服务民生、服务群众、服务党员的能力强；⑤勤奋工作，任劳任怨，敢于担当，开拓创新；⑥身体健康，年龄一般不超过60周岁，农村"两委"班子成员应具有初中及以上学历，社区"两委"班子成员应具有高中及以上学历。

二、村民委员会成员不宜任职条件

《广东省人口和计划生育条例》第四十条规定："国家机关和事业单位、国有企业、国有控股企业，乡镇集体企业对其超生职工应当给予开除处分或者解除聘用合同。对超生的村（居）民委员会成员应当依照有关规定予以处理。对超生人员，有关单位依照本条例规定作出处理决定之日起，五年内国家机关和事业单位、国有企业、国有控股企业，乡镇集体企业不予招工、录（聘）用；五年内不得选为村（居）民委员会成员和评为先进；七年内不得享受公费医疗福利；七年以上十四年以下不得享受农村股份合作制分红及其他集体福利。"

实践中，对不提名为村"两委"班子成员候选人也提出具体要求：①散布违背党的理论和路线方针政策的意见，公开发表违背中央决定的言论，制造、传播政治谣言及丑化党和国家形象的言论；②在贯彻执行中央决策部署上打折扣、做选择、搞变通，参与各种非法组织和非法活动；③有组织和煽动群体性事件，有在公共场所非法聚集，围堵冲击国家机关，煽动、串联、胁迫、以财物诱使、幕后操纵他人信访等违反《信访条例》的行为；④有扰乱公共秩序、妨害公共安全、侵犯人身权利和财产权利、妨害社会管理等违反《中华人民共和国治安管理处罚法》的行为；⑤受到撤销党内职务、留党察看、开除党籍处分不满三年或者正被纪检、司法机关立案调查的；⑥被处管制以上刑罚，解除劳动教养或者刑满释放不满三年的；⑦违反计划生育法律法规，超计划生育未经处理、处理未完结或者处理完结未满五年的。

综上所述，一定要从有利于农村基层治理出发、从全体村民的利益出发，把服从党的领导、奉公守法、品行良好、公道正派、热心公益、具有一定文化知识水平和工作能力的村民选为候选人列为竞选者，真正把群众拥护的思想好、作风正、有文化、有本领、有能力、服从党的领导、真心实意为群众办事的人选进村民委员会领导班子；违法乱纪、品行不端、文化水平低、工作能力差、党和群众不满意的村民，不提名为候选人，不选进村民委员会领导班子，以保证村民委员会成员的基本素质。

三、村民委员会成员有限度连选连任

《村组法》第十一条、《选举办法》第四条规定："村民委员会成员可以连选连任。"这不仅可以激励村民委员会成员在任期内热心为村民服务，办好事、办实事，努力做出工作成绩，争取下届连任，而且可以保持村民委员会的连续性、稳定性和积累工作经验，这对于加强村民委员会的组织建设，无疑起到积极的作用。但是，近年来，各地村干部频频落马引发各界关注，特别是从中暴露出村民委员会连选连任时间过长有很大的弊端。主要表现为以下四个方面。

（1）长期任职的村民委员会成员更容易发生职务犯罪。相对来说，长期任职的村民委员会成员易于通过长年累月的人情互动在村民委员会和村的内部、外部经营各种关系网，形成利益共同体。特别是一些多届任职的村民委员会主任，难以有效监督制约。

（2）长期任职的村民委员会成员容易利用制度漏洞进行违法犯罪。从检察机关查办的涉农职务犯罪案件来看，被查处的村民委员会成员通常是利用征地拆迁、基础设施建设、上级拨款、外出乡贤捐款、集体资产管理以及惠农支农补贴等制度中的漏洞进行违法犯罪，更善于规避监督制约进行暗箱操作，以逃避法律惩处。

（3）村民委员会成员长期任职容易导致村民委员会施政活力不足。调研发现，连续多届任职的村民委员会成员普遍存在年龄较大的问题，而且村民委员会内部几乎都是"老面孔"，"新鲜血液"难以注入村民委员会，造成村民委员会人员结构老化、施政活力低下。

（4）村民委员会成员"上去了下来难"。主要就是村民委员会成员出现问题，群众不信任，但是现有条件下罢免难。

《广东省加强村级基层组织建设五年行动计划》提出:"村党组织书记超过 65 岁,换届时一般不再继续提名。村党组织书记连续任职满三届,一般不再继续提名。"为了与村党组织换届同步,消除村民委员会成员长期任职所引致的负面影响,对村民委员会成员的年龄和连选连任进行限制是必要的。因此,村民委员会成员超过 60 岁或连续任职满三届,一般不再提名为下一届村民委员会候选人。

村民委员会成员任职条件公告的样式如下:

××村第××届村民委员会选举公告

(第××号)

村民委员会成员应当具备以下任职条件:

1. ……
2. ……
3. ……
4. ……
5. ……

有下列情形之一的,不提名为村民委员会成员候选人:

1. ……
2. ……
3. ……
4. ……
5. ……
6. ……

其他规定:

1. 连选连任问题。
2. 任职年龄问题。
3. ……

望各参选村民认真学习,领会精神实质,并根据条件要求提出自己满意的人为本村第××届村民委员会成员候选人和选举村民委员会成员。

××村第××届村民选举委员会(公章)

××××年××月××日

第三节 有候选人的直接选举方式

有候选人的直接选举，是指村民委员会的选举，由参选村民一人一票直接提名选举村民委员会成员候选人，再由参选村民对正式候选人进行正式投票选举产生村民委员会成员。它的明显特征就是实行两次选举：先是提名选举产生正式候选人，最后是从正式候选人或者其他竞选者中正式选举产生村民委员会成员。提名确定村民委员会成员的候选人，是村民委员会选举的重要程序，是村民委员会的正式选举，也是参选村民参与选举活动享有选举权利的重要标志，关系到新一届村民委员会的组成、素质、工作效能和权威，不能马虎应对。

一、村民委员会成员候选人实行差额选举产生

《村组法》第十五条规定"候选人的名额应当多于应选名额"，实行差额选举。《选举办法》第二十四条规定："村民委员会成员实行差额选举，候选人人数应当多于应选名额。村民委员会主任、副主任候选人人数应当分别比应选名额多一人，委员候选人人数应当比应选名额多一至三人。"具体到一个村，新一届村民委员会成员候选人的人数要根据村民选举委员会公告确定的职位和职数，按照《选举办法》规定的每一职位的差额数来确定。比如，如果新一届村民委员会设主任1人、副主任1人、委员3人，那么，村民委员会成员的候选人数为主任2人，副主任2人，委员4人、5人或6人，村民选举委员会可以根据本村实际情况确定。

二、村党组织提出村民委员会候选人建议人选和参选村民自荐竞争候选人

《选举办法》第二十条规定："登记参加选举的村民可以自荐参选村民委员会成员候选人，并在选举日十五日前向村民选举委员会提交自荐材料。村民选举委员会对自荐人进行资格审查后，在选举日十日前在村民委员会和各村民小组所在地以姓名笔划为序公布自荐名单。"提倡村党组织尽量动员建议人选以自荐的方式参加候选人的提名选举。为保证妇女参选与当选，村党组织提出的建议人选中应至少有一名妇女。参选村民也可以自荐参与竞争提名候选人。村民选举委员会对全部竞选人员进行汇总、审查、公告。

竞选人员名单公告的样式如下：

××村第××届村民委员会选举公告

（第××号）

经村党组织建议和村民自荐、村民选举委员会审查，现将竞选村民委员会成员（候选人）的人员名单以姓名笔画为序公布如下：

主任（候选人）竞选人员：×××、×××；
副主任（候选人）竞选人员：×××、×××；
委员（候选人）竞选人员：×××、×××。
望互相转告。

××村第××届村民选举委员会（公章）
××××年××月××日

三、一人一票直接提名选举产生村民委员会候选人

村党组织建议人选和参选村民自荐竞争者名单（或竞选候选人名单）确定后，召开提名选举大会差额选举产生村民委员会成员候选人。《村组法》第十五条规定："选举村民委员会，由登记参加选举的村民直接提名候选人。"《选举办法》第二十条规定："采取有候选人选举方式的，候选人由本村登记参加选举的村民投票提名产生。"一人一票直接提名选举产生村民委员会成员候选人是产生村民委员会候选人的总原则，要严格按法定程序认真组织。

《选举办法》第二十一条规定："提名村民委员会候选人，应当由村民选举委员会召开村民会议或者各村民小组会议，由过半数登记参加选举的村民参加投票。登记参加选举的村民可以提名自荐名单中的村民，也可以提名其他村民。每一村民提出的候选人人数不得超过应选名额。正式候选人按照得票多少的顺序确定，其中应当至少有一名妇女。"第二十二条规定："村民选举委员会确认提名有效并进行资格审查后，应当在选举日五日前在村民委员会和各村民小组所在地以姓名笔划为序公布候选人名单。本人不愿意被列为候选人的，应当自名单公布之日起两日内向村民选举委员会书面说明。候选人的缺额按照提名得票多少的顺序依次递补。"上述两条以及第二十四条规定，从提名方式到提名结束，都作了详细的规定。

1. 提名的方式

根据上述法规规定，提名村民委员会候选人的方式可以是召开村民会议，由全村参选村民进行直接投票；也可以是召开各村民小组会议，由本组参选村民进行直接投票。村民会议和各村民小组会议是指提名确定候选人大会，又分别称为"村民提名选举大会"和"村民小组提名选举大会"，按照正式投票选举的程序和要求进行，不同的只是不使用正式选票，而是使用只有职务、没有名单的提名票。提名投票方式按照本编第九章的内容进行。过半数参选村民参加投票，候选人提名有效。判断的方法是：从"村民提名选举大会"或者"村民小组提名选举大会"上全部票箱收回的选票数÷全村（本村民小组）全部参选村民数＞50%。如果没有超过半数，则提名整体无效，全部职位的提名都无效，必须重新组织提名选举。

2. 各职位候选人当选资格审查

判断各职位候选人当选是否有效，即是否有当选资格，主要有以下三个条件。一是被

提名人是否具有参选资格，包括是否满 18 周岁、政治权利是否被剥夺。二是本次提名是否有效，即本次提名确定候选人大会是否依照法定程序和法律法规规定进行。三是是否存在需要回避的关系，即被确定的候选人是否有配偶、父母子女、兄弟姐妹关系。如果有，一般应保留得票最多的候选人；票数相同的，保留职务较高的候选人；也可以协商确定其中一人保留为候选人，但要在村民选举委员会的主导下，由当事人立下书面协议书，交由村民选举委员会留存。

按法律法规规定的程序提名产生的村民委员会成员候选人具有合法性，受法律保护，任何组织、个人无权以审查的名义或别的方式予以改变或者中止。

3．确保村民委员会成员候选人中有妇女候选人

根据《选举办法》第三十三条的规定精神，正式候选人应当至少有一名妇女是刚性规定。村民委员会主任、副主任正式候选人按照得票多少的顺序确定；主任、副主任正式候选人中没有妇女的，委员的候选人按照下列原则确定：应当首先确定得票最多的妇女为委员候选人，其他候选人按照得票多少的顺序确定；没有妇女获得赞成票的，应当确定一个委员候选人名额另行选举妇女候选人。得票数相同不能确定正式候选人时，应当在三日内对得票数相同的人再次进行投票，以得票多的当选。

4．做好缺额递补

候选人提名结束后，本人不愿意被列为候选人的，应当自名单公布之日起两日内向村民选举委员会书面提出。候选人的缺额按照原提名得票多少的顺序依次递补，如果按照原提名确实不能递补候选人的，那么候选人缺额多少就重新按照候选人的产生程序进行补选。

5．公告确认整体选举结果

村民委员会正式候选人合法产生之后，不论提名选举结果如何，村民选举委员会都必须在正式选举日的五日前，在村民委员会和各村民小组所在地公告提名结果，告知全体村民。如果提名整体有效，则以姓名笔画为序张榜公布候选人名单；如果提名整体无效或者有其他情况，都要进行公告。

6．是否允许采用"下加计票法"

所谓"下加计票法"，是指同一参选村民在同一次投票选举中，获得两项以上不同职位的选票，且各项职位所得票数均未达到法定当选票数时，采取高职位得票数就低下加到低职位得票数中，以满足低职位总票数达到法定要求而当选的计票方法。这里要注意，"下加计票法"只适用于无候选人的选举方式。

（1）"下加计票法"的操作程序。按照"逐级就低累计下加"的原则操作"下加计票法"，先将最高职位得票数下加到低一级职位得票数，如仍不达当选法定票数，则将上述两个职位的得票数再次加到下一职位的得票数中。例如，某人如果在主任、副主任、委员三种职务都得到了选票，但未当选主任，可将其主任得票数加到副主任得票中，作为副主任得票数计算；如果仍未当选副主任，则可以将主任和副主任得票数下加到委员职位票数中，作为委员得票数计算。

（2）使用"下加计票法"应注意的事项。一是可以下加，但不能上加，比如不能将

副主任和委员职位上的得票上加到主任职务的得票中，不能将委员的得票上加到主任和副主任职位的得票中。二是是否采取"下加计票法"，必须在村民委员会选举工作实施方案中明确说明，通过村民会议或者村民代表会议表决通过。三是要征求本人意见。在出现高职位无人当选或者当选数不足需要进行另行选举的情况时，村民所获高职位得票数是否下加到其低职位得票数中，应征求本人意见，并出具书面材料。提此要求，主要考虑到如果实行下加，满足了低职位当选票数，宣布其当选低位职务，这就意味着该村民将失去另行选举时再次参选高职位的机会（另行选举有以获得收回票数的三分之一为当选的特别规定），尤其是在该村民高职位得票数领先的情况下，更有必要征求本人意见。如本人不同意就低下加，而愿意在另行选举中再次竞选高职位时，应尊重本人意愿。四是直接得票者优先当选。在第一次投票选举中，如果低职位应选人数按照事先设定的职数已经选足额，就不能再实行下加计票，即便累计下加后总票数超过已过半数票的直接得票者，也不能当选。五是鉴于法律法规对另行选举当选票数有特别规定，因此另行选举不能实行"下加计票法"。

（3）鼓励和提倡使用"下加计票法"。首先，"下加计票法"并不违背投票人的意愿。"下加计票法"是在高职位得票数未过半数而不能当选的情况下实行的。一般来说，投票人信任某村民担任高职位的能力，同样也会信任其担任低职位的能力。其次，"下加计票法"操作程序并不复杂，操作起来也比较方便。再次，"下加计票法"的积极意义在于它可提高首次投票当选的成功率，有利于人才的脱颖而出，也有利于降低选举成本。因此，只要我们严格按照程序进行，它是能够被大多数村民所接受的。需要强调的是，是否采用"下加计票法"，应当在村民委员会选举工作实施方案中明确说明，并经村民会议或者村民代表会议表决通过。

村民委员会成员候选人提名票公告的样式如下：

××村第××届村民委员会选举公告

（第××号）

现将村民委员会成员候选人提名票公告如下，望互相转告：

职位	主任	副主任	委员	委员（女）
候选人姓名				
说　明	1. 提名主任候选人1人，副主任候选人＿＿人，委员候选人＿＿人，等于或少于提名名额的提名票有效，多于提名名额的无效； 2. 无法辨认或胡写乱画的提名票无效； 3. 无公章的提名票无效。 　　　　　　　　　　　　　　××村第××届村民选举委员会（公章） 　　　　　　　　　　　　　　××××年××月××日			

村民委员会成员候选人提名结果公告的样式如下：

××村第××届村民委员会选举公告

（第××号）

经依法召开村民会议（或各村民小组会议）进行直接提名，我村第××届村民委员会成员候选人已确定，现将名单公布如下（以姓名笔画为序排列）：

主任候选人为：×××、×××；

副主任候选人为：×××、×××、×××；

委员候选人为：×××、×××、×××、×××、×××。

××村第××届村民选举委员会（公章）
××××年××月××日

第四节　无候选人的直接选举方式

无候选人的直接选举是指村民委员会的选举按照预先设定的任职条件和职位、职数，由参选村民直接进行正式投票选举，在选票上一次性填写所选人的姓名，产生村民委员会成员。与有候选人的直接选举的两次选举相比较，无候选人的直接选举少了候选人提名选举环节，属于一次性直选，少举行一场选举活动，程序相对简单，节省了部分人力、物力和财力，缩短了选举时间，减少了选举费用。

采取无候选人直接选举方式的，一要事先提请村民会议或者村民代表会议通过，报乡镇（街道）同意；二要认真组织开展竞争活动；三要严格按照正式投票选举大会的内容和程序进行投票选举。

无候选人直接选举的投票方式，按照本编第九章的内容进行。

第八章 选举竞争

村民委员会选举实行差额选举，差额选举势必形成村民委员会成员候选人之间、有意成为村民委员会成员的参选村民之间的竞争。村民委员会的选举是一种有竞争的选举。村民在选举中的积极参与是村民委员会选举极具竞争性的最主要原因。

《村组法》第十五条规定："村民选举委员会应当组织候选人与村民见面，由候选人介绍履行职责的设想，回答村民提出的问题。"《选举办法》第二十三条规定："村民选举委员会应当组织候选人在指定场所与村民见面，由候选人介绍履行职责的设想，回答村民提出的问题。但选举日必须停止此项活动。候选人在宣传和介绍自己时，应当实事求是，不得违反法律、法规和国家政策。有关主要内容应当事先书面提交村民选举委员会备案。"第二十六条规定："采取无候选人选举方式的，……有意愿参选村民委员会成员的村民，应当在选举日十日前向村民选举委员会书面提出参选意愿。村民选举委员会对有参选意愿的村民进行资格审查后，在选举日五日前在村民委员会和各村民小组所在地以姓名笔划为序公布参选人名单。"

村民委员会选举竞争的目的在于通过候选人，尤其是村民委员会主任候选人和有意竞争村民委员会成员的参选村民，向村民全面、客观地介绍自己各方面的表现情况、工作能力以及当选后的工作打算，以便村民能够尽可能多地了解候选人和竞争人的情况，并在投票时准确地选择自己满意的人选，提高选举工作的质量。

村民委员会选举的竞争不同于西方国家的竞选，而是结合我国实际情况，在选举中引入竞争机制，是一种有组织的竞争，有原则的竞争，也是公正、公平、公开的竞争。

第一节 选举竞争的组织和形式

适当开展选举竞争活动，让广大村民熟悉、了解参选人，是提高一次选举成功率的有效措施，也是进一步推进基层民主发展的需要。选举竞争活动是一项比较复杂的公共活动，必须精心组织、周密安排，并通过一定的具体形式付诸实施。

一、竞选的原则

要正确引导和规范选举竞争活动，规范选举竞争行为，营造公平的选举竞争环境。村民委员会成员选举的竞争，都要在村民选举委员会主持和监管之下，公开、公平和公正地统一组织进行。

（1）公开。指选举竞争活动都要在村民选举委员会的统一组织下公开进行，不能私下交易，不能私下许诺，自觉接受村民的监督。

（2）公平。指村民选举委员会要平等对待每一位村民委员会成员候选人和其他有意竞争的参选村民，保证候选人和其他竞争者在选举竞争活动中有同等的机会开展平等竞争。村民委员会成员候选人和其他有意竞争的参选村民不能作为选举竞争活动的主持者。

（3）公正。指村民选举委员会要主持公道，公正组织选举竞争活动，反对不正当竞争，反对和防范极个别村民委员会成员候选人和其他竞争者为达到自己当选的目的，采取不正当的竞争手段，实施不正当行为。不正当的手段和行为主要有诋毁、抨击别人，请客、送礼、威胁、贿赂（用钱买选票、用金钱手段使竞争者退出），发表违反国家法律、法规、政策的言论等。这些做法严重地妨害了参选村民正确行使民主权利，干扰、破坏了村民委员会的选举工作。村民选举委员会和乡镇（街道）必须采取有效措施予以查处和纠正，严加防范和制止不正当竞争。一经发现违法违规现象，各有关职能部门应予以查处和纠正。

二、竞争的形式

选举竞争活动，不仅是村民委员会候选人、其他竞争者之间的一种竞争活动，实际上也是候选人、其他竞争者与村民之间的一种沟通和交流，对于充分表现村民委员会成员候选人和其他竞争者的才能和思想，帮助参选村民了解候选人、其他竞争者，具有积极的意义与作用。竞争主要有以下两种形式。

（1）统一竞争。指由村民选举委员会全体成员集中组织开展的统一竞争活动。在法定时限内，村民选举委员会集中组织正式候选人和其他竞争者开展适度的竞争活动，统一公布竞争材料，统一组织正式候选人和其他竞争者与村民见面，进行竞争演说，通过本村闭路电视、有线广播、农村党风廉政暨村务公开信息平台等形式向村民介绍候选人和其他竞争者的情况，向村民散发或在公共活动场所张贴候选人和其他竞争者的相关书面材料。其中主要的形式是竞争演讲。

（2）自主竞争。指村民选举委员会指派部分成员分散组织的竞争活动。正式候选人和其他竞争者在村民选举委员会的统一安排下、村民选举委员会部分成员的主持下，在法定时限内，单独地在村民选举委员会指定地点，公开进行演说。自主竞争活动必须报请乡镇（街道）批复同意，根据实际情况开展。

凡是参选村民都可以成为竞争者（具体需要什么条件由村的选举工作实施方案确定，比如可以让有意愿参加竞争者收集一定数量参选村民的签名才能成为正式竞争者等）。竞争的活动范围不能超出本村范围。

第二节　竞争演讲的时间和内容

在村民委员会选举实践中，竞争演讲已经成为选举竞争最主要、最重要、最公平的一个环节。竞争演讲会是开放式的，让尽可能多的村民参加。因此，要提前张榜公布竞争演讲的时间和地点。竞争演讲可以在村民会议上集中统一进行，也可以在村内指定地点分批或者集中进行。

一、竞争演讲的时间

竞争演讲的时间,包含两个概念。

(1)整个竞争演讲活动的时间,一般是从村民委员会正式候选人名单公布开始,到选举日之前结束。实行无候选人直接选举方式的,整个演讲活动从公布竞争人名单开始到选举日之前结束。选举日不能开展任何竞选活动。

(2)每位候选人和其他竞争者的一次竞争演讲时间,无论采取哪种竞争演讲形式,所占用的时间应大致相等,竞争同一职务的演讲时间要规定一致。例如,村民委员会主任候选人6分钟,副主任候选人5分钟,委员候选人4分钟;同一职务演讲时间一致,可少不可超。竞争时间由村民选举委员会统一安排。

二、竞争演讲的内容

竞争演讲内容一般包括以下五个方面。

(1)本人的基本情况,包括年龄、政治面貌、文化程度、家庭情况和工作简历,以及竞争条件(特长、能力、优缺点)。

(2)竞争的职位及理由。

(3)治村方案,包括三年任期工作目标及工作措施,计划为村民办哪些实事、好事。

(4)服从党的领导,遵从乡镇(街道)的指导,接受村务监督委员会和村民等的监督。

(5)表明正确对待当选与落选的态度。

第三节 选举竞争应注意的问题

一、村民选举委员会要加强对正式竞争演讲材料的审查

村民选举委员会应当审核竞争演讲材料,但是,除对有违背法律法规、政策以及政治观点错误处进行必要的修改外,一般不做文字处理。如确需修改的,应征得本人同意。村民选举委员会不得向他人泄露演讲材料的有关内容。竞争演讲结束后,应将演讲材料交由村民选举委员会备案存档。

二、村民选举委员会要公正地主持选举竞争活动

村民选举委员会主持选举竞争活动时,要客观、公正、中立,不偏不倚,不评论,不诱导,维持好竞争活动秩序,随时掌握活动情况和动态,善于控制活动状况和气氛,引导村民理智地思考问题,心平气和地提出问题,防止个别村民起哄,导致活动无序甚至混乱。

三、要规范候选人和其他竞争者回答村民提出的问题

回答村民提出的问题时,一般要给予正面回复,应做到以下三点。

(1) 回答问题要有礼貌,尤其是对村民提出的比较尖锐的问题和与事实有出入的问题,必须保持冷静。

(2) 回答问题要摆事实讲道理,以事实说服村民。

(3) 回答问题不推诿、不回避,要多做自我批评,善于缓解村民的情绪,避免与村民发生冲突或对立。但对村民提出的涉及下列有关问题的,可不予回答:①违背国家法律法规和有关政策的;②属于人身攻击的;③涉及个人隐私的;④属于保密范畴的。

四、要坚决反对和防范不正当竞争

村民选举委员会要教育和引导候选人和其他竞争者公开、平等、正当地竞争,反对和防范不正当竞争,一旦发现不正当竞争的现象与行为,应及时给予制止,并对当事人进行批评教育。全面推行乡镇(街道)和参与竞争人员集体谈话制度,教育他们自觉采取合法、正当的方式,有序地参与竞争;引导党员群众在换届选举前,通过制定选举办法等方式,对不正当或非法竞争行为裁定提前作出明确规定,让参与竞争人员和党员群众明白哪些可以做、哪些不可以做,确保有序参与不违规;加强指导和监督,善待候选人和竞争者竞争意愿,创造必要的条件;帮助维持好选举竞争的秩序,监督候选人和竞争者遵守竞争的各项政策规定。

禁止对候选人和竞争者单方或者互相进行人身、言论攻击,禁止候选人和竞争者未经村民选举委员会同意而私自向村民派发宣传单、会见村民等,禁止候选人和竞争者在选举期间以慰问、开展公益活动等名义进行活动,禁止使用威胁、贿赂、欺骗、伪造选票等手段进行违法的不正当竞争,防止候选人或其他竞争者以宗族、恶势力控制选举,如有严重违反法律法规,特别是违反治安管理处罚条例的行为,公安、司法等部门要及时查处。

第九章 投票选举

正式投票选举,是村民委员会选举中的关键环节,是参选村民行使自己民主权利的重要体现,法律性、程序性、技术性很强,也容易出现这样或那样的问题。为此,要充分准备,精心组织,严格依照法律法规规定的程序和做法进行。

第一节 投票准备工作

《选举办法》第二十七条规定:"投票选举前,村民选举委员会应当做好下列准备工作:(一)核实登记参加选举的村民人数、办理委托投票,公布名单。(二)提前五日公布投票选举的具体时间、地点和有关安排。(三)准备票箱和选票,布置选举大会会场,设立投票站;选票由乡、民族乡、镇人民政府统一印制,加盖本村村民选举委员会印章。(四)提请村民会议或者村民代表会议决定监票人、计票人、唱票人、公共代写人等工作人员名单,并予以公布;村民委员会成员候选人及其配偶、父母子女和兄弟姐妹不得担任选举工作人员。(五)向村民公布或者说明写票方法和其他选举注意事项。(六)完成村选举工作实施方案规定的其他准备事项。"在乡镇(街道)的指导下,村民选举委员会要做好以下准备工作。

一、决定投票办法

村民选举委员会应根据法律、法规和乡镇以上选举领导、指导机构有关要求,结合本村实际情况,提请村民会议或村民代表会议讨论通过本村本届村民委员会选举的投票办法。投票办法一般应体现在村的选举工作实施方案中,也可以单独提交村民会议或村民代表会议讨论通过。投票办法要规定以下两个方面的内容。

1. 投票方式

《选举办法》第二十八条规定:"在村民选举委员会主持下,投票选举可以采取召开选举大会的方式,也可以采取设立中心投票站和分投站的方式。"

各村民小组比较集中的,一般采取召开选举投票大会或者设立中心投票站的形式组织进行投票;村民小组较多且又分散的,一般通过设立选举投票大会主会场、分会场或者设立中心投票站、分投站的形式组织进行投票。至于具体采取哪种方式,则由村民选举委员会根据具体情况提出方案,提请村民会议或村民代表会议决定,并经乡镇(街道)同意。

2. 投票次数

按照投票次数的多少划分,可以进行一次性投票,也可以进行分次投票。《选举办法》第二十五条规定:"村民委员会的选举可以一次性投票选举主任、副主任和委员;也可以先选主任,再选副主任,最后选委员。分次投票选举村民委员会成员的,主任候选人未当选时,可以作为副主任的候选人;副主任候选人未当选时,可以作为委员的候选人。"

一次性投票是指将主任、副主任、委员的职位印在同一张选票上,或者将主任、副主任和委员的职位分别印在三种不同颜色的选票上,选民划票后一次性将选票投入票箱。分次投票是指先投主任票;选出主任后,再投副主任票;选出副主任后,再投委员票。总共三次发票,三次投票,三次计票。这两种投票方式都是可以的、合法的,但是一个村只能选择其中一种。一般来说,一次性投票省时、省力、省钱,是普遍采取的投票方式,但容易出现人才流失的现象,如果在一次性投票中采用"下加计票法",则可以有效防止这一现象的发生;不过,分次投票虽然可以避免人才流失,但是投票组织工作量大。两种投票方式各有利弊。采取一次投票还是分次投票,由村民选举委员会提交村民会议或者村民代表会议决定,并经乡镇(街道)指导小组同意。

无论是一次投票还是分次投票,一般会出现四种结果:①没有一个人得票"两个过半"当选,即零当选;②只有一个或者两个人得票"两个过半"当选,不能达到法定的三人,未足额;③有三个人以上得票"两个过半"当选,但未选满额;④有三个人得票"两个过半"当选,已经选满额。如果以上四种情况的选举过程是合法依规的,那么四种情况的选举都是有效的,前面两种情况就要依法进行另行选举选足额(包括零当选);第三种情况是否继续进行另行选举,由村民选举委员会提出意见,提交村民会议或者村民代表会议讨论决定。

使用流动票箱一定要谨慎,能不用则不用,严禁出现以流动票箱代替召开选举大会和分会场或者设立中心投票站和分投站进行投票的现象。

二、确定、培训投票选举工作人员

投票选举工作人员是指负责投票选举具体事务的人,一般包括总监票人、监票人、计票人、唱票人、验证发票人、公共代写人以及票箱看护员、导引员、安保员、秩序员、解说员、宣传员、后勤保障人员等其他工作人员。投票准备,通信联络,维护投票秩序,保管选票和看管票箱,整理、发放选票,计票、唱票、监票等与投票选举相关的事务都要靠投票选举工作人员来完成。因此,投票选举工作人员要有一定的文化知识和法律知识,遵纪守法,公道正派。

根据《选举办法》第二十七条和第二十八条关于"每个票箱必须有三名以上监票人负责监督"的规定,投票选举工作人员的数量根据工作的实际需要确定。选举大会会场或中心投票站的投票选举工作人员,除村民选举委员会成员外,应有维持秩序的工作人员若干名,总监票人一名,唱票人、计票人、监票人各若干名,以及秘密写票处监督人若干名、验证发票人若干名、公共代写人若干名。必要时设立的分会场、分投站或者流动票箱,每个分会场、分投站要确定相应的工作人员,具体参照投票选举大会和中心投票站确定,但不设唱票人、计票人(分会场、分投站的票箱必须集中到中心投票站开箱唱票、计票);每个票箱必须有三名以上的监票人负责监督。上述工作人员,都应从本村参选村民中产生,由村民选举委员会提名,提交村民会议或村民代表会议事先表决通过,并以公告形式公布。公共代写人可由村民选举委员会从本村教师或者驻村单位中聘请。公共代写人不得违背委托代写村民的意愿,并应与委托代写的村民一起进入秘密写票处写票,公共代写人误导或违背委托代写村民意愿的,一经发现,即取消其公共代写人的资格,并依法追究责任。

依据《选举办法》第十一条中关于"村民选举委员会履行下列职责:(一)……(四)培训监票人、计票人、唱票人、公共代写人等工作人员"的规定,投票选举工作人员确定、公布以后,村民选举委员会要对他们进行培训,使他们熟悉选举规程,特别是投票选举的程序和注意事项,使每个工作人员明确自己的职责和任务。有条件的可以组织工作人员到外村考察,也可以采取演练的方式,进行模拟投票。投票选举前,村民选举委员会要逐一考核、检查工作人员是否已掌握与投票选举有关具体事务的知识和操作、判断、处理能力。正式投票选举时,选举工作人员要佩戴标志上岗。

三、公布选举投票时间、地点和有关安排

虽然在进行参加选举的村民登记前已公布了选举日,但可能还未公布具体的投票时间、投票地点等。因此,在正式投票选举之前,村民选举委员会必须将具体的投票时间、投票地点以及其他有关安排以公告、广播等形式向村民公布。公告应一式多份,在村民委员会和各村民小组所在地张贴,必要时可向每家每户发放告示单,使广大村民人人皆知。这对于提高参选率、提高"两个过半"的概率和一次选举成功率是至关重要的。

根据《选举办法》第二十七条关于"提前五日公布投票选举的具体时间、地点和有关安排"的规定,要对选举投票时间、地点和有关安排等进行公告。

村民委员会正式投票选举事项公告的样式如下:

××村第××届村民委员会选举公告

(第××号)

经村民选举委员会研究决定,本届村民委员会选举采用中心投票站和分投站(或选举大会主会场和分会场)投票方式,进行一次性投票(或者分次投票),具体投票时间定为××月××日××时至××时,具体地点及相关工作人员如下:

中心投票站(或选举大会会主场),设在××(地点),工作人员为:总监票人×××,监票人×××、×××……,唱票人×××、×××……,计票人×××、×××……,验证发票人×××、×××……,公共代写人×××、×××……,其他工作人员×××、×××……

××分投站(或××分会场),设在××(地点),工作人员为:监票人×××、×××……,验证发票人×××、×××……,公共代写人×××、×××……,其他工作人员×××、×××……

……

请登记参加选举的村民互相转告，安排好时间，在规定时间内到场投票。

××村第××届村民选举委员会（公章）
××××年××月××日

选举日和投票的方式、时间、地点一经公布，任何组织和个人不得随意变动和更改。但如遇到不可抗拒的自然灾害或无法产生和确定候选人等特殊情况，确需更改选举日的，可以根据《选举办法》第十七条关于"因故不能如期进行选举，由村民选举委员会提请村民会议或者村民代表会议审议，另行确定选举日，并报乡、民族乡、镇村民委员会换届选举工作指导小组。推迟时间不得超过三个月。推迟选举的，应当核实登记参加选举的村民名单的变动情况，并予以公告"的规定，另行确定选举日。

经乡镇（街道）批准同意更改的选举日，村民选举委员会应再次向村民公告。

推迟选举公告的样式如下：

××村第××届村民委员会选举公告

（第××号）

我村第××届村民委员会选举的选举日，原定为××月××日，因故无法如期组织投票选举，经××月××日召开村民会议（或村民代表会议）表决通过，报镇党委、政府批准同意，选举日更改为××月××日（地点和其他有关安排是否改变亦需注明），请参选村民互相转告，届时到场参加投票选举。

××村第××届村民选举委员会（公章）
××××年××月××日

由于推迟选举，选举日产生了变动，依据原选举日登记确定的参选村民名单也会发生相应变动。需核实的变动情况主要是原选举日到新选举日期间新增或减少的参选村民。新增的参选村民包括新满18周岁的、新迁入本村的、新恢复政治权利和行为能力的本村村民；减少的参选村民包括新死亡的、新增的依照法律被剥夺政治权利的、新增的不能行使选举权利的精神病患者、新增的书面表示不参加选举的参选村民等。

重新核实的参选村民名单公告的样式如下：

××村第××届村民委员会选举公告

（第××号）

由于我村第××届村民委员会选举的选举日推迟到××月××日，现将经核实的参选村民名单变动情况公告如下，如有异议的，请于××××年××月××日前向村民选举委员会提出：

新增的参选村民：×××、×××……

减少的参选村民：×××、×××……

××村第××届村民选举委员会（公章）
××××年××月××日

五、印制选票和制作票箱

1. 印制选票

选票是登记参加选举的村民进行投票选举的载体，村民选谁、不选谁是通过选票来表达的。根据《选举办法》第二十七条的规定，选票由乡镇（街道）按照明白易懂、科学合理和便于操作、便于统计的原则统一设计和印制，编号后签封，下发到各村，加盖本村村民选举委员会印章，待选举日在选举大会或投票站，由选举工作人员当众公开启封。县级民政部门要对选票印制、发放流程进行具体指导。

（1）有候选人直接选举的选票。可分为两种选票：一种是由村民直接提名村民委员会候选人的选票，另一种是由村民从候选人和参选人或者其他村民当中正式选举村民委员会成员的选票。

由村民直接提名村民委员会候选人的选票格式分为上、中、下三个部分，上面是职位名称，中间是候选人姓名（需要填写的），下面是说明。（见选票样式一）提名选举只实行一次性选举，不搞分次选举，即一次性选举产生主任、副主任和委员候选人。

由村民从候选人和参选人或者其他村民当中正式选举村民委员会成员的选票格式分为上、中、下三个部分：上面为村民委员会职位、中间为候选人姓名，下面为划票符号。上面部分的村民委员会职位栏又有备写另选他人的姓名空白；村民委员会职位要分列，不能把主任、副主任和委员三种职位混在一起；还必须配有说明，注明选票的填法及注意事项，此部分不可忽略。

如果是一次性投票，主任、副主任、委员候选人名单可印在一张选票上，但要分列各职位的候选人（见选票样式二、选票样式三）；或者将三种职位分别印在三种不同颜色的选票上（见选票样式四），但一起投票，实行一次投票、一次计票。

如果是分次投票，将主任、副主任和委员候选人名单分别印在三张不同颜色的选票上（见选票样式四），实行三次投票、三次计票。

选票样式一：见本编第七章第三节中"村民委员会成员候选人提名票公告"。

选票样式二（主任、副主任、委员三种职位横排在一起印在一张选票上，实行一次性投票、一次性计票）：

××村第××届村民委员会选举票

××××年××月××日　　　　　　　　　　　　　××村村民选举委员会（章）

职位	主任候选人		另选他人	副主任候选人		另选他人	委员候选人				另选他人		
姓名	× × ×	× × ×		× × ×	× × ×		× × ×	× × ×	× × ×	× × ×			
符号													
说明	1. 应选主任1人，副主任1人，委员3人； 2. 同意的请在候选人姓名下符号栏内写"○"，不同意的写"×"，不同意选票上的候选人可在姓名空格栏内另写其他选民，并在符号栏写"○"； 3. 等于或少于应选名额的选票有效，多于应选名额的选票无效。												

选票样式三（主任、副主任、委员三种职位竖排分开印在一张选票上，实行一次性投票、一次性计票）：

××村第××届村民委员会选举票

××××年××月××日　　　　　　　　　　　　　××村村民选举委员会（章）

主任选票

候选人姓名	×××	×××	
符号			

副主任选票

候选人姓名	×××	×××	
符号			

委员选票

候选人姓名	×××	×××	×××	×××	×××			
符号								

说明：

1. 应选主任1人、副主任1人、委员3人；
2. 同意的请在候选人姓名下符号栏内写"○"，不同意的写"×"，不同意选票上的候选人可在姓名空格栏内另写其他选民，并在符号栏写"○"；
3. 等于或少于应选名额的选票有效，多于应选名额的选票无效。

选票样式四（分别按照主任、副主任、委员职位印三张选票，可以将三张选票一起投票，实行一次性投票、一次性计票，一起宣布三种职位的选举结果。也可以分三次投票、三次计票：先发主任票选主任，然后计票；再发副主任票选副主任，然后计票；最后发委员票选委员，然后计票。计完一种职位票就宣布该职位选举结果）：

【红色票】

××村第××届村民委员会主任选举票

××××年××月××日　　　　　　　　　　　　××村村民选举委员会（章）

候选人姓名	×××	×××	
符号			

说明：

1. 应选主任1人；
2. 同意的请在候选人姓名下符号栏内写"○"，不同意的写"×"，不同意选票上的候选人可在姓名空格栏内另写其他选民，并在符号栏内写"○"；
3. 等于或少于应选名额的选票有效，多于应选名额的选票无效。

【黄色票】

××村第××届村民委员会副主任选举票

××××年××月××日　　　　　　　　　　　　××村村民选举委员会（章）

候选人姓名	×××	×××	
符号			

说明：

1. 应选副主任1人；
2. 同意的请在候选人姓名下符号栏内写"○"，不同意的写"×"，不同意选票上的候选人可在姓名空格栏内另写其他选民，并在符号栏内写"○"；
3. 等于或少于应选名额的选票有效，多于应选名额的选票无效。

【白色票】

××村第××届村民委员会委员选举票

××××年××月××日　　　　　　　　　　　　××村村民选举委员会（章）

候选人姓名	×××	×××	×××	×××	×××		
符号							

说明：

1. 应选委员3人；

2. 同意的请在候选人姓名下符号栏内写"○",不同意的写"×",不同意选票上的候选人可在姓名空格栏内另写其他选民,并在符号栏内写"○";

3. 等于或少于应选名额的选票有效,多于应选名额的选票无效。

（2）无候选人直接选举的选票。选票样式分别为左右两大部分,左边是职位栏,左边是姓名和空白栏,要求参选村民在空白上填写姓名。还必须配有说明,注明选票的填法及注意事项,此部分不可忽略。

如果是一次性投票,主任、副主任、委员职位可印在一张选票上（见选票样式五、选票样式六）;或者将三种职位分别印在三种不同颜色的选票上（见选票样式七）,但一起投票,实行一次性投票、一次性计票。

如果是分次投票,将主任、副主任和委员职位分别印在三张不同颜色的选票上（见选票样式七）,实行三次投票、三次计票。

凡采用无候选人直接选举方式的,所有选票只能印主任1人、副主任（1～2人）、委员若干人的职位空格,不得有任何名单。

选票样式五（主任、副主任、委员三种职位排在一起印在一张选票上,实行一次性投票、一次性计票）:

××村第××届村民委员会选举票

××××年××月××日　　　　　　　　　　××村村民选举委员会（章）

村民委员会主任	姓名：		
村民委员会副主任	姓名：		
村民委员会成员	姓名：		

说明：

1. 应选村民委员会主任1人,填写1人有效;
2. 应选村民委员会副主任1人,填写1人有效;
3. 应选村民委员会委员3人,填写3人或3人以下有效;
4. 所有职位均不填写仍为有效,视为弃权票;只填写一个职位或者部分职位为有效,不填写的职位视为弃权。

选票样式六（主任、副主任、委员三种职位竖排分开印在同一张选票上,实行一次性投票、一次性计票）:

××村第××届村民委员会选举票

××××年××月××日　　　　　　　　　　　　　××村村民选举委员会（章）

主任选票

村民委员会主任	姓名：

副主任选票

村民委员会副主任	姓名：

委员选票

村民委员会成员	姓名：		

说明：

1. 应选村民委员会主任1人，填写1人有效；
2. 应选村民委员会副主任1人，填写1人有效；
3. 应选村民委员会委员3人，填写3人或3人以下有效；
4. 所有职位均不填写仍为有效，视为弃权票；只填写一个职位或者部分职位为有效，不填写的职位视为弃权。

选票样式七（分别按照主任、副主任、委员职位印三张选票，可以将三张选票一起进行一次性投票、一次性计票，一起宣布三种职位的选举结果。也可以分三次投票、三次计票：先发主任票选主任，然后计票；再发副主任票选副主任，然后计票；最后发委员票选委员，然后计票。计完一种职位票就宣布该职位选举结果）：

【红色票】

××村第××届村民委员会主任选举票

××××年××月××日　　　　　　　　　　　　　××村村民选举委员会（章）

村民委员会主任	姓名：

说明：应选村民委员会主任1人，填写1人有效。

【黄色票】

××村第××届村民委员会副主任选举票

××××年××月××日　　　　　　　　　　　　　××村村民选举委员会（章）

村民委员会副主任	姓名：

说明：应选村民委员会副主任1人，填写1人有效。

【白色票】

××村第××届村民委员会委员选举票

××××年××月××日　　　　　　　　　××村村民选举委员会（章）

| 村民委员会成员 | 姓名 | □ | □ | □ |

说明：

1. 应选村民委员会委员3人，填写3人或3人以下有效；

2. 所有职位均不填写仍为有效，视为弃权票；只填写一个职位或者部分职位为有效，不填写的职位视为弃权。

2. 制作票箱

票箱是选举活动中保证选民自由表达选举意愿的物质手段。村民在秘密写票处写好选票后，应由村民自己将选票对折好投入密封的票箱，投票结束后，再由工作人员开箱计票。因此，对票箱的基本要求就是在投票前当众检查密封，票箱投票口仅能投入一张选票，选票投入后要到统一开箱时间才能取出。票箱一般由村民选举委员会负责制作，要符合安全、保密、防水的要求，形状为竖立的长方体，投票口开在上方，后面（或下面）有可封闭、开启的活动门。票箱尺寸不宜过大，方便工作人员搬动。

六、设立秘密写票处

《选举办法》第三十条规定："村民委员会选举采取无记名投票方式，选举会场和投票站必须设立秘密写票处。因特殊原因无法填写选票的村民，可以委托公共代写人或者除候选人以外的人代写，代写人不得违背委托人的意愿。登记参加选举的村民和代写人进入秘密写票处写票，其他人不得围观；任何人不得亮票、拍摄选票或者在选票上做记号。"村民委员会成员的选举，要设立秘密写票处，保证参选村民不受干扰、自由地填写选票。秘密写票处要因地制宜、量力而行，可利用学校的教室和村里的现有房间，可临时搭建，但要科学设置：第一，要按参选村民比例设置，一般50～100位参选村民应至少设置一个，避免村民等候时间过长；第二，与验证发票处、投票箱的距离不能太远，使参选村民领到选票以后很快进入秘密写票处填写选票、投票；第三，秘密写票处要摆放桌子、椅子、笔，并将笔用绳子拴在桌子腿上，供参选村民写票使用；第四，秘密写票处内应把写票方法和其他投票选举注意事项张贴在墙上，供村民学习。

七、布置投票大会主会场和分会场、中心投票站和分投站

1. 布置选举大会投票主会场和分会场

村民委员会选举作为农村的一件大事，会场的布置应当庄严、隆重。要设立主席台，有条件的可摆放麦克风或者扩音器，村民选举委员会成员座签；主席台上方要悬挂"××村××届村民委员会选举大会"字样的会标，两旁悬挂标语；如有来宾和观察员，可在主席台的侧方设立来宾席和观察员席；会场应以村民小组划分区域，组内参选村民坐

在本小组区域内，小组前方应插有"××村民小组"的标牌，以村民小组为单位或者以全村为单位设验证发票处、秘密写票处和票箱，设计好村民排队领票、写票、投票的通道路线，防止受到他人的影响干扰，保证投票选举整齐、有序地进行。有条件的地方，可以把验证、发票、写票、投票、领取误工补贴等程序和场所连接起来，实行"一条龙"流水作业，这样既规范又便于操作。选举大会的投票程序参见本章第二节内容。

2. 布置中心投票站和分投站

根据各地的实践经验，凡规模不大、居住比较集中的村只设立中心投票站投票，不再设另外的分投站；村民居住分散、村民小组较多的，可以同时设立分投站，一般一个村民小组设立一个分投站。中心投票站要参照选举大会会场的设置要求进行设置；分投站可以相对简化，但必须规范设立验证发票处、秘密写票处、公共代写处和票箱。选举日当天，所设立的中心投票站与分投站同时开放，同时进行投票。选举大会的投票程序参见本章第二节内容。

3. 设置流动票箱

《选举办法》第二十八条规定："居住分散、确实不便到会场或者投票站投票的，经村民选举委员会提出，报乡、民族乡、镇村民委员会换届选举工作指导小组批准并公告后，可以设立流动票箱进行投票。"因此，流动票箱是由三名以上监票人携带并登门接受投票的票箱，一般只接受老、弱、病、残和其他原因不能亲自到选举大会会场和投票站投票的参选村民投票，不得接受其他参选村民的投票，而且应预先对必须登门接受流动票箱投票的登记参加选举村民进行统计立册，根据人数多少派出一个或几个流动票箱，按登记名单接受投票。要严格设立和使用流动票箱，尽量少用流动票箱，绝对不允许以流动票箱代替投票选举大会或者中心投票站。流动票箱的设置应当符合安全、保密、防水的要求。流动票箱不得在选举大会会场、中心投票站外开箱计票。流动票箱使用的起始时间，应在选举大会会场、中心投票站开始投票之后开始，在投票结束之前结束，也可以与选举大会会场、中心投票站投票的起始时间相同。

设立流动票箱必须进行公告，样式如下：

××村第××届村民委员会选举公告

（第××号）

经××××年××月××日依法召开的村民会议（村民代表会议）讨论通过，并报乡镇（街道）批准，我村第××届村民委员会换届选举设立××个流动票箱，流动投票时间为××月××日××时至××时。具体公告如下：

1号流动票箱，负责接受××地方的流动投票，监票人为：×××、×××、×××⋯⋯

⋯⋯

××村第××届村民选举委员会（公章）
××××年××月××日

第二节　正式投票选举

各项准备工作完成后，按照公告的投票方式和时间，村民选举委员会要认真组织好投票选举，确保顺利进行。

一、选举大会投票程序

召开选举大会是村民委员会选举的主要投票方式之一，由村民选举委员会主任主持。其程序（包括主持词）如下。

（一）宣布开会

主席台成员（村民选举委员会成员）在主席台就座后，主持人说：

各位村民，我受村民选举委员会的委托，主持今天的选举大会。现在，我宣布××村第××届村民委员会选举大会开始。

主持人继续说：

出席本次大会的乡镇领导有×××，选举观察员有×××，驻村干部有×××；本次选举大会还实行公证制度，邀请了乡镇（街道）或者县公证处的×××、×××同志现场公证（提倡）。让我们以热烈的掌声欢迎他们亲临我们村指导工作。为保证本次选举顺利进行，下面宣布大会纪律：

第一，各位村民要按指定座位坐好，不得随意走动和擅自离开会场，遵守大会纪律，保持会场秩序。

第二，各位村民要珍惜民主权利，凭参选证和委托投票证领取选票。村民们要根据法律法规规定的村民委员会成员应具备的条件，克服宗族、姓氏、个人恩怨等不正确的观念，本着维护村的团结、稳定、发展的精神，投出庄严的一票，选出我村最优秀的村民担任村民委员会成员。

第三，各位村民不要妨碍他人自由行使民主权利。有妨碍村民自由行使选举权利，破坏本次村民委员会选举的，要依法进行处理。

第四，本次选举大会实行"全程签字"制度，每完成一项选举议程，有关选举工作人员都要签字确认。

希望各位村民、各位工作人员自觉遵守，把大会开好。

（二）奏国歌

主持人说：

现在进行下一个议程，请全体起立，奏国歌。

国歌毕，主持人说：

请坐下。

（三）报告本次选举工作进展情况

主持人说：

村民们，我代表村民选举委员会向大家报告本次选举工作的进展情况。在县、乡镇（街道）的领导和指导下，我村第××届村民委员会换届选举工作从×××年××月××日正式开始，依据法律规定的程序，先后经过了选举村民选举委员会、宣传发动、教育培训、参选村民登记、提名确定候选人（无候选人选举方式的，免）和组织开展竞争选举活动等阶段，选举是依法进行的。现在，我再次宣布本届村民委员会成员的候选人名单（无候选人直接选举方式的，免）。

村民委员会主任候选人：×××、×××。
村民委员会副主任候选人：×××、×××。
村民委员会委员候选人：×××、×××、×××、×××、×××、×××。

（四）宣读投票办法

主持人说：

经村民选举委员会提出，××月××日经村民会议（或村民代表会议）通过，本次选举采取一次投票（或分次投票）的方式进行，计票时允许（或不能）采用"下加计票法"进行计票。具体规则如下：
第一，……
第二，……

（五）宣布选举工作人员

主持人说：

经村民选举委员会提名，××月××日村民会议（或村民代表会议）通过，×××为总监票人，×××、×××为选举大会主会场监票人，×××、×××为分会场监票人，×××、×××为流动票箱监票人，×××、×××……为秘密写票处监督人，小学教师或者驻村单位×××、×××为公共代写人，×××、×××为发放误工补贴工作人员，×××、×××为维持选举大会主会场和分会场秩序工作人员。

请各位选举工作人员各就各位。

（六）检查并密封票箱

主持人说：

请总监票人和监票人将选举大会主会场的票箱、分会场的票箱和流动票箱当众检查，看是否空箱；请总监票人将各票箱上锁并贴上封签。票箱全部密封，投票过程中所有票箱不得开启；投票结束后，在选举大会主会场集中当众开箱。

（七）启封清点选票

主持人说：

现在进行下一个议程——启封清点选票。

请大会总监票人面向村民当众拆开由乡镇人民政府（指导小组）统一密封的"选票袋"；请大会监票人、唱票人、计票人清点由乡镇（街道）统一印制的并盖有本村村民选举委员会公章的选票张数，并报告大会主席台。

主持人宣布：

经当众清点，本次选举共印制选票××张。

（八）讲解选票，派出流动票箱

先讲解选票，后发选票是村民委员会选举程序的一项重大改革。其目的是保障村民在领到选票后，能进入秘密写票处写票。但由于有一部分村民文化程度较低，有些是文盲，因此应向村民反复讲解选票的写法和规定。完成讲解后，设有流动票箱的即可派出流动票箱。

主持人说：

现在请总监票人讲解选票的规定和写法。

总监票人应反复向村民讲解选票的规定，并做模拟示范，使村民清楚怎样为有效票和无效票。这项程序时间可稍长一些，村民有不懂的地方可提问，总监票人应耐心解释。

主持人说：

村民们，都清楚选票的写法吗？有不懂的，还可以提问！
再重复一遍，还有没有不懂的？

确认后,主持人宣布:

好,没有,现在派出流动票箱。

(九) 验证发票

为了节省投票写票时间,选举大会应以村民小组为单位设立验证发票处。大会的工作人员负责验参选证和委托投票证,并与参选村民登记名册核对无误后,在参选证、委托投票证背面做出"选票已领"等标记,然后发选票并统计发出的选票数。

主持人说:

现在进行下一个议程,验证参选证和委托投票证,发选票。
请村民们坐好,等待工作人员安排,保持会场秩序。
现在,我宣布发票、写票、投票的顺序:
一是,村民选举委员会成员在第一村民小组验证发票处领票,进入第一村民小组秘密写票处写票,选票投入第一村民小组票箱。
二是,大会工作人员由大会主席台在座人员负责在第二村民小组验证发票处验证发票,进第二村民小组秘密写票处写票,选票投入第二村民小组票箱。
三是,各村民小组村民验证发票。

宣布发票、写票、投票顺序后,主持人说:

现在村民选举委员会成员开始凭证领票、写票、投票。

村民选举委员会成员领好选票后,主持人说:

现在请大会工作人员开始凭证领票、写票、投票。

村民选举委员会成员和大会工作人员都领好选票后,主持人说:

请工作人员走上各自的岗位,并派一人到大会主席台领取各组选票。

随后,主持人说:

请各村民小组参选村民开始验证发票。工作人员开始工作,坚守岗位。
请村民自觉遵守纪律,听从工作人员指挥,依次排队领取选票。验证发票处的工作人员应特别注意,严把发票关。

（十）秘密写票

参选村民领到选票后应认真阅读选票，在相关工作人员的引导下，排队有序地进入秘密写票处。秘密写票处只能一人进入（代写除外），不许他人围观，即使工作人员也不能围观。参选村民可投赞成票或反对票，可以另选本村其他参选村民，也可以弃权。需要他人代写的参选村民可以在公共代写处委托公共代写人代写，委托代写的参选村民与公共代写人应共同进入秘密写票处，公共代写人在秘密写票处按照委托人的意愿写好选票并交还委托人。候选人、工作人员和其他人都不得强行要求为参选村民代写选票。公共代写处也可设在秘密写票处内。

主持人说：

参选村民领到选票后，请进入秘密写票处写票，写票处只许一人写票，其他村民不得围观。请参选村民不要将选票亮票、拍摄选票或者在选票上做记号，也不要将选票带出会场。

（十一）投票

参选村民写好票后，应将选票对折（折叠）后再投入票箱。

主持人说：

开始投票。每个票箱由三名以上监票人负责看守。监票人要认真负责，坚守岗位，履行好职责。

（十二）销毁剩余选票

选票一般是按本届参选村民数定制的，但总有部分参选村民因故不能参加投票，导致参加投票的村民少于本届参选村民数，这样必有剩余选票。为避免舞弊行为的发生，剩余选票应由总监票人当场当众销毁或剪角作废。

主持人说：

现在进行下一个议程，请总监票人将剩余的选票当众销毁。

（十三）集中票箱

投票结束后，应将大会主会场的票箱、各分会场的票箱、流动票箱都集中到投票选举大会主会场。各个票箱在投票结束时，应当众密封，由负责看守各自票箱的全部监票人共同运送回选举大会主会场。

主持人说：

现在进行下一个议程，请（通知）各监票人将票箱集中到选举大会主会场。

（十四）当众开箱，清点选票

票箱集中后，当众开箱，由两名以上工作人员同开一箱，防止秩序混乱和舞弊现象。开箱后，应逐箱清点，再清点票箱收回的总选票数。判断本次投票是否有效，根据法律、法规规定有两个条件：一是从票箱收回的总选票张数（即实际参加投票的村民数）超过本届参选村民数一半以上；二是从票箱收回的总选票数要等于或少于发出的总选票数。两个条件同时具备，本次投票有效。村民选举委员会应当场向村民宣布。若有一个条件不符合规定，村民选举委员会应宣布本次投票无效。

各种票箱集中收回后，主持人说：

现在进行下一个议程，检查票箱密封性，当众开箱，清点选票。

请工作人员先开箱，后清点选票，清点要认真负责，由总监票人报告收回选票总数。

主持人宣布：

现在，我宣布，经清点，从票箱共收回选票××张，超过本村参选村民数××人的半数以上，符合法律规定；收回的选票等于（或少于）发出的选票，加上未发出已销毁的选票等于（或少于）刚开封的选票总数，本次选举投票有效。

（十五）检验选票

选举工作人员认真地逐张检验每张选票，是整张有效、整张无效，还是局部（某一职位）有效。对于模糊不清、无法辨认、不按规定符号填写的选票，计票的工作人员应交总监票人整理，然后再分类整理并点清张数，报村民选举委员会当场确认。

主持人说：

请选举工作人员逐张检验选票，进行分类整理，并由总监票人报告检验结果。

主持人宣布：

本次投票，共发出选票××张。其中，有效票××张、无效票××张。收回的选票数符合法律规定，本次投票有效。

（十六）公开计票

《选举办法》第三十一条规定："投票结束后，……当众开箱，由监票人、计票人、唱票人公开核对、计算票数，做好记录，并由监票人签名确认。"即在村民和监督人的监督下进行唱票、计票，不得少数几个人秘密计票。秘密计票是违法的。

主持人说：

请监票人、计票人、唱票人等工作人员开始分组公开计票，请村民监督。

（十七）当场公布结果

计票结束后，应当场宣布结果，候选人和其他村民得票都应公布。

主持人说：

现在，我宣布本次投票选举结果。

主任票：×××得票（赞成票，下同）××张，×××得票××张，×××得票××张……

副主任票：×××得票××张，×××得票××张，×××得票××张……

委员票：×××得票××张，×××得票××张，×××得票××张……

宣读完毕。

（十八）封存选票

选举工作人员应将全部选票（包括有效票和无效票）封存。

主持人说：

现在，进行大会下一项议程，请选举工作人员封存选票。

（十九）填写选举结果报告单

选举工作人员应填写选举结果报告单。报告单一式三份，报民政部门、乡镇（街道）各一份，本村存档一份。

主持人说：

现在，请选举工作人员填写选举结果报告单。

（二十）进行资格审查，确定当选名单，宣布并公告当选名单

村民选举委员会要根据法规规定精神，在乡镇（街道）工作人员和监票人、唱票人、

计票人等村有关工作人员及公证员等的监督下,当场进行资格审查,判断是否符合"两个过半"规定,确定当选的村民委员会成员名单,尤其是要确保妇女当选,当场宣布当选名单。

主持人说:

根据《中华人民共和国村民委员会组织法》和《广东省村民委员会选举办法》的规定,×××得主任票××张,×××得副主任票××张,×××、×××、×××分别得委员票××张,均超过实际参加投票的参选村民总数半数以上,经村民选举委员会审查确认,符合法律法规规定。现在,我宣布,×××当选我村第××届村民委员会主任,×××当选副主任,×××、×××、×××当选委员。请大家热烈鼓掌祝贺。

另外,村民选举委员会应在选举结束的当日或次日,在村民委员会和村民小组所在地用公告形式向全体村民公告当选结果,并报乡镇(街道)和县级民政部门备案审查。

有关报告单、公告的样式如下:

××村第××届村民委员会选举结果报告单

××镇(乡)××村,共计全村参选村民××名,于××××年××月××日召开选举(提名投票选举)大会,参选村民××名,共发出选票××张、收回选票××张,其中有效票××张、无效票××张。本次选举应选主任1名、副主任××名、委员××名。当选人具体情况如下:

当选人姓名	当选职务	得票数	是否是候选人	性别	年龄	文化程度	政治面貌	原任职务	备注
×××	主任								
×××	副主任								
×××	委员								
×××	委员								
×××	委员								

总监票人(签字):　　　　　　　　　　监票人(签字):
唱票人(签字):　　　　　　　　　　　计票人(签字):
××村第××届村民选举委员会主任、选举大会主持人(签字):

　　　　　　　　　　　　　　　　　填报时间:××××年××月××日

注:本报告单一式三份,报县级民政部门、乡镇(街道)各一份,本村存档一份。

××村第××届村民委员会选举公告

(第××号)

依照《中华人民共和国村民委员会组织法》和《广东省村民委员会选举办法》的规定,经本村参选村民投票选举,下列人员当选为本村第××届村民委员会主任、副主任和委员:

主　　任:×××;

副主任:×××;

委　　员:×××、×××、×××。

特此公告。

××村第××届村民选举委员会(公章)
××××年××月××日

二、中心投票站和分投站的投票程序

采取中心投票站和分投站方式组织投票选举的,也同样由村民选举委员会主持,但因为不用通过召开大会的形式集中村民,因此,村民选举委员会在选举前要采取村务公开栏、农村党风廉政信息公开平台、有线电视、村内广播、流动宣传车、多点设立咨询点、手机短信和微信、发放宣传单、入户告知等多种行之有效的形式,广泛地向村民群众宣传、告知、讲解本次投票的各个程序、要求、规则、方法等。具体程序包括以下九个方面。

1. 宣布投票开始,派出流动票箱

在选举开始前,村民选举委员会和选举工作人员应参照选举大会会场的设置等,提前做好各项前期准备工作,包括领回选票及投票用品,佩戴标志提前上岗,检查投票设施是否准备妥当。村民选举委员会成员必须提前到位,负责主持、监督投票。

一般在公告的投票选举时间前半个小时左右(具体由各地根据实际自行确定),村民选举委员会成员及选举工作人员应全部各就各位,开始进入投票程序。首先当着第一批来投票站投票的参选村民,由主持人介绍本次选举工作进展情况,宣布本投票站的选举工作人员(中心投票站还应包括流动票箱的工作人员)名单;然后由总监票人(分投站为监票人)公开检验票箱(包括流动票箱)是否空箱,当着参选村民上锁和贴上封签,并请验箱的参选村民在投票站报告单上签名;然后由总监票人(监票人)面向参选村民当众拆开密封的选票袋,当众清点盖有公章的选票张数,并报告主持人;总监票人(监票人)向参选村民讲解选票的规定,然后将选票分发到各验证发票处、各流动票箱监票人。

到公告的投票时间时,由主持人宣布投票开始(中心投票站一般由村民选举委员会主任宣布,分投站一般由其他村民选举委员会成员宣布)。有条件的村还可以同时通过广播站进行广播,同步开展。

宣布投票开始后,即可派出流动票箱。流动票箱应在投票结束前送回中心投票站。

2. 验证发票，秘密写票，投票

中心投票站和各分投站都必须设立验证发票处、秘密写票处。要设计好村民排队领票、写票、投票的通道路线，防止受到他人的影响和干扰，保证投票选举整齐有序地进行。投票站的工作人员应认真维持好投票秩序。要坚持当场验证发票、进入秘密写票处写票的规则，严禁参选村民把选票带出投票站，以防止出现伪造选票等意外情况。

村民选举委员会成员和选举工作人员应先进行投票。

负责验证发票的工作人员应负责核验参选证、委托投票证，并与参选村民登记名册核对无误后，在参选证、委托投票证背面做出"选票已领"等标记；然后发放选票，并统计发出的选票数。

参选村民领到选票后应认真阅读选票，在选举工作人员的指引下，排队有序地进入秘密写票处。写票处只许一人写票，不许他人围观，即使工作人员也不能围观。参选村民可投赞成票或反对票，可以另选本村其他参选村民，也可以弃权。需要代写的村民可以委托公共代写人代写，委托人和公共代写人应一起进入秘密写票处，公共代写人在秘密写票处按照委托人的意愿填写好选票并交还委托人。候选人、工作人员和其他人都不得强行要求为参选村民代写选票。公共代写处也可设在秘密写票处内。选举工作人员应监管写好选票的参选村民不得亮票、拍摄选票、在选票上做记号，或者把选票带出投票站，维持好投票秩序。

参选村民写好选票后，应将选票对折（折叠）投入票箱。每个票箱由三名以上监票人负责看管，防止意外情况发生。

3. 宣布投票结束，销毁剩余选票

到公告的结束投票时间时，应由主持人宣布投票结束，封闭票箱。所有的投票站都应按公告的时间同时结束投票。投票结束后，剩余选票应由总监票人（监票人）当场当众销毁或剪角作废。投票结束后，分投站的工作人员、监票人负责将票箱护送到中心投票站，交给监票人、总监票人，并让其在报告上签名，此时分投站的工作才算完成。各分投站销毁作废的选票不得随意丢弃，应连同票箱一同送回中心投票站，交给监票人、总监票人。各投票站工作人员应填写投票站报告单。样式如下：

××村第××届村民委员会选举中心投票站
或 ××（村民小组）分投站报告单

本村（组）登记参加选举的村民总数为××名，到站参加投票的村民共有××名。本投票站共发出选票××张，收回选票××张，剩余选票××张。

本投票站开放时间为××时××分，关闭时间为××时××分。

本投票站票箱，交给中心投票站看管员时间为××时××分。

参加检验票箱的村民签名：×××、×××。

投票站验证发票工作人员签名：×××、×××。
投票站秘密写票处监管人员签名：×××、×××。
投票站票箱看管员签名：×××、×××、×××。
选举大会会场（中心投票站）总监票人、监票人签名：×××、×××。

××××年××月××日

4. 集中票箱，清点选票

投票结束后，全部票箱都要当众密封，并由负责看管的全部监票人将每个票箱运送回中心投票站。票箱集中后，要检查票箱的密封性，当众开箱，由两名以上工作人员同开一箱，防止秩序混乱和舞弊现象。开箱后，应逐箱清点，再清点票箱收回的总选票数，判断本次投票是否有效。

5. 检验选票

选举工作人员应认真负责地逐张检验选票，是整张有效、整张无效，还是局部（某一职位）有效。对于模糊不清、无法辨认、不按规定符号填写的选票，计票的工作人员应交总监票人整理，然后再分类整理并点清张数，报村民选举委员会当场确认。

6. 公开唱票，计票

在村民的监督下，由监票人、计票人、唱票人公开核对、计算票数，不得少数几个人秘密计票。秘密计票是违法的。

7. 当场公布计票结果

计票结束后，当场宣布计票结果，全部得票者的票数都要宣布。

8. 封存选票，填写选举结果报告单

选举工作人员应将全部选票（包括有效票和无效票）封存，并填写报告单。

9. 确定当选名单，宣布并公告当选名单

根据《选举办法》第三十三条、第三十四条和第三十六条的规定，进行资格认定，进行结果认定，进行当选认定，宣布当选名单且必须落实妇女当选的有关规定。村民选举委员会在选举结束的当日或次日，用公告形式向全体村民公告当选名单。

三、确保妇女当选为村民委员会成员

为了更好地发挥妇女在农村基层民主建设和社会事务管理中的作用，《村组法》第六条规定："村民委员会成员中，应当有妇女成员。"《选举办法》第二条规定："村民委员会成员中应当至少有一名妇女。"第三十三条规定："村民委员会成员候选人或者本村其他村民获得参加投票的村民的过半数赞成票，始得当选。主任、副主任的当选人按照得票多少的顺序确定。主任、副主任的当选人中有妇女的，委员的当选人按照得票多少的顺序确定；没有妇女的，委员的当选人按照下列原则确定：（一）有妇女获得过半数赞成票的，应当首先确定得票最多的妇女当选，其他当选人按照得票多少的顺序确定；（二）没

有妇女获得过半数赞成票的，应当在委员的应选名额中确定一个名额另行选举妇女成员，其他当选人按照得票多少的顺序确定。得票数相同不能确定当选人时，应当在三日内对得票数相同的人再次投票选举，以得票多的当选。当选人数不足应选名额的，应当另行选举。"第四十七条规定："补选时，村民委员会成员中没有妇女的，应当先补选妇女成员，其他候选人从本届未获当选者中按照得票多少的顺序确定，候选人人数可以多于或者等于应选名额。"在选举过程中，要确保妇女当选为村民委员会成员，这是硬性指标。也就是说，无论如何都要选出妇女村民委员会成员。

（1）要确保村民委员会成员候选人中有妇女候选人。主任、副主任正式候选人按照得票多少的顺序确定；主任、副主任正式候选人中没有妇女的，委员的候选人按照下列原则确定：应当首先确定得票最多的妇女为委员候选人，其他候选人按照得票多少的顺序确定；没有妇女获得赞成票的，应当确定一个委员候选人名额另行选举妇女候选人。得票数相同不能确定正式候选人时，应当在三日内对得票数相同的人再次进行投票，以得票多的当选。候选人人数不足差额数的，应当另行选举。

（2）要确保村民委员会成员中有妇女当选人。村民委员会成员候选人或者本村其他村民须获得参加投票的村民的过半数赞成票，才能当选。主任、副主任的当选人按照得票多少的顺序确定。主任、副主任当选人中没有妇女的，委员的当选人按照下列原则确定：有妇女获得过半数赞成票的，应当首先确定得票最多的妇女当选，其他当选人按照得票多少的顺序确定；没有妇女获得过半数赞成票的，应当在应选名额中确定一个委员名额另行选举妇女成员，其他当选人按照得票多少的顺序确定。得票数相同不能确定当选人时，应当在三日内对得票数相同的人再次投票选举，以得票多的当选。当选人数不足应选名额的，应当另行选举。

（3）补选时要优先补选妇女成员。补选时，村民委员会成员中没有妇女的，要优先补选妇女成员。

（4）确实选不出妇女成员的，可采取专职专选的办法解决，即专门将职位设定为在参选妇女中产生。

四、选票的检验认定

《选举办法》第三十条规定："投票选举时，对候选人可以投赞成票，可以投反对票，可以投弃权票，也可以另选其他村民。"第三十二条规定："有登记参加选举的村民过半数参加投票，且收回选票数等于或者少于发出选票数的，选举有效；收回选票数多于发出选票数的，选举无效。选票上所选的每项职务人数等于或少于应选人数的有效，多于应选人数的无效，书写模糊无法辨认或者不按规定符号填写的部分无效。"这是法律法规对选票的规范。村民在填写选票时，可以有四种选择：一是可以投赞成票，但赞成人数不能超过应选名额，否则无效；二是可以投反对票，选举人对选票上的候选人可以部分反对，也可以全部反对；三是可以另选他人，选举人可以对全部候选人不同意而另选他人，也可以对部分候选人不同意而另选他人；四是可以弃权，选举人可以对全部候选人弃权，也可以对部分候选人弃权。

选票认定是指对有效力选票和无效力选票进行检验。有效力选票分为两种，即有效票和无效票。无效力选票是选民领票后没有投入票箱内和未发出而剩余销毁的选票，即票箱外选票。

1. 有效票的区分

有效票又叫"有效选票"，是指在选举日从票箱回收的全部正确、部分正确、部分人名清楚的选票。全部正确的选票是指按选票规定的应选人数和符号填票写票的选票。部分正确的选票是指部分按选票规定的应选人数和符号填票写票，部分未按选票规定的应选人数填写或胡写乱画无法辨认，或不按规定符号填写的选票。部分人名清楚的选票是指部分人名可以分辨清楚，其他人名分辨不清楚的选票。

2. 无效票的区分

无效票又叫"无效选票"，是指在选举日从票箱回收的空白选票、瞎写的选票、不按规定填写的选票、整张无法辨认的选票、有记号的选票。空白选票就是弃权票，指村民领到选票后，任何符号未写又投入票箱的选票。瞎写的选票是指胡写乱画、无法辨认的选票。不按规定写的选票是指不按选票上规定的应选人数和写法或者不按规定符号填写的选票。有记号的选票是指出现规定标记之外的其他符号的选票。

有效票和无效票具有同等的法律效力。全部票箱收回的选票总数＝有效票数＋无效票数＝参加投票的参选村民数。不把无效票数计入选票总数的做法是不符合法律法规规定的，所以必须将有效票和无效票同时封存、存档和保管，不得随意销毁和丢弃。

3. 几种疑难选票的认定

疑难选票包括以下几种：未按规定符号填写的；符号填错位置的；少填写符号的；写错字、别字的；乱写、瞎写的；未写完整的、模糊的；在选票上做其他标记的；选票破损、有污渍的；重名的。

检验认定选票是有效的还是无效的要依规定进行，这个原则必须坚持。但是，对具体选票要具体分析，具有灵活性。一是未按规定符号填写，但能表达选举人意向的选票。如规定同意的在候选人姓名上方空格内画"○"，不同意的画"×"，但村民对同意的画了"√"，不同意的画"×"。这样的选票尽管所用的符号与规定的不尽相同，但村民的指向意见是非常明确的，应当认定这张选票是有效选票。又如，有的未在候选人下方空格内画"○"，而在候选人姓名下画"○"，等等。类似这样的选票明显地表达了投票人意向，只是符号位置写错了，可视为有效选票。二是一次性选举的选票，局部画错的应局部作废，不应将整张选票作废。三是采取无候选人方式选举的选票或者另选他人的选票，将姓名写错、写白，或写成小名、别名的，如与被选人的身份证姓名相一致，则为有效票；如与被选人的身份证姓名不一致，则为无效票。

总之，在宏观上，全部选票的认定要坚持原则性；在微观上，个别选票的认定要有灵活性。坚持原则性与灵活性的统一，这样既可保障选举人意志的体现，又可减少和避免更多无效票的出现，有利于选举获得成功。对于个别疑难选票，应由村民选举委员会成员集体认定，唱票人等选举工作人员不得自作主张、自行认定。

五、计算村民委员会选举的"两个过半数"

《村组法》第十五条规定:"选举村民委员会,有登记参加选举的村民过半数投票,选举有效;候选人获得参加投票的村民过半数的选票,始得当选。"《选举办法》第三十二条规定:"有登记参加选举的村民过半数参加投票,且收回选票数等于或者少于发出选票数的,选举有效;收回选票数多于发出选票数的,选举无效。"第三十三条规定:"村民委员会成员候选人或者本村其他村民获得参加投票的村民的过半数赞成票,始得当选。"

根据法律法规的规定,第一个"过半"为:参选村民过半数已经投票,且收回选票数等于或者少于发出选票数的,选举有效;第二个"过半"为:村民委员会成员候选人或者本村其他村民获得已经投票村民过半数赞成票,即赞成票超过实际收回选票的50%,始得当选。

例如,某村本届参选村民总数为1000人,参加投票的有800人(包括委托投票),发出800张选票,从全部票箱收回501张选票(有效票和无效票的总和,即已经投票的参选村民数为501个),张三获得251张赞成票,张三是否能依法当选?

第一个"过半"计算方式为:全部票箱收回的501张选票÷本届参选村民的总数1000人=50.1%,超过了本届参选村民数的一半;而且全部票箱收回501张选票少于发出的800张选票数,选举有效。

第二个"过半"计算方式为:张三获得的251张赞成票÷从全部票箱收回的501张选票=50.1%,超过了全部票箱收回501张选票数(即已经投票的501个参选村民数)的一半,因此,如果张三资格审查过关,则可依法当选。

第三节 换届选举期间村民委员会的日常管理

在换届选举期间(即省人民政府自部署村级换届选举之日起至新旧村民委员会工作交接完成的这段时间),村民委员会的日常管理仍由村民委员会成员负责,但是村民委员会的印章必须在省人民政府自部署村级换届选举之日起十天内,交由乡镇(街道)统一保管;所有的经费开支、经济往来票据、合同等必须由村党组织、村民委员会、乡镇(街道)人民政府(办事处)共同盖章,否则将对三者追究责任;上一届村民委员会必须在与新一届村民委员会工作交接前处理妥当所有的账务、债务,新一届的村民委员会不处理上一届的村民委员会的账务、债务。

在新旧村民委员会工作交接完成后的五天内,乡镇(街道)发还村民委员会印章,村民委员会恢复正常运作。

第四节　做好后续工作

选举产生新一届村民委员会后，各地要根据有关法律法规以及中央、省、市的有关文件要求，做好及时颁发当选证书、村民委员会工作交接、建章立制、选举资料立卷归档、建立健全村民委员会下属机构、培训新当选的村民委员会成员、落实好村民委员会工作经费和成员补贴等各项后续工作。

一、及时颁发当选证书

村民委员会成员、村民小组长、村民代表和村务监督委员会成员的当选证书由省民政厅统一印制，逐步推行编号网上管理，颁发时盖不设区的市、市辖区、县、自治县民政局印章。《选举办法》第三十六条规定："不设区的市、市辖区、县、自治县人民政府主管部门应当在十日内颁发统一印制的村民委员会主任、副主任和委员当选证书。"新的村民委员会成员当选后十天内，县级民政部门要及时向新当选的村民委员会成员（包括主任、副主任、委员）颁发"广东省村民委员会成员当选证书"；新一届村民小组长、村民代表的当选证书一般由乡镇（街道）颁发。建立村民委员会成员当选宣誓制度。在颁发当选证书时，由当选者面向《中华人民共和国宪法》进行宣誓。宣誓誓词为："我宣誓：忠于中华人民共和国宪法，维护宪法权威，履行法定职责，忠于祖国、忠于人民，恪尽职守、廉洁奉公，接受人民监督，为建设富强、民主、文明、和谐的社会主义国家努力奋斗！"

颁发证书环节可与村民委员会工作交接环节结合在一起进行。

二、村民委员会工作交接

新一届村民委员会选举产生后，原有的村民委员会职能停止，由新一届村民委员会依法履行职能。《选举办法》第三十九条规定："村民委员会应当自新一届村民委员会产生之日起十日内完成工作移交。工作移交由村民选举委员会主持，由乡、民族乡、镇人民政府监督。"在工作交接时，新一届村民委员会成员逐一进行廉政承诺，事后必须将由村民委员会成员各自签名的廉政承诺书在村务公开栏和各村民小组公开。廉政承诺内容由各县（市、区）自行制定。

1. 会议的主持和召集

新一届村民委员会选举产生后，在乡镇（街道）的监督下，由村民选举委员会召集上一届村民委员会成员向新一届村民委员会成员进行工作交接。

2. 会议的出席人员

会议的出席人员包括乡镇（街道）有关领导及工作人员、上一届村民委员会全体成员和保管公章的文书及村民委员会会计、新一届村民委员会全体成员、村民选举委员会全体成员。会议还应邀请村党支部成员、村民代表、村民小组长列席。

3. 会议的时间

会议应在新一届村民委员会产生组成后的十日内进行。

4. 会议的议程

（1）宣布开会。主持人讲明会议的目的、内容和会议的注意事项。

（2）上一届村民委员会作总结。由上一届村民委员会推选一名代表，作简要的工作总结。

（3）新一届村民委员会作工作安排。由新一届村民委员会主任谈任期目标和治村打算，并代表新一届村民委员会安排工作。

（4）交接公章和账簿等。由上一届村民委员会代表向新一届村民委员会主任移交村民委员会公章和村民委员会账簿等。其他各项移交在本次会议后的若干天内完成。

（5）新一届村民委员会成员进行廉政承诺。

（6）村党组织书记（不兼村民委员会主任的）讲话。

（7）乡镇（街道）领导讲话。

（8）村民选举委员会宣布职责自行终止。村民选举委员会主任应宣布：

本届村民选举委员会自××××年××月××日由村民选举产生，到××××年××月××日，受村民群众的重托，依法选举产生了新一届村民委员会，并进行了工作交接。根据法律法规的规定，本届村民选举委员会行使职权至今日止，从明天起职责自行终止。

（9）散会。

（10）交接工作完成时的当日或者次日在村民委员会和各村民小组所在地公告工作交接情况，以及由村民委员会成员各自签名的廉政承诺书。

从全省来看，绝大多数的村，上一届村民委员会和新一届村民委员会都能进行正常的工作交接。但是，有极个别的村也确实存在原村民委员会成员不出席村民选举委员会召集的交接会议，不向新一届村民委员会交接工作，更不移交村民委员会公章，不移交村民委员会财务账簿等的情况，致使新一届村民委员会不得不刻新公章，造成一村两枚村民委员会公章的不正常现象，影响了农村的安定团结和村民的生产、生活。

《选举办法》第五十条明确规定："村民选举委员会不主持工作移交或者上一届村民委员会不办理移交手续的，由乡、民族乡、镇人民政府责令改正；造成村集体财产损失的，依法承担赔偿责任；违反《中华人民共和国治安管理处罚法》的，由公安机关依法处理。"《实施办法》第三十九条规定："村民委员会应当建立印章使用的审批、登记、备案、移交制度。印章应当由专人保管，保管人由村民委员会提名，并经村民代表会议讨论后确定。印章使用审批和印章保管应当分开，使用印章应当做好记录。涉及贷款、承包、对外签订合同等重大问题需要使用印章时，村民委员会应当及时召开村民会议或者村民代表会议，经讨论同意并经村民委员会主任签字后方可使用。对违反印章使用管理规定的，视情节轻重给予批评教育，违反法律的，依法追究法律责任。村民委员会的印章，由镇（乡）人民政府负责制发，并报不设区的市、市辖区、县、自治县人民政府公安部门备案。换届选举工作结束后，上一届村民委员会应当在十日内向本届村民委员会移交印章。拒不移交村民委员会印章的，由制发机关负责追缴，并追究责任。"《国务院办公厅转发民政部　公安部关于规范村民委员会印章制发使用和管理工作意见的通知》（国办发〔2001〕52号）也作出明确规定："拒不移交村民委员会印章的，由制发机关负责收缴，并追究责任。"

对于工作移交过程中发生的破坏印章、办公场所、办公设施设备、集体财产、账目、固定资产、工作档案或者违法处理债权债务等的，要视情节追究当事人的相应法律责任。工作移交过程中发现有重大问题的，村干部和村民可以向乡镇（街道）或者纪检监察机关、公安机关、人民法院、人民检察院等有关机关反映，受理单位要切实负起责任，及时依法处理。各地要依照法规和文件的规定，处理好拒不交接的情况。

三、建章立制

《实施办法》第三十一条规定："村民委员会应当发扬民主，依法办事，实行少数服从多数的民主决策机制和公开透明的工作原则，建立健全各项工作制度。"第三十二条规定："村民委员会实行村务公开制度。村民委员会应当通过设立规范的村务公开栏、村务公开电子信息平台等形式及时公布以下事项，接受村民监督：（一）本办法第二十四条、第二十七条规定的由村民会议、村民代表会议讨论决定的事项及其实施情况；（二）落实国家计划生育政策的情况；（三）救灾救济救助款物、优抚安置款物及国家各种补贴经费的管理使用情况；（四）组织社会捐赠和接受社会捐赠款物的管理使用情况；（五）新型农村合作医疗的收支情况、参加农村合作医疗的农民的医药费用报销情况；（六）村民委员会协助人民政府开展工作的情况；（七）本村财务收支和债权债务情况；（八）涉及本村村民利益，村民要求公开的其他事项。工作目标执行情况应当每年公布一次，一般事项至少每季度公布一次，涉及财务的事项应当每月公布一次，涉及村民利益的重大事项随时公开。村民小组应当参照上述规定，对涉及的事项进行公开。"

新一届村民委员会要依据国家的法律法规和政策规定，制定三年工作规划和年度工作计划，及时召开村民会议或村民代表会议讨论修改完善符合当地实际的村民自治章程、村规民约、村民会议和村民代表会议议事规则、村务公开、计划生育、民主理财、财务管理、档案管理等制度，明确规定村干部的职责、村民的权利和义务，并将村各项规章制度汇编成册发至各家各户，用制度规范村干部和村民的行为。

做好村民委员会的建章立制工作，还必须贯彻落实好省委、省政府部署要求的"五民主五公开"工作法，即"民主提议、民主协商、民主决策、民主理事、民主监事"和"决议过程公开、执行过程公开、评议结果公开、审计结果公开、监督结果公开"。

四、选举资料立卷归档

《实施办法》第四十条规定："建立和完善村务档案管理制度。村务档案内容包括：（一）选举文件资料和选举情况记录；（二）村民委员会及其下属委员会成员、村务监督委员会成员、村民代表、村民小组长和其他村组织成员名单；（三）各种会议记录和文件；……（十五）村民委员会成员、村民小组长任期和离任经济责任审计报告；……村务档案管理应当遵照法律、法规有关规定执行,并做到真实、准确、完整、规范。"选举工作中形成的文件、材料、各种表格是选举工作的真实记录。各村完成村民委员会选举后,必须及时收集整理各类选举资料,分类装订成册,落实专人保管,以备必要时查阅。

五、建立健全村民委员会下属机构

《实施办法》第八条规定:"村民委员会根据需要设立若干下属委员会,负责人民调解、治安保卫、公共卫生、经济管理、计划生育、公共福利、群众文体、社会建设等工作;下属委员会成员由村民委员会成员共同讨论确定,村民委员会成员可以兼任下属委员会成员;人口少的村可以不设下属委员会,由村民委员会成员分工负责有关工作。"

六、培训新当选的村民委员会成员

《实施办法》第四十二条规定:"不设区的市、市辖区、县、自治县人民政府民政部门和镇(乡)人民政府负责制定和实施村民委员会成员的培训计划。每届村民委员会主任、副主任、委员任期内至少应当培训一次,培训经费由不设区的市、市辖区、县、自治县以及镇(乡)两级人民政府列入财政预算。"选举结束后,各地要根据当地实际,制定规划,广泛培训新当选的村民委员会成员,组织他们学习党的路线方针政策,深入学习实践科学发展观,学习法律法规和实用技术,使村民委员会成员增强坚持党的领导的信念,增强正确执行政策、坚持依法办事、善于做群众工作的能力,增强带领广大农民群众建设社会主义新农村的本领。同时,县、镇要将村民委员会成员的培训教育工作常态化,并解决好、落实好培训工作经费问题。

七、落实好村民委员会工作经费和成员补贴

尽管村民委员会成员不是国家公务人员,但是他们在从事村民自治工作的过程中,承担了大量的政府行政工作,付出了大量的时间和精力,是党和国家依靠的力量,应当给予适当的补贴。《实施办法》第六条规定:"建立健全以省市补助、县级统筹、村集体收入自我保障为主的农村基层组织经费保障制度,各级人民政府应当将农村基层组织经费补助资金列入年度预算。"因此,从各级政府角度来说,要解决好村民委员会成员的补贴问题。具体来说,各地要按照广东省财政厅、省委组织部、省民政厅印发的《关于加大农村基层组织工作经费保障力度的通知》(粤财农〔2015〕668号)和省民政厅、省监察厅、省财政厅《关于印发广东省村务监督委员会工作规则的通知》(粤民发〔2015〕92号)要求,落实好村级工作经费和村干部待遇,确保我省欠发达地区的在职村干部补贴在2017年达到人均2400元、2018年达到人均2500元,村务监督委员会成员的补贴标准为村干部的四分之一;确保欠发达地区村级基层组织办公经费补助水平2017年提高到每村每年7万元、2018年每村每年8万元,所需经费由省、市、县三级按照5:2.5:2.5的比例分担,落实好村民委员会成员的绩效补贴制度。同时,《实施办法》第五条规定:"村民委员会协助镇(乡)人民政府开展工作,镇(乡)人民政府应当提供必要的经费和条件;县级以上人民政府有关部门委托村民委员会开展工作需要经费的,由委托部门承担。"

《实施办法》第十一条规定:"村民委员会成员实行任期职务补贴。补贴方案由村民会议或者村民代表会议根据本村经济状况和村民委员会成员的工作情况讨论决定,并报镇(乡)人民政府备案。经费由村集体经济收益和各级人民政府补贴解决。"对村本身来说,要从集体经济收益中拿出适当的比例用于补贴村民委员会成员;对县级、乡镇(街道)来说,在省、市、县三级财政补助资金的基础上,还应当对村民委员会成员给予适当的绩效奖励或者其他补贴。

第十章　另行选举和重新选举

另行选举和重新选举，也是村民委员会选举的重要组成部分和重要内容。《选举办法》第三十三条规定："当选人数不足应选名额的，应当另行选举。"但《选举办法》没有对重新选举作出规定。

第一节　另行选举

另行选举，是指本届村民委员会选举举行第一次正式投票时，出现当选人数不足应选名额，为选出不足名额而举行的再次投票或第三次投票，甚至第四次投票。它的特性是村民委员会选举第一次投票的继续，或者说，本次投票是上一次正式投票的继续。值得注意的是，进行另行选举的条件必须是第一次正式投票选举有效，且获得过半数赞成票的当选人数少于应选名额（既包括成员名额没有选满，也包括一个成员也没有选出的情况，即所有人所得赞成票均未超过半数）。

一、另行选举日的确定

由于另行选举是村民委员会选举第一次投票的继续，不再进行有选举权的村民补充登记，因此另行选举的时间应在第一次投票选举日的当天或次日举行，最迟不得超过三天。

二、另行选举候选人的确定

《选举办法》第三十五条规定："另行选举时，根据前一次投票时得票多少的顺序，按照本办法第二十四条规定的差额数，从未获当选者中确定候选人。"也就是说，另行选举必须实行有候选人的差额选举。如果只另选一人，候选人应为两人。主任、副主任的候选人按照前一次投票时未当选人得票多少的顺序确定。如果已当选的村民委员会成员中没有妇女，新确定的主任、副主任候选人中也没有妇女，应当在候选人中留出一个名额实行专职专选，确定得票最多的两名妇女为候选人，其他候选人按照得票多少的顺序确定。如果未获当选者不够确立候选人，不足候选人名额通过启动有候选人的选举确定。

三、另行选举投票大会的议程

另行选举是村民委员会选举第一次正式投票的继续，所以另行选举的投票方式也应当与村民委员会第一次正式选举时的投票方式相同。

另行选举结果报告单的样式如下：

××村第××届村民委员会另行选举结果报告单

×× 乡（镇）××村共有本届参选村民××名，于××××年××月××日举行第×次另行选举。参加投票选举的村民共有××名，超过本届登记参加选举的村民数的一半。发出选票××张，收回××张，其中有效票××张、弃权票××张、废票××张。本次另行选举应选主任××名、副主任××名、委员××名。候选人姓名：主任×××、×××，副主任×××、×××，委员×××、×××、×××。选举结果：×××当选主任，×××当选副主任，×××当选委员。

××村第××届村民选举委员会（公章）
××××年××月××日

四、另行选举的当选

《选举办法》第三十五条规定："另行选举的当选人按照得票多少的顺序确定，但获得赞成票不得少于所投票数的三分之一。"另行选举时，候选人或其他参选村民获得赞成票数不少于参加投票的参选村民数的三分之一，才能当选。获得不少于三分之一选票的人数多于应选名额时，以得票多者当选。

五、缺额的处理

（1）经过三次投票选举，当选人数已达三人以上但仍少于应选名额时的处理。《选举办法》第三十五条规定："经过三次投票选举，当选人数已达三人以上但仍少于应选名额的，不足的名额是否再另行选举，由村民会议或者村民代表会议决定。"也就是说，正式选举后，再经过两次另行选举，当选人数已达三人或三人以上但仍少于应选名额，可以组成新一届村民委员会的，不足名额可暂缺。《实施办法》第十六条规定："村民委员会主任暂缺时，由副主任临时主持工作；主任、副主任都暂缺时，由村民代表会议在现任委员中推选临时主持工作人选，报镇（乡）人民政府同意后，由其主持工作。"不足的名额是否再另行选举、什么时间另行选举，由村民会议或者村民代表会议决定。但是，村民委员会班子如果长期缺额，势必会影响到村民委员会班子的完整性，影响到村民委员会工作的正常开展，因此，应当自缺额之日起满六个月时，重新组织补选。

（2）经过三次投票选举，当选人数少于三人时的处理。正式选举后，如果又进行了两次另行选举仍未选足三人，无法组成新一届村民委员会的，换届选举工作可以暂停，村民委员会工作暂时由原村党组织主持，新当选的村民委员会成员参与工作。对极个别这样的村，县、镇两级党委、政府和选举领导机构，应派人调查、寻找原因，待做好工作后再进行选举，但最长不应超过三个月。要特别注意，在这种情况下也不得以村民代表会议方式进行另行选举。如果三个月内还选不出来，则由村党组织暂时主持村民委员会的日常工作，直到选出村民委员会班子为止。

对确实难以推进换届选举的村，可以采取先搁置争议进行选举的办法，先行选举，再解决争议。

另行选举结束后，村民选举委员会要向乡镇（街道）报告选举结果。

第二节　重新选举

重新选举，是指因各种原因造成选举无效或者全部当选无效而重新组织的投票活动。通常是选举领导、指导机构和行为人的违法行为导致选举未按法律法规规定的程序和办法进行，妨害了村民行使选举权和被选举权，破坏村民委员会选举，造成了整个选举无效，经县级民政部门或者乡镇（街道）认定，必须重新组织的选举。因此，它不是村民委员会选举第一次正式投票的继续，也不是第一次投票应选人缺额的另行选举，更不是村民委员会组成之后出现缺额的补选。

重新选举与另行选举是性质不同的选举：重新选举是因违法违规导致村民委员会正式选举无效而推倒重来的再次投票选举，当选人必须符合"两个过半"的要求；另行选举是村民委员会正式选举有效但未选足名额而举行的再次投票或第三次投票，甚至第四次投票，候选人只要获得三分之一以上的赞成票就可以当选，其当选门槛比重新选举低。

第十一章　村务监督委员会

《村组法》第三十二条规定："村应当建立村务监督委员会或者其他形式的村务监督机构，负责村民民主理财，监督村务公开等制度的落实，其成员由村民会议或者村民代表会议在村民中推选产生，其中应有具备财会、管理知识的人员。村民委员会成员及其近亲属不得担任村务监督机构成员。村务监督机构成员向村民会议和村民代表会议负责，可以列席村民委员会会议。"第三十三条规定："村民委员会成员以及由村民或者村集体承担误工补贴的聘用人员，应当接受村民会议或者村民代表会议对其履行职责情况的民主评议。民主评议每年至少进行一次，由村务监督机构主持。村民委员会成员连续两次被评议不称职的，其职务终止。"第三十四条规定："村民委员会和村务监督机构应当建立村务档案。村务档案包括：选举文件和选票，会议记录，土地发包方案和承包合同，经济合同，集体财务账目，集体资产登记文件，公益设施基本资料，基本建设资料，宅基地使用方案，征地补偿费使用及分配方案等。村务档案应当真实、准确、完整、规范。"

《实施办法》第三十四条规定："村应当成立村务监督委员会，负责村民民主理财，监督村务公开等制度的落实。村务监督委员会向村民会议和村民代表会议负责，其成员可以列席村民委员会会议。村务监督委员会一般由主任、委员共三至五人组成，其成员由村民会议或者村民代表会议在有选举权的村民中推选产生，其中应当有具备财会、管理知识的人员。村民委员会成员及其配偶、父母、子女、兄弟姐妹、祖父母、外祖父母、孙子女、外孙子女不得担任村务监督委员会成员。村务监督委员会成员与村民委员会成员任职的具体条件相同，村务监督委员会与村民委员会任期相同。新一届村民委员会产生后，应当及时推选产生新一届村务监督委员会。"第三十五条规定："村务监督委员会成员的罢免、辞职、职务终止以及补选，参照《广东省村民委员会选举办法》的有关规定执行。"第三十六条规定："村务监督委员会会议每季度至少召开一次，采取少数服从多数的原则议定事项。村务监督委员会履行下列职责：（一）监督村级事务民主决策；（二）监督村民委员会成员行使职权；（三）对村民委员会在村务公开方面的事项、内容、时间、程序、形式进行民主监督；（四）参与审查本村集体的财务计划和各项财务管理制度，对本村集体财务活动进行民主监督；（五）审核财务、账目；（六）受村民委托，对村民质疑的本村集体的财务账目进行查阅、审核，并要求有关当事人对财务问题作出解释；（七）向村民会议、村民代表会议报告村务公开和民主理财情况；（八）收集、听取村民对村务公开和民主理财的意见和建议。"第三十七条规定："村民委员会成员由村民或者村集体承担误工补贴的其他村务管理、服务人员，应当接受村民会议或者村民代表会议对其履行职责情况的民主评议。民主评议每年年终进行一次，由村务监督委员会主持。"

新一届村民委员会产生后，各地要按照法定程序推选产生村务监督委员会。提倡将村党组织中负责纪检工作的委员推选为村务监督委员会主任。

一、村务监督委员会的任职条件

《实施办法》第三十四条规定:"村应当成立村务监督委员会,负责村民民主理财,监督村务公开等制度的落实。村务监督委员会向村民会议和村民代表会议负责,其成员可以列席村民委员会会议。村务监督委员会一般由主任、委员共三至五人组成,其成员由村民会议或者村民代表会议在有选举权的村民中推选产生,其中应当有具备财会、管理知识的人员。村民委员会成员及其配偶、父母、子女、兄弟姐妹、祖父母、外祖父母、孙子女、外孙子女不得担任村务监督委员会成员。村务监督委员会成员与村民委员会成员任职的具体条件相同,村务监督委员会与村民委员会任期相同。新一届村民委员会产生后,应当及时推选产生新一届村务监督委员会。"村务监督委员会一般由主任、副主任、委员共三至五人组成。村务监督委员会成员应当具备以下条件:服从中国共产党的领导,接受乡镇以上人民政府的指导和监督;遵守宪法、法律、法规和国家政策;依法拥有选举权和被选举权的本村村民,全年有三分之二以上时间居住在本村;熟悉村情,热心公益,协调议事能力强;身体健康,能正常履行工作职责。

村务监督委员会主任一般由村党组织成员或者村内党员担任。村务监督委员会成员中,应当有具备财会、管理知识的人员。村民委员会成员、村集体经济组织相关负责人、村民小组长及以上人员的近亲属、村文书、村报账员等村务工作人员不得担任村务监督委员会成员。

二、村务监督委员会的职责

村务监督委员会履行以下职责:

(1)监督农村经济社会事务民主决策。村务监督委员会成员列席村务和经济事务各类会议、农村基层组织联席会议、村民小组会议、农村社区公共服务机构有关会议等,主要监督村务按照"五民主五公开"工作法、班子联席会议、党群联席会议等规定程序进行决策的情况,及时发现违反决策程序的行为。

(2)监督农村集体资金、资产、资源(以下简称"三资")管理。加强村级资金、资产、资源监督,监督制定集体财务计划和各项财务管理制度,对村级财务事项按月或者按季度进行审查。未经村务监督委员会审核的票据不得入账;对有争议的票据,村务监督委员会可提请村民会议或者村民代表会议讨论决定。全程监督行政村一级的集体"三资"运作情况,对村民小组一级的集体"三资"运作进行监督,监督农村社区公共服务机构运作,特别是加强对耕地保护、土地流转工作的监督。配合乡镇按规定组织会审、检查农村集体"三资"及相关经济活动事项,参与乡镇对村级组织成员任期和离任经济责任审计。

(3)监督村务公开制度落实。对村务公开的事项、内容、时间、程序和形式进行民主监督,重点是监督村级财务收支公开制度执行情况。经审查符合要求的,村务监督委员会三分之二以上成员在公开内容上签名确认;对公开事项存有异议的,村务监督委员会应当及时向村民委员会或者村集体经济组织提出,村民委员会或者村集体经济组织应当在十日内予以答复和处理。

（4）监督农村工程项目实施。加强村级工程项目建设的监督，对村、组两级工程项目从立项、招投标、建设施工、质量验收到资金预决算以及支付等进行全过程监督。对项目实施中发现的问题，村务监督委员会应当及时向村党组织、村民委员会、村集体经济组织或者村民小组反映，并督促和协助抓好整改，必要时向乡镇党委、人民政府反映。

（5）监督村民委员会成员、村集体经济组织相关负责人、村民小组长和由村民或者村集体等承担误工补贴人员廉洁履职。督促村民委员会成员、村集体经济组织相关负责人、村民小组长、农村社区公共服务机构人员和由村民或者村集体承担误工补贴人员认真履行工作职责。发现上述人员有违规违纪行为的，村务监督委员会应当及时向村党组织、乡镇党委、人民政府反映，并协助调查。参与对村民委员会成员、村集体经济组织相关负责人和由村民或者村集体等承担误工补贴人员年终考核考评工作，在乡镇党委、人民政府的组织、指导、监督下，在村民会议或者村民代表会议上主持对上述人员公开进行民主评议。

（6）维护村民监督权益。保持与村民的密切联系，广泛听取并收集整理村民的意见和建议，及时向农村基层组织反映村民对村务和经济事务管理的意见和建议，保障村民对村级事务的质疑、建议、反映和举报等监督权利。加强惠农强农政策措施落实监督，对支农资金物资使用、农村基础设施和公共服务建设、确定农村危房改造补助对象等进行监督。

三、村务监督委员会成员的推选（选举）

村务监督委员会成员由村民会议或者村民代表会议在村民中推选或选举产生，并报乡镇党委、人民政府备案。任何组织或者个人不得指定、委派或者撤换村务监督委员会成员。村务监督委员会的推选（选举）工作纳入村"两委"换届选举整体工作，与村民委员会的选举同期举行，任期与村民委员会相同。村务监督委员会的推选（选举）由村民选举委员会主持；村民选举委员会未成立或者村民选举委员会已经终止运作的，由村党组织主持。

村务监督委员会成员的推选（选举），可以采取有候选人的推选（选举）方式，也可采取无候选人的推选（选举）方式。采取有候选人的方式，候选人由本村登记参加选举的村民或者村民代表中投票提名产生；采取无候选人的方式，在推选（选举）日直接由本村登记参加选举的村民或者村民代表直接进行投票推选（选举）。推选（选举）方式和具体名额由村民会议或者村民代表会议确定。有意愿参选村务监督委员会的村民或者村民代表，应当在推选（选举）日十日前向村民选举委员会提出书面参选意愿；村民选举委员会对有参选意愿的村民或者村民代表进行资格审查后，在推选（选举）日五日前在村民委员会和各村民小组所在地以姓名笔画为序公布参选人员名单。在推选（选举）日前，村民选举委员会统一组织开展有关竞选活动。其他有关推选（选举）事项，参照村民委员会的有关选举规定。村务监督委员会工作移交的程序和法律后果与村民委员会相同。

第十二章 选举监督和选举观察

选举监督和选举观察是村民委员会选举工作中的重要环节和重要内容，是保证村民委员会选举工作依法进行和提高村民委员会选举质量的重要举措。选举监督包括党委、政府和人大的监督，舆论监督，候选人的监督，参选村民的监督。选举观察是选举监督另一个重要的方面，是社会监督的主要形式。

第一节 选举监督

所谓监督，《辞海》中的解释是"监察督促"。也就是说，监督包含两层意思：一是监察，二是督促，监察的目的是发现问题，督促的目的是解决问题。

一、党委、政府和人大的监督

《选举办法》第六条规定："地方各级人民代表大会和县级以上地方各级人民代表大会常务委员会，对村民委员会的选举工作依法进行监督。"省委、省政府在历届村、社区"两委"换届选举工作部署中都明确要求市、县两级人大、纪检、组织、民政等部门要组织换届工作督查组，监督换届选举工作。督查组的主要任务是：督促换届工作的进度，调处选举中的突出问题，监督依法选举，维护正常的换届选举秩序，促进换届选举工作依法依规顺利进行。

乡镇选举机构的监督是指乡镇村民委员会选举领导、指导小组对村民委员会选举工作的监督。乡镇选举机构监督选举工作，接受村民举报，查处和纠正选举违法事件。

二、舆论监督

所谓舆论，即多数人的共同意见。鉴于当今资讯发达，媒体成为舆论的主流媒介，这里主要讲"新闻舆论监督"，就是通过新闻媒介来揭示村民委员会换届选举工作中存在的问题并促使其解决的一种舆论监督，就是社会各界通过广播、影视、报纸、杂志等大众传播媒介，发表自己的意见和看法，形成舆论，从而对村民委员会换届选举工作实行制约。

新闻舆论监督是人民群众行使社会主义民主权利的有效形式，也是社会主义政治文明进步的重要标志。其主要监督方式有报道、评论、讨论、批评、发内参等，其核心是公开报道和新闻批评。作为社会上多种监督（如党内监督、人大监督、群众监督等）中不可或缺、极具战斗力的一种监督形式，它特有的公开曝光的形式所产生的作用和效果与其他的几种监督是不一样的，它具有很强的公众震慑力。

在充分发挥新闻舆论监督作用的同时，应当注意以下十个问题。①舆论监督一定要有利于工作,有利于全局,有利于稳定,有利于问题的解决。舆论监督不是为了监督而监督,而是要从新闻的重要性和工作的指导性出发来选择监督报道的案例和报道角度。②舆论监督报道要真实、准确、客观,要维护舆论监督的权威性。而权威性则来自准确性和公正性。③要注意时效性。在进行舆论监督时,不要把已经处理过的问题再拿出来报道曝光。把已经发生和处理过的事拿出来报道,又不报道处理结果,这样就不全面,容易引起报道对象的意见。舆论监督报道要使报道对象信服。④舆论监督要把握好信息来源的渠道。群众举报是消息来源的重要方面,更重要的是要多与有关政府部门,特别是民政部门沟通,要从换届选举的主要工作中寻找报道线索。要特别注意:不能根据互联网、小报小刊和境外媒体的信息来寻找舆论监督的线索;不能依靠道听途说的"线索"来进行舆论监督性报道。⑤舆论监督要出于公心,以理服人,尽量不要掺杂个人的私心杂念。舆论监督性报道要与经营广告分开,不要掺杂任何与经营、其他部门和个人利益有关的因素。⑥要用可靠的队伍、自己的队伍。媒体在进行舆论监督性报道时,尽量不用从社会招聘的临时人员,尽量不要使用非媒体正式人员的稿件。对于非媒体正式人员发来的稿件,应当进行调查核实。⑦媒体的批评性报道要有所侧重、有所选择。尽量不要把所有问题都拿到媒体去曝光,避免激化矛盾。也就是说,要多从正面报道,多传递正能量。⑧加大舆论监督反馈报道的力度。在重大事件曝光后,要注意报道地方政府及其部门所做的工作,多报道他们如何去整改和解决问题,报道问题的处理结果。⑨媒体在进行舆论监督时,要注意与地方政府特别是民政部门沟通,取得支持。对地方政府来说,要优化舆论监督的环境;对新闻媒体来说,要加强与地方政府的沟通。拿不准的重要稿件,尽量送政府主管部门看一看。⑩公开报道要与内参报道相区别。

三、候选人(或其他有意竞争村民委员会成员的参选村民)的监督

候选人(或其他有意竞争村民委员会成员的参选村民,下同)的监督是一种非常有效的选举监督方式,因为他们对选举是否依法公正进行最为关心。在选举竞争激烈的村,特别是同时设立投票站进行投票的村,候选人本人或自己信任的选民对选举实施监督,应依照法律法规进行。对实行无候选人直接选举方式一次不能成功的村,应在村民选举委员会组织下,经村民选举委员会审核确认后,才派人进行监督。需要强调的是,如发现选举违法现象,候选人可及时向村民选举委员会或上级有关部门举报,如实反映情况,不得直接插手干预。

四、参选村民的监督

对村民委员会的选举实施监督,是参选村民应当享有的合法权利。《村组法》第十七条规定:"对以暴力、威胁、欺骗、贿赂、伪造选票、虚报选举票数等不正当手段,妨害村民行使选举权、被选举权,破坏村民委员会选举的行为,村民有权向乡、民族乡、镇的人民代表大会和人民政府或者县级人民代表大会常务委员会和人民政府及其有关主管部门举报,由乡级或县级人民政府负责调查并依法处理。"

参选村民具有双重身份,既是选举的参与者,也是选举的监督者。作为参与者,直接参加投票选举,行使选举权和被选举权;作为监督者,有权利监督整个选举工作,监督村

民选举委员会和选举工作人员在每个选举阶段是否执行法律法规的规定，有无违法和舞弊行为。如有发现，有权向上级机关检举揭发，但不得直接干预。参选村民对村民委员会选举工作实施监督，是保证村民委员会选举工作依法进行的重要措施。因此，村民选举委员会应该充分教育和发动广大参选村民，在认真履行自己的选举权和被选举权的同时，还应认真履行自己享有的村民监督权利，使村民委员会的选举工作健康、有序地进行。

第二节　选举观察

　　选举观察是选举监督的重要组成部分，是加强群众监督的重要形式。《选举办法》第五条规定："各级人民政府应当建立村民委员会选举观察制度和重大事项报告制度。"中央文件和我省地方法规的规定精神表明，以地方法规形式固定的选举观察制度，已经固化为一种常态的制度，并且要在村民委员会选举中切实地发挥应有的作用。从以往的工作经验来看，开展选举观察有利于强化社会力量在村民委员会换届选举中的监督作用，确保法律法规的正常实施。

　　在本届村民委员会换届选举工作过程中，各级人民政府，特别是民政部门要进一步完善和规范选举观察制度，加强观察员队伍的建设，拓宽选举观察的形式，增强选举观察的实效性，落实相关保障措施，使之始终发挥巨大的作用。同时，积极鼓励各地开展选举观察制度常态化的实证研究和探索，争取在观念上再有新思路、在制度上再有新突破、在措施上再有新进展、在适用范围上再有新拓展。比如，可以通过项目管理和购买服务的方式，委托有资质的社会中介组织开展选举观察工作，进一步增强观察的客观性、公正性；可以探索将观察制度覆盖到村务公开和民主管理工作中；等等。

一、选举观察员的招募

　　选举观察的实施主体为选举观察员。选举观察员由省、市、县三级民政部门通过选聘和申报招录的方式招募，通过志愿服务的方式开展选举观察活动。选举观察员的招募范围：可以在人大、政协、民政、司法等部门的退休干部中选聘有从事法律、选举工作经历的老同志，也可以在高校中选聘从事法律专业教学的老师或在读的法律专业的大学生、研究生，还可以招录社会团体、律师事务所等对口的相关专业人士。负责换届选举工作的人员一般不应兼任观察员。选聘和招录的人员须经专门培训，培训的内容主要为村民自治法律法规、中央和省有关选举文件与选举规程、选举观察程序和相关要求、观察员的行为准则等。民政部门是选举观察员的招募和管理部门。经培训考核合格者，由民政部门发给观察员资格证书，观察员凭证上岗。获得资格证书的观察员三年一审，长期有效。民政部门在选聘和招录选举观察员时，要求申请人填写"选举观察员登记卡"，经考核确认后，发给选举观察员证件，使其具有合法的选举观察员身份。市、县两级应建立不少于十人的选举观察员队伍。

选举观察员登记卡的样式如下:

选举观察员登记卡

姓　　名:	性别:	出生年月:	年　月　日
籍　　贯:	省　　县(市)　　镇(乡)　　村		
文化程度:			
单位名称:			
现任职务:			
通信地址:			
邮　　编:			
联系电话:			
身份证号码:			

二、选举观察员的职责和观察要求

选举观察员要中立、客观地观察和记录村民委员会投票选举的全过程,并对其合法性进行公正的认定。选举观察员的观察监督和观察报告应具有客观性、公正性和权威性。

1. 职责

(1) 熟练掌握村民委员会选举的基本程序和法律法规、文件要求。

(2) 全面了解被观察村的基本情况。

(3) 认真审查被观察村的选举实施方案和日程安排表。

(4) 对被观察村选举的推选村民选举委员会、参加选举村民的登记、推选村民代表、选举村民小组长、直接提名候选人、竞选、投票选举等关键环节进行深入的了解。

(5) 在选举日全程观察村民委员会换届选举现场。

(6) 实地真实、客观地记录选举的各项程序。

(7) 接受选民的投诉并进行核实了解。

(8) 及时向当地民政部门或各级选举督查组反映违法、违规等情况并进行协助。

(9) 填写选举观察记录。

(10) 写出观察报告。

2. 选举观察目的

选举观察的目的是及时掌握各地的选情动态,督促各地严格依法组织选举和选好人、选准人,落实违法纠错措施,形成"了解下情,下情上达"的良性机制,努力营造公开、公平、公正的选举环境,维护良好的选举秩序,促进换届选举工作依法依规顺利进行,并为进一步加强和改进换届选举工作提供依据。

3. 观察要求

（1）服从民政部门的安排和分配，按时到村观察。
（2）保持公正、中立，细心观察，客观、准确记录。
（3）不随意表态，不随便承诺。
（4）清正廉洁，作风正派，保持冷静。
（5）非经省民政厅批准，不得向新闻媒体、村民、候选人或其他无关人员透露有关选举的信息。
（6）与当地工作人员的选民建立良好的互动关系。

三、选举观察的方式

各地可以根据实际情况，灵活采取应求观察、指定观察、巡回观察、派驻观察等选举观察方式。地级以上市要选择少量比例的村进行示范观察；县一级要根据当地实际，自选确定一定比例村进行普遍观察。自选观察村应重点选择当地的重点村、难点村。与此同时，各级民政部门要开设并公布受理选举观察的电话和电子邮箱，及时回应村民派员观察所求，不得借故拒绝下派观察员或拖延下派观察员。因力量不足不能及时下派观察员的，可向上级民政部门申请支援。省将会从省级高校等招募一批观察员、由各地推荐一批观察员作为省级观察员。各地推荐的省级观察员日常由当地安排使用，特殊情况下省会抽调使用。另外，省只进行示范观察和重点观察。示范观察即组织省级选举观察员到个别村进行实地观摩，为各地作出示范；重点观察即派省级选举观察员到个别特定村（即难点村、信访反映强烈村或者其他类型的村）进行重点选举观察。

四、选举观察的内容

选举观察的内容包含在选举观察记录表中。选举观察员在进行观察时要及时填写以下观察记录表：

广东省第＿＿届村民委员会选举观察记录表
被观察村的基本情况

＿＿＿＿市（地级以上市）＿＿＿＿县（市、区）＿＿＿＿镇（乡、街道）＿＿＿＿村
户数＿＿＿＿　人口数＿＿＿＿　本届参选村民数＿＿＿＿　选举届次＿＿＿＿
选举日（提名投票选举日）＿＿＿＿年＿＿月＿＿日
村民小组数＿＿＿＿　村民代表数＿＿＿＿
村民选举委员会人数＿＿＿＿　村民选举委员会主任姓名＿＿＿＿，原任职务＿＿＿＿

选举观察项目

1. 观察员来自哪个单位和组织？＿＿＿＿，有＿＿＿＿名。

2. 是否培训了本村的选举工作人员？_____，培训了_____名。
3. 本次选举有无选举经费？_____，总额_____元。
4. 是否召开了选举工作会议？_____，召开_____次；每次分别有_____人参加。
5. 是否对村民进行过宣传和教育？_____。采取何种方式？_____，有_____人参加。
6. 有无张贴有关选举的标语？_____，张贴_____条。
7. 有无造册进行参加选举的村民登记？_____。
8. 有无公布参选村民名单？_____，____年____月____日公布；村民有无申诉？_____；主要内容是_____。
9. 有无未领到参选证的参选村民？_____，约有_____名。
10. 采取有候选人直接选举方式的，提名候选人是否召开了村民会议（村民选举大会或各村民小组的村民选举大会）？_____。
11. 采取有候选人直接选举方式的，何时公布候选人名单？_____年____月____日。每一职务分别公布_____人，其中主任_____人、副主任_____人、委员_____人。
12. 采取有候选人直接选举方式的，村民选举委员会是否向选民介绍过候选人的情况？_____。如是，用何种方式：组织选举大会或村民代表会议，让候选人发表施政方案和竞选演说_____；回答村民提出的问题_____。
13. 有无自主竞争活动？_____。自主竞争的主要方式有：①走家串户介绍自己_____；②会见选民_____；③_____。
14. 有无更改投票选举（提名投票选举）日？_____。如更改，是否办理了批准手续？_____。
15. 选举是设立中心会场召开选举（提名投票选举）大会，还是设立中心投票站与分投站的方式进行投票？_____。
16. 设_____个分会场（或者投票站）、_____个流动票箱。
17. 选举准备是否周密、齐备、完善？_____。
18. 选举投票（提名投票选举）是否按公布的选举日期进行？_____。
19. 参加本次投票选举（提名投票选举）的参选村民有_____人，参选率为____%。
20. 是否有委托投票？_____。委托投票有_____人。
21. 是否采取直接选举方式？_____。是否采取差额选举方式？_____。是否采取无记名投票方式？_____。
22. 是否凭参选证和委托投票证领取选票（提名投票选举票）？_____。是否在参选证、委托投票证上做出标记？_____。
23. 领取选票（提名投票选举票）是否和参选村民登记册核对？_____。是否在登记册上做出标记？_____。
24. 是否有人因参选证问题而未领到选票？_____，约有_____人。
25. 是否有人拿着参选证，但因参选村民登记册无名而被拒绝领票？____，约有____人。
26. 多余未发的选票（提名投票选举票）是否当场当众作废？_____，约有_____人。

27. 本次选举是：①印三张选票（提名投票选举票），一次投票（提名选举投票）？____；②印三张选票，三次投票？_____；③印一张选票，一次投票？_____。
28. 是否在选举大会（中心投票站的现场）上宣布唱票人、计票人和监票人及代写人？_____。
29. 主持人是否详细宣讲选票、如何划票？_____。
30. 是否设立秘密写票处？_____，设_____个。参选村民是否秘密写票？_____。
31. 选举日是否有竞争活动和竞争资料？_____。是否张贴了竞争材料？_____。
32. 村民选举委员会成员、唱票人、计票人、监票人、公共代写人及其他选举工作人员是否佩戴标志上岗？_____。
33. 投票选举前是否当众验票箱？_____。是否密封票箱？_____。
34. 票箱放置的地方和参选村民投票的路线是否能被观察员看到？_____。
35. 有多少参选村民在划选票时要求帮助代写？_____。需要帮助的参选村民的意愿是否得到尊重？_____。
36. 参选村民投票时选举工作人员是否作了指引？_____。参选村民是否排队有序？_____。
37. 参选村民从进入秘密写票处写票到把选票投入票箱需多长时间？_____。
38. 是否有人多次投票？_____。
39. 投票是否中断？_____。中断时间是_____小时_____分钟。是否有人因中断而没能投票？_____。
40. 分设的分会场（分投站）每场（站）有_____名工作人员。划票、投票是否有序？_____。
41. 每一流动票箱有_____名工作人员，有_____名参选村民在流动票箱投票。
42. 是否将投票站的票箱、流动票箱集中到选举大会主会场（中心投票站）？_____。
43. 是否对每一个票箱都当场当众拆封开箱？_____。
44. 是否逐个票箱验票？_____。每一个票箱发出的选票（提名投票选举票）数和收回的选票（提名投票选举票）数是否符合规定？_____。
45. 本次选举共发出_____张选票（提名投票选举票），收回_____张选票（提名投票选举票）。收回的选票（提名投票选举票）数是否符合法律规定？_____。
46. 在收回的总选票（提名投票选举票）中，有_____张有效票、_____张无效票。
47. 是否当场当众公开唱票、计票？_____。
48. 总监票人是否将计票结果当场报告给大会主持人？_____。有无进行资格审查？_____。大会主持人有无当场宣布当选结果？_____。
49. 本次选举应选主任_____名、副主任_____名、委员_____名。
50. 本次选举，主任得_____票；副主任_____名，分别得_____票、_____票；委员_____名，分别得_____票、_____票、_____票、_____票、_____票。有无妇女当选？_____，有_____名。妇女参加选举是否积极？_____。

51. 本次选举是否出现缺额？_____。缺主任？_____。缺副主任？_____。缺委员？_____。缺额后还有没有妇女成员？_____，有_____名。
52. 本次选举是否顺利？_____。
53. 在选举会场、投票站内外是否有干扰、威胁选举工作情况？_____。
54. 本次选举是否当场填写选举结果报告单？_____。
55. 本次选举是否当场公布选举结果？_____。是否颁发当选证书？_____。
56. 选举结果用何种公告的形式告知本村全体村民？_____。什么时候公布结果？_____。
57. 本次选举（提名投票选举）出现的缺额是否将进行重新投票选举或另行选举？_____。
58. 另行选举的选举日定在哪一天？_____年_____月_____日。
59. 另行选举候选人是否按第一次选举未当选的候选人中按得票多少确定？_____。如果是缺额妇女的，是否确保妇女当选？_____。
60. 另行选举结束后，是否填写了选举结果报告单？_____。
61. 另行选举的结果是否当场公布？_____。是否颁发当选证书？_____。
62. 村民代表和村民小组长的选举是否依法进行？_____。是否张榜公布？_____。
63. 本次选举（提名投票选举）是否有贿选的情况？_____。贿选的方式是什么？_____。
64. 在本次选举中是否有上访、申诉情况？_____。如有，应真实记录其内容：_____。
65. 对群众上访、申诉的问题，乡镇人民政府和县级民政部门是否进行了调查？_____。如已调查，认定属何种情况的问题？_____。
66. 对群众上访、申诉的问题，如乡镇人民政府和县级民政部门已调查属实，是否进行处理并回复群众？_____。
67. 你对这次选举工作总体印象如何？好_____；一般_____；较差_____。
68. 你认为这次选举工作是否存在问题？_____。主要问题是：_____。
    提出你对这次选举工作的建议和意见：_____。

选举观察员签名：_____
_____年____月____日

五、选举观察报告

选举观察员在选举日（或提名投票选举日）前及选举日实地观察村民委员会选举的全过程后，应向招募其为选举观察员的民政部门提交选举观察报告。报告的中心议题是认定被观察的村民委员会选举是否合法有效，并指出选举中存在的问题，提出改进的意见和建议，并将整理后的选举观察记录表附后。

选举观察报告，要客观、公正、真实地反映选举的全过程；要以法律法规为尺度，衡量选举是否合法、是否有效；要实事求是、直接明确地指出存在的问题；要本着认真负责的态度提出改进的意见和建议；报告结论要观点明确、文字简明。

选举观察报告，不经招募其为选举观察员的民政部门同意，不得在新闻媒体刊登，不得随意散发，不得作为论文写作和科研材料，更不得向村民委员会成员的候选人和当选人透露观察报告的内容。

第十三章　违法违规违纪行为的查处

《村组法》第十七条规定："以暴力、威胁、欺骗、贿赂、伪造选票、虚报选举票数等不正当手段当选村民委员会成员的，当选无效。对以暴力、威胁、欺骗、贿赂、伪造选票、虚报选举票数等不正当手段，妨害村民行使选举权、被选举权，破坏村民委员会选举的行为，村民有权向乡、民族乡、镇的人民代表大会和人民政府或者县级人民代表大会常务委员会和人民政府及其有关主管部门举报，由乡级或者县级人民政府负责调查并依法处理。"《选举办法》第三十七条也规定："任何组织和个人不得有下列行为：（一）以暴力、威胁、欺骗、诽谤等手段致使村民、候选人不能依法行使选举权和被选举权；（二）用金钱或者其他手段贿赂村民、候选人或者选举工作人员；（三）涂改、伪造选票或者虚报选票数；（四）妨害村民选举委员会和选举工作人员履行职责。村民对前款所列情形有权向乡、民族乡、镇村民委员会换届选举工作指导小组，乡、民族乡、镇人民代表大会和人民政府，不设区的市、市辖区、县、自治县人民代表大会常务委员会和人民政府及其有关主管部门举报，有关机关应当负责调查并依法处理。"上述法律法规的规定属于列举性规定，这种列举并没有穷尽各种可能的破坏选举的行为。除了所列情形，对于采取其他手段，如以撕毁参选村民名单、对与自己不同意见的村民进行打击报复、故意扰乱选举秩序、变更或者伪造选举结果等行为，妨害村民自由行使选举权和被选举权的，同样属于破坏选举的行为，必须受到相应制裁。同时，发生破坏行为的主体是一般主体，既可能是参加选举的村民，也可能是候选人、竞选人、选举工作人员或者其他人，还可能是指导村民委员会选举的国家工作人员。无论是什么人，只要发生破坏选举的行为，都要被依法追究法纪责任。

第一节　违法违规违纪行为的受理

参选村民在参加村民委员会选举的过程中，享有选举监督的权利。对于妨碍村民行使选举权、被选举权，破坏村民委员会选举的，参选村民有权向下列单位的其中一个或者几个举报：一是乡镇人民代表大会和人民政府，二是县级人民代表大会常务委员会和人民政府，三是县级人民政府的有关主管部门，如民政部门、公安部门、信访部门等。

对于参选村民的举报，不论是参选村民的口头举报，还是书面申诉，都应当认真对待，按照有关规章制度和政策办理。对于口头举报，要认真地听，如实笔录。对上访者提出的问题，要认真答复，依照有关法律和政策作出解释。对重要举报案件，要及时进行整理，将重要部分摘录出来并上报。该立案调查的，就立案调查，不得推诿、敷衍搪塞或压制。

负责受理村民举报工作的机关及其工作人员，要维护举报者的合法权益，尊重举报者的意愿，为其保密，以避免打击报复。候选人或其他竞争者向村民承诺，甚至承诺捐助村的公益事业，帮助全体村民，不应视作贿选，此类举报可不受理。

第二节 违法违规违纪行为的调查

乡镇人民代表大会和人民政府，或县级人民代表大会常务委员会和人民政府及其民政部门在接到参选村民的举报后，要具体分析，区别情况，分别对待。

一、立案

对在村民委员会选举中涉嫌严重违法，特别是以威胁、贿赂、伪造选票等不正当手段，妨碍参选村民行使选举权利，破坏村民委员会选举的；或有指定村民选举委员会成员；不公布选民名单；不由参选村民直接提名候选人；把建议和意见印在选票上；不实行差额选举、无记名投票；不召开选举大会或者设立中心投票站投票，全部以流动票箱代替选举投票大会等严重违法违规违纪行为的，都应予以立案。受理参选村民举报的机关须责成有关职能部门或移交同级村民委员会选举领（指）导小组组成调查组，进行调查核实。

二、取证

对立案的参选村民举报，调查组应深入基层调查取证。在调查工作中，要走访参选村民，召开座谈会，全面听取各方面的意见，尤其是当事人及争议双方的意见；要查阅有关原始档案材料，如关于选举的通知、村民选举委员会工作记录、开会记录、发布的公告底稿、选票、选举结果报告单、有关图像资料（如录像）等；要查清事情发生的原因和过程，不得隐瞒或歪曲事实，要尽可能搜集有关证明材料，尤其是当事人的证明材料，妥为保存。在此基础之上，调查组须如实写出调查报告，提出拟处理意见，并上报有关部门。

第三节 违法违规违纪行为的认定

对于村民所举报的问题，在立案和调查取证的基础上，须依法予以认定。

首先，要认定是否违法违规违纪，然后确认是何种性质、是谁违反、违法违规违纪责任应由谁来承担。

从性质来看，村民委员会选举的违法行为可分为两种类型：①妨害村民行使选举权利，破坏村民委员会选举的；②违反选举程序和操作规程的。

判断是否妨害村民行使选举权利，破坏村民委员会选举活动，依据法律规定，须具备以下三个条件。①侵犯的客体应是村民的选举权利和村民委员会的选举活动。如在参选村民登记中，无故或非法阻止未经人民法院判决剥夺政治权利的18周岁以上村民登记为参选村民，侵犯参选村民提名确定村民委员会成员候选人的权利和投票选举的权利等。②违法行为是以暴力、威胁、欺骗、贿赂、伪造选票、虚报选举票数等不正当手段实施的。所谓暴力，是指行为人对村民、候选人、竞选人、选举工作人员和其他人采取殴打、捆绑、残害、强行限制人身自由等人身伤害的手段或者捣乱选举秩序、破坏选举场所、砸毁选举设施等进行破坏的行为；所谓威胁，是指以危害人身安全、毁坏财产，甚至侵犯人身安全等手段相要挟，迫使参选村民不能正常行使选举权利，导致选举工作不能正常进行或中断，或者迫使候选人退出选举；所谓欺骗，是指虚构故事，散布、扩散各种谣言或者隐瞒事实真相，以混淆视听进行干扰破坏的行为；所谓贿赂，是指用金钱或其他物质换取选票，或者收买选举工作人员、候选人，使选举工作人员在选举工作中舞弊，或者使候选人退出选举，以达到当选的目的；所谓伪造选票，是指涂改、制造假选票的行为；所谓虚报选举票数，是指对村民的投票总数、赞成票数、反对票数、弃权票数等进行以少报多或者以多报少等虚假报告，从而对选举进行破坏的行为。③违法行为已经发生，并且造成严重危害后果。

判断是否违反选举程序和操作规程，要依据《村组法》和《选举办法》，如：指定村民委员会成员的；村民委员会成员不是由村民直接选举，而是以户代表或村民代表选举的；不是差额选举，而是先选举村民委员会委员，再从中选举主任或副主任的；要求选民署名，而不是无记名投票的；选民投票总数和选票数统计有差错的；参加投票的参选村民数不足参选村民总数的一半以上的；未设立秘密写票处的；未经批准，随意更改选举日（提名投票选举日）的；未公开唱票、计票的；未当场公布选举结果的；等等。此类选举都违反了有关法律法规的规定，违反了选举程序，都是违法选举。

从违法主体来看，村民委员会选举中的违法行为可分为两种类型：①选举机构或选举工作人员违法；②参选村民违法。

选举机构或选举工作人员的选举违法违规违纪行为，一般表现为投票选举过程中的舞弊现象，也有利用非法手段强迫、诱使参选村民按照组织者的意图写票的，甚至有利用职权随意取消选民资格的，指定、委派或者撤换村民选举委员会成员、村民委员会成员候选人，擅自更改选举日（提名投票选举日），伪造选举文件，虚报选举票数等。此类行为都是违反有关法律法规和党纪、政纪的行为。选举机构中个别选举工作人员的违法违规违纪行为不能视为选举机构的违法违规违纪，应严格区分开来，但都应当予以调查处理（处罚），加以纠正。

村民违法有以下表现：以威胁、贿赂、欺骗、诽谤、伪造选票等不正当手段，妨害参选村民行使选举权和被选举权；对选举组织工作不满而在选举中起哄、滋事，撕毁选票，争夺选举票箱，打砸选举会场的；利用家庭、帮派干扰、破坏选举工作的；选举后对选举工作人员、参选村民打击报复的；等等。此类行为干扰、破坏选举工作，侵害参选村民的选举权利或选举工作人员的合法权益，都是选举违法行为。

违法违规违纪认定是一项复杂的工作，一定要持慎重态度，要做到证据确凿、手续完备、程序合法、认定恰当。要多请示，多汇报，多做调查研究，切忌个人武断地下结论。对于事实不清楚的，应当进行补充调查。

第四节 违法违规违纪行为的处理

一旦经过调查认定为选举违法违规违纪的,要根据《村组法》《选举办法》等法律法规和党纪、政纪有关规定,追究违法违规违纪主体的法律、党纪、政纪责任,依法进行处罚。

一、参选村民违法违规违纪行为的处罚

参选村民实施了选举违法行为,情节较轻微的,由所在村村民选举委员会予以制止,并进行批评教育。情节严重的,由乡镇人民政府给予警告;违反《中华人民共和国治安管理处罚法》的,由公安机关依法予以处罚;构成犯罪的,由司法机关依法追究其刑事责任。

二、选举机构或选举工作人员违法违规违纪行为的处罚

根据《选举办法》第四十八条规定,党政机构、群团组织、国有企事业单位及其工作人员,"有下列行为之一的,由上一级人民政府责令改正,对直接责任人给予处分:(一)指定村民委员会成员候选人的;(二)指定、委派或者撤换村民委员会成员的;(三)违反法律、法规规定停止村民委员会成员职务的;(四)无正当理由不组织或者拖延村民委员会换届选举的;(五)以不正当手段妨害村民委员会成员履行职责的"。

实施违法违规违纪行为,是党政机构、群团组织、国有企事业单位的,由其上级机关对其行为予以制止;是群团组织、国有企事业单位工作人员的,由其所在单位对其行为予以制止,并对有关责任人给予批评教育或纪律处分。责任人为党政机关工作人员的,由其所在单位或纪检监察机关给予党纪或者政纪处分。属违反治安管理条例行为的,由公安机关依照《中华人民共和国治安管理处罚法》予以处罚;构成犯罪的,由司法机关依法追究其刑事责任。

依法认定以暴力、威胁、欺骗、诽谤等手段致使参选村民、候选人不能依法行使选举权和被选举权,用金钱或者其他手段贿赂村民、候选人或者选举工作人员,涂改、伪造选票或者虚报选票数,妨害村民选举委员会和选举工作人员履行职责等不正当手段当选村民委员会成员的,由县级民政部门或者乡镇(街道)人民政府(办事处)宣布其当选无效;县级民政部门或者乡镇(街道)人民政府(办事处)不作为的,进行通报批评,并追究其主要负责人和直接责任人的党纪或者政纪责任。

村民选举委员会不主持工作移交或者上一届村民委员会不办理移交手续的,由乡镇(街道)人民政府(办事处)责令改正;造成村集体财产损失的,依法承担赔偿责任;违反《中华人民共和国治安管理处罚法》的,由公安机关依法处理。

地方各级人民代表大会和县级以上地方各级人民代表大会常务委员会在本行政区域内保证《村组法》的实施,保障村民依法行使自治权利,有权在本行政区域内纠正、制止选举违法,追究选举违法主体的法律责任。

第十四章　无效选举

　　无效选举，是指在选举中因违背选举法律法规或因选举工作失误造成选举结果无效的选举。无效选举包括整体选举无效和具体当选人当选无效两种情况。

　　一般情况下，选举结果经村民选举委员会确认并正式公布后即行生效，无须再对选举结果的合法性进行认定。但由于一些地方在组织实施选举时缺乏执法的严肃性，或者由于缺乏选举经验，因而有意无意的违法现象或工作失误仍时有发生。这些违法现象或失误往往在选举结束后才暴露出来，群众对选举结果的合法性提出了疑问。特别是群众来信来访反映强烈的地方，对选举结果的争议成了农村基层的一种不稳定因素，直接影响村民委员会建设和各项工作的正常进行。因此，有必要对这些有争议的选举结果进行法律认定。

第一节　无效选举的认定机关

　　《选举办法》第三十八条规定："不设区的市、市辖区、县、自治县人民政府主管部门或者乡、民族乡、镇人民政府对有异议的选举结果，应当自受理之日起十日内依法认定是否有效。"无效选举的认定机关是不设区的市、市辖区、县、自治县民政局或者乡镇（街道）人民政府（办事处）。对村民委员会选举结果的法律认定工作一般按照逐级认定处理的方式进行。首先由乡镇（街道）人民政府（办事处）负责作出认定；对乡镇（街道）人民政府（办事处）的认定结论不服的，可以向不设区的市、市辖区、县、自治县民政局申诉，不设区的市、市辖区、县、自治县民政局必须自受理之日起十日内依法作出判定；对不设区的市、市辖区、县、自治县民政局作出的判定不服的，可以向不设区的市、市辖区、县、自治县人民法院依法起诉。

　　《广东省信访条例》第三十二条规定："信访人采用走访形式提出信访事项的，应当向依法有权处理的本级国家机关提出：（一）信访事项属乡（镇）人民政府、街道办事处职权范围的，到乡（镇）人民政府、街道办事处的信访接待场所提出；（二）信访事项属县（区、县级市）国家机关职权范围的，到县（区、县级市）国家机关的信访接待场所提出；（三）信访事项属地级以上市国家机关职权范围的，到地级以上市国家机关的信访接待场所提出；（四）信访事项属省国家机关职权范围的，到省国家机关的信访接待场所提出。信访人应当以合法方式表达诉求，不得越级走访；信访人越级走访的，国家机关不支持、不受理。本级国家机关应当受理而不予受理或者受理后不依法处理的，信访人可以向其上一级国家机关提出；信访人未到有权处理的本级国家机关提出信访事项，直接向上级国家机关走访的，上级国家机关不予受理，告知其向本级国家机关提出。信访人向当地信访工作机构或者其他国家机关提出属于上级国家机关职权范围的信访事项的，当地信访工作机构或者其他国家机关应当及时转送上级国家机关处理，并为信访人查询信访事项受理和办理情况提供帮助。"第三十六条规定："人民法院、人民检察院、行政机关对公民、法人以及其他组织提出的属于本机关法定职责但依法应当按照诉讼、行政复议等法定程序解决的诉求，应当告知和引导其按照诉讼、行政复议等法定程序提出，不作为信访事项受理。有关国家机关依法终结的诉讼、仲裁、行政复议等案件，各级国家机关信访工作机构不予受理。"

第二节　无效选举的认定标准

认定标准是衡量选举是否合法有效的尺度。这些衡量尺度是《村组法》《实施办法》和《选举办法》。

一、选举是否合法有效

要认定选举是否合法有效，应从下面五个方面进行衡量。

1. 是否体现直接、差额、无记名原则

这是合法选举的最基本要求。

直接选举包含两层意思：一是参选村民直接参加投票（提名投票），二是主任、副主任和委员直接由参选村民选出。因此，由户代表或村民代表投票选举或先选出村民委员会委员再由委员推选主任、副主任的做法都是违法的。

差额选举指候选人多于应选名额的选举。违背差额选举原则，实行等额选举的做法是违法的。

无记名投票指参选村民无须在选票上署上自己的姓名，在秘密状态下写票。要求参选村民署名和违背参选村民意愿观看参选村民写票都是违法的。

2. 参加选举的参选村民数和投票数是否准确

投票数是参加选举的参选村民投入票箱的全部选票总数，包括有效票和无效票。投票数多于参加投票的参选村民总数的选举无效；投票数等于或少于参加投票的参选村民总数半数的无效。

参选村民数、投票数和本次选举最低当选票数计算有误的选举无效。

3. 候选人是否依法产生

合法的候选人必须由参选村民以无记名投票的方式直接提名产生。经合法产生的候选人不得随意变动或调换。

4. 投票选举是否依照法定程序进行

投票选举必须在选举日（提名投票选举日）进行，随意提前或推迟选举日的选举无效；必须使用符合要求的票箱，开放式票箱或提包式票箱无效；必须由参选村民逐一写票、投票，由工作人员收票的选举无效；必须集中在预定的选举大会主会场或者中心投票站当天当场开箱，在其他地方开箱无效。

5. 当选票数计算方式是否正确，当选人得票数是否准确

第一次投票选举时，参加投票的参选村民超过参选村民总数半数的选举有效，候选人或其他参选村民获得参加投票的参选村民过半数赞成票才能当选。

另行选举时，候选人或其他参选村民得票数不少于参加投票的参选村民数的三分之一票数才能当选。

二、当选人是否合法

认定具体当选人当选合法，应同时具备以下三个条件。

（1）整体选举有效。

（2）得票数超过参加投票村民数的半数（另行选举的不少于三分之一），且得票多少的名次在本村民委员会职位应选名额之内。

（3）选举活动中无使用威胁、暴力、贿赂、伪造选票等非法手段。

对应当由不设区的市、市辖区、县、自治县民政局或者乡镇（街道）人民政府（办事处）依法作出认定结论的，要以国家行政机关公文格式通知村民选举委员会或者举报人（申诉人）；不设区的市、市辖区、县、自治县民政局或者乡镇（街道）人民政府（办事处）不依法作出认定或者无故拖延认定的，要追究主要负责人、直接责任人的党纪、政纪直到法律责任。

第三节　无效选举的具体处理

作出无效选举的认定结论后，必须及时做好善后处理工作。

一、选举无效的处理

选举无效的，应区别情况作出处理。具体处理办法有以下两种。

1. 重新选举

确属无法局部纠正的，要进行重新选举。重新选举适用正式投票选举程序。重新选举由村民选举委员会主持，重新确定选举日，重新核实参选村民名单，重新按照前一次的选举方式进行（采取有候选人的选举方式，或者采取无候选人的选举方式），重新按照前一次的投票方式进行（设立选举大会主会场和分会场进行投票，或者设立中心投票站和分投站进行投票）。重新选举不得按另行选举或补选处理。

2. 局部纠正

局部选举无效是由于选举过程中某一环节的违法造成的。可在村民选举委员会的主持下纠正违法的环节，使整个选举有效，这就是局部纠正。如参选村民数因登记失误造成的，可以重新计算，进行增减，其数量的变化不影响计票的选举有效，影响计票的可让补登记的村民另行投票，或从原当选人得票中按剔除的村民数减去相应的票数，重新计算得票数，过半数的当选有效。因当选票数计算方法错误造成无效选举的，可以按正确的计算

方法重新计票，过半数的当选有效，当选人数不足应选名额的，不足的名额可以另行选举。

采取哪一种办法处理无效选举，由不设区的市、市辖区、县、自治县民政局或者乡镇（街道）人民政府（办事处）根据具体情况决定，能采取局部纠正处理的就局部纠正，确属无法纠正的则进行重新选举。重新选举应当由县、镇（街）派人帮助、指导。

二、具体当选人当选无效的处理

因当选人在选举活动中用威胁、暴力、贿赂等非法手段当选的，取消其当选资格。造成的缺额由获得法定最低票数的较多票的候选人或其他参选村民依次替补；如均未达到法定最低票数，可另行选举。

因选举工作失误造成具体当选人当选无效的，纠正失误的选举环节后（如按正确的方法重新计算的票数）仍然当选的，其当选资格有效；无法纠正失误或纠正后没有当选的应重新组织投票选举，保留其候选人资格。另行选举只选举因具体当选人当选无效造成的空缺名额。另行选举仍实行差额选举，候选人从上一次选举未当选人中按得票多少顺序确定。重新选举的当选票数仍按过半数计算；另行选举的当选赞成票要超过投票数的三分之一。

没有妇女成员的，应当按照专选妇女成员的有关规定，先选妇女成员。

第十五章　村民委员会成员的
罢免、辞职、职务自行终止与补选

罢免、辞职、职务自行终止与补选是民主选举的延伸，虽然涉及面小，但影响很大，必须依法做好这项工作，体现法律的严肃性、连续性和一致性。

第一节　村民委员会成员的罢免

在选举制度中，选举权和罢免权是不可分割的整体，罢免权是选举权的后续，是对选举权的保护，也是实现村民自治的关键之一。村民委员会成员由村民选举产生，其行为理所当然要受村民监督。村民有权选举产生村民委员会成员，同样有权监督评议村民委员会成员的工作，甚至罢免村民委员会成员，这是不容置疑的，也充分体现了"由谁选举、向谁负责"的原则。罢免是指村民对于认为不称职或者不满意的村民委员会成员，在其任职期届满前用投票的方法免除其职务的活动。罢免是村民监督村民委员会成员的一种手段，也是村民选举活动的继续，是选举程序中的一种特殊形式。《村组法》第十六条和《选举办法》第四十一条至第四十四条都对村民委员会成员的罢免作了明确规定。需要强调的是，罢免村民委员会成员的权利只属于村民会议。村民会议要罢免村民委员会成员，必须经过规定程序。

一、罢免要求和罢免建议的提出

1. 罢免要求的提出

《选举办法》第四十一条规定："本村五分之一以上有选举权的村民或者三分之一以上的村民代表联名，可以提出罢免村民委员会成员的要求。罢免要求应当书面提出，并列明罢免理由。"本村五分之一以上有选举权的村民或者三分之一以上的村民代表联名，这是启动罢免程序的必要条件。只要达到这个必要条件，村民委员会就必须启动罢免程序。罢免要求应以书面形式向村民委员会提出，并写明罢免理由。罢免要求以书面形式提出，既规范严谨，又方便备案存档，有据可查，减少随意性和盲从性。

2. 罢免建议的提出

《选举办法》第四十二条规定："村民委员会成员有下列情形之一的，乡、民族乡、镇人民政府可以提出罢免建议：（一）违反法律、法规和国家政策，不适合继续担任村民委员会成员的；（二）失职渎职造成村民利益重大损失的；（三）连续三个月以上无正当理由不参加村民委员会工作的。"

二、罢免的实施主体

《选举办法》第四十三条规定:"对提出的罢免要求或者罢免建议,村民委员会应当在三十日内召开村民会议进行无记名投票表决。"村民会议是罢免村民委员会成员的唯一组织形式,除此之外的任何组织形式,如村民代表会议、村民小组会议都无权罢免村民委员会成员。罢免村民委员会成员不得实行委托投票。

三、开展调查

根据罢免要求和罢免建议,村民委员会应当会同村务监督委员会或者其他村务监督机构,对罢免对象进行客观、中立的调查,查清事实真相,并写出调查报告。

四、实施罢免

《选举办法》第四十三条规定:"罢免村民委员会成员不得实行委托投票。罢免村民委员会主任或者全体村民委员会成员的,应当在不设区的市、市辖区、县、自治县人民政府主管部门和乡、民族乡、镇人民政府的指导下,由重新推选产生的村民选举委员会主持。"第四十四条规定:"提出罢免要求或者罢免建议者,应当到村民会议作出说明并回答询问,被提出罢免的人有权出席会议进行申辩或者书面提出申辩意见。"

村民会议的无记名投票表决采取秘密写票、无记名投票、公开计票、当场公布结果的原则进行。

村民委员会逾期不召集村民会议,可以由村党组织或者村务监督委员会召开村民会议,进行投票表决。

罢免村民委员会主任或者全体村民委员会成员的会议议程如下:

(1) 主持人宣布开会,讲明会议的议题是讨论罢免问题。
(2) 清点参加会议的村民人数,并向村民报告参加会议的人数超过本村参选村民半数以上,符合法律规定,会议可以进行。
(3) 推举监票人、唱票人、计票人。
(4) 联名提出罢免要求的村民或提出罢免建议的乡镇人民政府的代表阐明罢免理由。
(5) 被提出罢免的人提出申辩意见(如果被罢免人提出不申辩或者已经通知其本人而其本人未到场,此程序可以省略)。
(6) 无记名投票。
(7) 公开监票、唱票、计票。
(8) 主持人宣布表决结果,即罢免是否被通过。

这里着重说明两点,一是大会不用对被罢免者的申辩意见进行表决,二是不能以户的代表会议的形式进行罢免。

五、罢免的有效性、合法性和重复罢免的限制

《选举办法》第四十三条规定:"罢免村民委员会成员,须有登记参加选举的村民过半数投票,并须经投票的村民过半数通过。"

《选举办法》第四十四条规定:"罢免未获通过的,一年内不得以同一事实和理由再次提出罢免要求或者罢免建议。"这样可防止别有用心的人反复以同一事实和理由纠缠、取闹,甚至妨碍村民委员会正常的工作秩序。

六、填写"罢免备案表"

罢免村民委员会成员的村民会议,不论罢免案是否通过,村民委员会都应填写"罢免备案表",一式三份:一份留存,一份报乡镇(街道)人民政府(办事处),一份报县级民政部门。

七、公告罢免结果

不论罢免要求和罢免建议是否通过,都要在罢免会结束的当日或者次日,将罢免结果在村民委员会和各村民小组所在地公告。

罢免村民委员会成员备案如下表:

_____村罢免村民委员会成员备案表

被罢免人的基本情况	姓名		职务		第___届村民委员会_____	
	性别		年龄		政治面貌		学历	

罢免要求提出情况或建议	罢免要求或罢免建议提出时间	年 月 日	本村参选村民总数	
	村民或者村民代表联名签名人数	名单附后	是否符合法定人数	

罢免理由	(本格写不下时,可另附纸)

被罢免人的申辩意见	(本格写不下时,可另附纸)

村民会议表决情况	年 月 日 召开村民会议		参加村民会议投票人数		同意罢免票数	
	反对罢免票数	弃权票数	废票数		罢免案是否通过	
	监票人签字		唱票人签字		计票人签字	

会议主持人情况	主持人姓名		职务		本人签字	

第二节　村民委员会成员的辞职

辞职是指新一届村民委员会组成并工作之后，村民委员会成员因各种原因，在任期内自己主动提出申请辞去村民委员会成员的行为。《选举办法》第四十五规定："村民委员会成员因故辞职，应当书面向村民委员会提出，村民委员会应当自收到辞职申请之日起三十日内召开村民会议或者村民代表会议进行审议，决定是否接受其辞职，并在五日内公告。"

一、辞职程序

辞职应履行下列程序：

1. 提出辞职申请或同时发表书面声明

提出辞职的村民委员会成员，应写出书面声明送村民委员会，同时张贴在村民委员会所在地，声明辞职申请的理由，以便村民会议或村民代表会议讨论。

辞职声明样式如下：

辞职声明

×××于××××年××月××日第××届村民委员会选举被选为村民委员会×××，任期三年。鉴于本人长期有病（或其他原因），不能胜任工作，为加强村民委员会建设，提高工作效率，我自愿提出辞职，请村民（村民代表）会议予以通过。

辞职人：×××（签名）
××××年××月××日

2. 村民会议或村民代表会议审议

村民委员会成员提出辞职申请后，村民委员会应当在三十日内召开村民会议或者村民代表会议讨论辞职问题。在会上，辞职人应说明辞职理由，然后村民或村民代表讨论，进行无记名直接投票表决，按照少数服从多数的原则讨论决定。如果村民委员会主任提出辞职，会议由主持工作的副主任主持；如果村民委员会副主任、委员提出辞职，会议由村民委员会主任主持；如果村民委员会全体成员辞职，村党组织应当在三十日内组织召开村民会议或者村民代表会议决定是否接受辞职。村民会议或者村民代表会议通过辞职人的辞职后，部分村民委员会成员辞职造成职位空缺的，应当及时补选；全体村民委员会成员辞职造成全员缺额的，应当重新选举。

3. 发布公告

村民会议或者村民代表会议讨论辞职问题的决定应在会后五日内，在村民委员会和各村民小组所在地公告。

公告样式如下：

××村第××届村民委员会（村党组织）公告

村民委员会成员×××因健康状况（或其他原因）提出辞职请求，业经××××年××月××日村民会议（村民代表会议）通过，辞职生效，特此公告。

××村村民委员会（村党组织）（盖章）
××××年××月××日

二、辞职审计

村民委员会成员提出辞职后，主任、副主任或管理集体财务的村民委员会成员，应对其进行财务审计。审计工作由乡镇（街道）农业主管部门和民政主管部门会同该村村务监督委员会组成审计小组来进行。

第三节 村民委员会成员的职务自行终止

《选举办法》第四十六条规定："村民委员会成员有下列情形之一的，其职务自行终止：（一）死亡的；（二）被判处刑罚的；（三）丧失行为能力的；（四）违反计划生育法律、法规超计划生育的；（五）连续两次民主评议不称职的。村民委员会成员职务自行终止的，村民委员会应当予以公告，并报乡、民族乡、镇人民政府备案。"

这里需要注意的第一点是刑事拘留阶段不属于受过刑事处罚。《中华人民共和国刑事诉讼法》第十二条规定："未经人民法院依法判决，对任何人都不得确定有罪。"刑事拘留是公安机关对涉嫌刑事犯罪的犯罪嫌疑人采取的强制措施，尚不能确定是否犯罪或是否要承担刑事责任，因此，刑事拘留阶段不属于受过刑事处罚。

这里需要注意的第二点是：如果村民委员会未履行"村民委员会成员职务自行终止"的公告的，那么应当依法追究村民委员会尤其是村民委员会主任的失职责任；日后纠正时，该村民委员会成员职务自行终止的时间从应当职务终止时起草，之后享受的各种待遇由乡镇（街道）负责追缴。

公告样式如下：

××村第××届村民委员会公告

村民委员会成员×××因丧失行为能力（或其他原因），根据《广东省村民委员会选举办法》第四十六条的规定，其职务自行终止，从公告之日起生效，特此公告。

××村村民委员会（盖章）
××××年××月××日

第四节 村民委员会成员的补选

《选举办法》第四十七条规定:"村民委员会成员出现缺额,可以由村民会议或者村民代表会议进行补选。村民委员会成员不足三人时,应当在一个月内补选;已足三人但仍缺额的,是否补选,由村民委员会提出意见,经村民会议或者村民代表会议决定,报乡、民族乡、镇人民政府备案。补选村民委员会个别成员的,由村民委员会主持;补选全体村民委员会成员的,由重新推选产生的村民选举委员会主持。补选时,村民委员会成员中没有妇女的,应当先补选妇女成员,其他候选人从本届未获当选者中按照得票多少的顺序确定,候选人人数可以多于或者等于应选名额。登记参加选举的村民过半数或者村民代表会议组成人员的三分之二以上参加投票,选举有效,以获得赞成票多的当选,但获得的赞成票不得少于所投票数的二分之一。补选结果应当报乡、民族乡、镇人民政府和不设区的市、市辖区、县、自治县人民政府主管部门备案。补选的村民委员会成员的任期至本届村民委员会任期届满时止。"

一、补选的条件

(1)村民委员会成员已足三人但仍缺额的,是否补选,由村民委员会提出意见,经村民会议或者村民代表会议决定,报乡镇(街道)备案。

(2)缺额后,村民委员会成员不足三人的。

(3)缺额后,村民委员会成员中没有妇女的。

二、补选的程序

补选应当履行一定的程序。村民委员会填写补选申请表,经乡镇(街道)批准后再进行补选。

补选申请表样式为:

村民委员会成员补选申请表

_____村村民委员会　　　　　　　　填报时间:_____年___月___日

补选情况	补选职务		补选人数	
	补选时间	定于　　年　　月　　日进行补选		
补选原因	村民委员会(公章) 　　　年　　月　　日			
候选人情况				

续上表

镇（乡）意见	乡镇人民政府（公章） 年　月　日

补选有时间要求。按照规定，缺额而且不足三人时，补选时间为一个月内。也就是说，不论何种原因，只要村民委员会成员出现缺额时，必须在一个月内补选，以不影响村民委员会的正常工作。

补选村民委员会个别成员的，由村民委员会主持；补选全体村民委员会成员的，由重新推选产生的村民选举委员会主持。

补选村民委员会个别成员的，可以召开村民会议进行补选，也可以召开村民代表会议进行补选；补选村民委员会全体成员的，应当召开由参选村民参加的村民选举大会进行补选。补选的程序与村民委员会正式投票程序相同，可以采取有候选人的直接选举方式，也可采取无候选人的直接选举方式。补选时，村民委员会成员中没有妇女的，应当先补选妇女成员，其他候选人从本届未获当选者中按照得票多少的顺序确定。必须有参选村民过半数或者村民代表会议组成人员的三分之二以上参加投票，选举有效；候选人或其他参选村民以获得赞成票多的当选，但获得的赞成票不得少于所投票数的二分之一。

依法补选而当选的村民委员会成员，不论何时补选，其任期与现任村民委员会同届，不能跨届。补选后，村民委员会应将补选的当选人名单，报乡镇（街道）和县级民政部门备案。

补选当选的村民委员会成员报告表的样式如下：

补选当选的村民委员会成员报告表

单位名称	＿＿＿＿县（市、区）＿＿＿＿乡（镇）＿＿＿＿村民委员会
补选职务	
采取何种选举方式	
村民会议或者村民代表会议投票表决情况	参选村民（村民代表）总数：＿＿＿＿。参加投票村民数：＿＿＿＿。发出选票数：＿＿＿＿，收回选票数：＿＿＿＿，其中有效票数：＿＿＿＿，无效票数：＿＿＿＿，当选得票数：＿＿＿＿。 主持人： 年　月　日
备注	1. 补选两人以上的应分别填写此表。 2. 补选结束后，由村民委员会填写此表一式三份，上报乡镇（街道）和县级民政部门各一份，村留存一份。

第五节　村民代表、村民小组长、村务监督委员会成员的罢免、辞职、职务自行终止和补选

《选举办法》第五十二条规定："村民代表的推选，以及村民小组长和副组长的选举参照本办法执行。"村民代表和村民小组长罢免、辞职、职务自行终止和补选要参照执行。同时，《实施办法》第十九条、第二十条、第二十一条、第二十九条，对村民小组长、村民代表的罢免、辞职和补选作出规定，要严格按照执行。

一、村民代表的罢免、辞职、职务自行终止和补选

1. 罢免

罢免村民代表的原则是用哪种形式推选产生的就用哪种形式罢免。

村、组推选产生村民代表，其罢免应由村、组内三分之一以上的村民提出。罢免村民代表的建议一般由村民委员会、村民会议、村民小组会议或者村民代表会议提出。

罢免村民代表的决定应根据其推选产生的范围通过一定的形式分别作出：由村民小组推选产生的，须召开村民小组的过半数参选村民或者三分之二以上户的代表参加的会议，并经参加会议的村民（户的代表）过半数通过；由村民会议推选产生的村民代表，须经过半数参选村民或者三分之二以上户的代表参加会议，过半数通过。

2. 辞职

《实施办法》第二十九条规定："村民代表可以向村民代表会议书面提出辞职，由村民委员会受理并召集村民代表会议进行商议，并视商议结果决定是否同意辞职，及时公告。"

3. 职务自行终止

参照《选举办法》第四十六条的规定操作。

4. 补选

《实施办法》第二十九条规定："村民代表的缺额按照原推选得票多少的顺序依次递补或者另行推选。"村民代表出现缺额时，由原推选方式的次高票者继任或者重新推选。村民代表的另行推选按推选村民代表的程序办理。

二、村民小组长的罢免、辞职、职务自行终止和补选

村民小组长的罢免和职务自行终止适用村民委员会成员的罢免和职务自行终止规定，同时也要按照《实施办法》第十九条、第二十条、第二十一条和《选举办法》第四十六条的规定执行。

1. 罢免

《实施办法》第十九条规定："村民小组五分之一以上十八周岁以上的村民或者三分

之一以上的户的代表，可以向村民委员会提出罢免本村民小组长的要求。罢免要求应当书面提出，并列明罢免理由。村民委员会应当受理并在三十日内召开村民小组会议或者户代表会议进行无记名投票表决，并在村民小组会议后五日内公告决定。"过半数参加投票的参选村民或者三分之二以上户的代表参加投票，罢免有效；获得参加投票的参选村民或者户的代表过半数赞成票，始得罢免。

2. 辞职

《实施办法》第二十条规定："村民小组长可以向村民委员会书面提出辞职，由村民委员会受理。村民委员会应当自收到辞职申请之日起三十日内召开村民小组会议或者户代表会议进行审议，决定是否接收其辞职，并在五日内公告。"参选村民过半数或者三分之二以上户的代表经无记名投票表决，获得参加投票的参选村民或者户的代表过半数赞成票，接受其辞职，并予以公告。

3. 职务自行终止

参照《选举办法》第四十六条的规定操作。

4. 补选

《实施办法》第二十一条规定："村民小组长出现缺额时，村民委员会应当在三十日内召集村民小组会议、户代表会议进行补选并予以公告。补选的村民小组长的任期至本届村民委员会任期届满时止。"过半数参选村民或者三分之二以上户的代表参加投票，补选有效；获得参加投票的参选村民或者户的代表过半数赞成票，才能当选。

三、村务监督委员会的罢免、辞职、职务自行终止和补选

1. 罢免

村务监督委员会成员有下列情形之一的，乡镇党委、人民政府可以提出罢免建议：违反法律法规和国家政策，不适合继续担任村务监督委员会成员的；失职、渎职造成工作重大失误的；连续三个月以上无正当理由不参加村务监督委员会工作的；民主评议中所获信任票数不足50%的。

本村五分之一以上有选举权的村民或者三分之一以上的村民代表联名，可以向村党组织提出罢免村务监督委员会成员的要求；罢免要求应当书面提出，并列明罢免理由。具体罢免程序根据村务监督委员会成员的推选（选举）方式，参照村民委员会成员罢免程序进行。提出罢免要求或者罢免建议者，应当到罢免会议现场作出说明并回答询问。被提出罢免的村务监督委员会成员有权出席罢免会议进行申辩或者书面提出申辩意见。罢免未获通过的，一年内不得以同一事实和理由再次提出罢免要求或者罢免建议。

2. 辞职

村务监督委员会成员因故辞职，应当书面向村务监督委员会提出，村务监督委员会应当在收到书面辞职后的十日内进行审议，并提交村民会议或者村民代表会议决定是否接受其辞职，并在五日内公告。

3. 职务自行终止

村务监督委员会成员有下列情形之一的，其资格自行终止：死亡的；被判处刑罚的；

丧失行为能力的；违反计划生育法律法规超计划生育的；连续两次民主评议不称职的。

村务监督委员会成员资格自行终止的，由村务监督委员会自终止事由发生之日起三日内予以公告，并报乡镇党委、人民政府备案。

4. 补选

村务监督委员会成员出现缺额，由村民代表会议进行补选，或者按照原推选（选举）得票多少的顺序依次递补。补选的村务监督委员会成员的任期至本届村务监督委员会任期届满时止。

第十六章 验收和总结

村民委员会换届选举工作结束后,为了维护选举的合法性和总结选举的经验教训,应当及时开展验收和总结工作。同时,通过验收和总结,建立健全选举档案,为下届选举提供经验和资料的积累。

第一节 选举验收

验收是对村民委员会换届选举工作的事后检查,其目的是检查村民委员会选举是否依法进行,内容包括选举的组织指导工作是否认真得力,投票选举是否贯彻公平、公开、直接、差额和无记名投票的原则,参选村民的民主权利是否充分行使,大多数村民对选出来的领导班子是否满意等。

一、验收的对象

验收的对象为村。乡镇(街道)对所辖村进行普查;县级对所辖的每个乡镇(街道)至少随机抽查两个村;地级以上市也要进行重点抽查;地市、县(市、区)要把有村民举报和村民来信来访的乡镇、村作为检查验收的重点。

二、验收的组织

村民委员会换届选举的验收工作主要由县级和乡镇(街道)人民政府(办事处)组织实施。省以及各地级以上市民政部门要组织抽查验收。对县级来说,当本行政区域村民委员会换届即将结束之时,就应着手做验收的准备工作。尤其是县级村民委员会选举工作领导小组,应抽调专人,组成多个验收组,每个验收组应有选举工作领导小组的工作人员参加,由县级党委、人大、政府的一名领导同志任组长,对所辖乡镇(街道)进行验收。抽查的村民委员会要由县级抽取,不能由乡镇(街道)指定。验收工作应认真负责,不能走过场。

验收组成员应熟悉《村组法》和《选举办法》,了解选举的原则、程序和要求,掌握检查验收的标准和方法。对违法问题提出处理意见,并写出检查验收报告。

三、验收的办法

(1)听。听取村民选举委员会的汇报,听取村民群众的反映;召开不同类型的座谈会,听取各个方面的意见。

(2)查。检查村民委员会选举的所有程序是否符合法律规定,如参选村民登记有无错登、漏登、重登；检查候选人的确定方式；检查当选人所得选票是否过半数等。

（3）访。走村串户进行访问，了解选举的真实情况，尤其是对那些有上访现象的村，走访是了解有关选举真实情况的好办法。

（4）汇总。验收组通过听、查、访后，应对所检查的村的选举工作进行汇总评析，衡量选举工作的优劣。

（5）反馈。对所检查的村的选举工作进行反馈。

（6）评估。对所检查的村的选举工作进行评估。

除上述办法外，各县（市、区）和乡镇（街道）还可根据本地的实际情况，制定更符合本地实际的具体办法。

四、验收的内容

（1）村民选举委员会是否依法推选，选举经费是否落实。

（2）选举发动与村民教育是否充分，村民是否发动起来，是否认真培训选举骨干。

（3）是否严格按选举程序进行选举，督促指导是否及时有力，对出现的问题特别是突发性、群体性等重大事件能否及时处理，整个换届选举工作是否平稳、有序。

（4）是否配合开展选举观察工作。

（5）所有村民委员会、村民代表、村民小组长、村务监督机构是否都按时进行了换届（选出），选举是否合法有效，是否选出了大多数村民满意的村民委员会领导班子。

（6）村民委员会、村民代表、村民小组长、村务监督机构的工作交接是否及时、顺利。

（7）村民委员会及下设的专门工作机构是否健全，是否建立健全了村民会议和村民代表会议制度，民主监督、民主管理、民主决策工作如何。

（8）选举资料的整理、立卷归档情况如何。

（9）其他必要事项。

第二节　立卷归档

市、县、镇、村四级都要建立相应的村民委员会选举工作档案。选举工作中形成的文件、材料、各种表格是选举工作的真实记录，应及时收集整理，分类装订成册，专门保管。村的选举工作档案可以由村民委员会指定专人保管。

一、县、镇选举工作档案主要内容

（1）上级和有关部门关于选举工作的文件、领导讲话。

（2）关于成立选举领导、指导机构的决定及组成人员名单，选举办公室工作人员名单，驻村帮扶人员名单。

（3）选举工作意见、计划、要求、决定、会议通知、议程、会议记录等。

（4）选举工作的报告、请示、批复、重要问题的处理、选举经费的预决算。

（5）选举骨干培训材料，包括培训内容、方案和参训人员名单。

（6）选举宣传提纲、宣传材料和标语。

（7）选举工作计划、方案、安排、要求。

（8）选举观察制度实施情况。

（9）选举工作简报和情况通报。

（10）检查验收选举工作的材料。

（11）选举工作中的各种统计表。

（12）选举结果报告表和当选人员名册。

（13）突发性、群体性等重大事件处置情况。

（14）选举来信来访记录、原始材料和处理结果。

（15）当选证书、工作证、参选证以及各种选票样式等。

（16）选举工作总结。

（17）选举前期准备工作中的调研情况。

（18）其他有关选举的材料、资料。

二、村级选举工作档案主要内容

（1）乡镇以上党委、政府有关选举工作的文件。

（2）村民选举委员会成员名单及推选情况材料。

（3）村选举工作实施方案。

（4）宣传发动工作及宣传材料。

（5）发布的有关选举公告。

（6）参选村民登记册。

（7）上一届村民委员会成员、村民代表、村民小组长、村务监督委员会成员花名册、待遇情况。

（8）候选人提名票和提名大会资料、候选人确定公告。

（9）参选证、委托投票证、选票样式。

（10）投票选举大会议程或者中心投票站投票流程、有关工作人员名单。

（11）选票及检票结果统计。

（12）选举情况报告单。

（13）本届村民委员会成员、村民代表、村民小组长、村务监督委员会成员花名册。

（14）村民委员会下设委员会工作人员名单。

（15）村民委员会任期目标及职责分工。

（16）村民委员会选举工作会议记录及其他记录。

（17）任期和离任审计、民主评议结果。

（18）工作移交情况。

（19）选举工作总结。

（20）其他有关选举的材料、资料。

地市的工作档案内容可自行确定。各级立卷归档具体做法参照省档案局和省民政厅联合下发的有关文件执行。

××村第××届村民委员会选举情况报告单

××县(市、区)及××乡镇村民委员会选举工作指导组:

遵照《中华人民共和国村民委员会组织法》和《广东省村民委员会选举办法》的精神,按照县人民政府统一部署,我村第××届选举工作全部结束,现将情况报告如下:

选举日:××××年××月××日。

本村有选举资格的村民数:××人,本届参选村民数:××人,参加投票的参选村民数:××人。

应选名额:主任××名、副主任××名、委员××名。

参加提名投票选举参选村民数××人,提名票××张;初步候选人人数:主任××人、副主任××人、委员××人。

正式候选人名单:

主　任:×××、×××;

副主任:×××、×××;

委　员:×××、×××、×××、×××。(采用无候选人选举方式的,免)

初步候选人公布日期:××月××日;

正式候选人公布日期:××月××日;

(采用无候选人选举方式的,免)

投票选举(提名投票选举)日期:××月××日。

选举方式:

一、实行无候选人的选举方式;

二、直接提名产生候选人再正式投票选举:

1. 一次性选举主任、副主任、委员;

2. 先选举主任、副主任,后选举委员;

3. 先选举委员,后选举主任、副主任。

投票方式:

一、采取投票选举大会的形式进行;

二、采取中心投票站和分投站的形式进行。

投票情况:主持人×××,总监票人×××,唱票人×××,计票人×××,监票人×××。其他工作人员姓名:×××……投票箱数:××个,主会场(中心投票站)用××个、投票站用××个、流动票箱××个。开票箱地点:××。开票箱日期:××月××日。

发出选票××张,收回选票××张,其中有效票××张、无效票××张。

大会主持人宣布的当选人姓名及得票数:

主　任:×××,得票××;

副主任:×××,得票××;

委　员:×××,得票××;×××,得票××;×××,得票××。

正式公布的选举结果:

主任×××,副主任×××,委员×××。

村民代表选举情况：
全村总户数××户，村民代表数××人。
村民小组长选举情况：
组长××人，副组长××人。
村务监督委员会选举情况：
主任×××，委员×××。
选举中有（无）扰乱、破坏选举工作行为。（如有，写明如何处理。）

××村第××届村民选举委员会
××××年××月××日

××村第××届村民委员会成员花名册

××县（市、区）××乡（镇）××村村民委员会　　　　××××年××月××日

姓名	职务	性别	年龄	民族	政治面貌	文化程度	上届职务

说明：
1. 政治面貌指参加何种党派组织；
2. 上届职务指村党支部、村民委员会成员、党小组长、村民小组长、村民代表、村务监督委员会成员等。

××村第××届村民委员会各村民小组长花名册

××县（市、区）××乡（镇）××村村民委员会　　　　××××年××月××日

组别	姓名	职务	性别	年龄	民族	政治面貌	文化程度	上届职务

说明：
1. 政治面貌指参加何种党派组织；
2. 上届职务指村党支部、村民委员会成员、党小组长、村民小组长、村民代表、村务监督委员会成员等。

××村第××届村民委员会村民代表花名册

××县（市、区）××乡（镇）××村村民委员会　　　　××××年××月××日

组别	姓名	职务	性别	年龄	民族	政治面貌	文化程度	上届职务

说明：

1. 政治面貌指参加何种党派组织；
2. 上届职务指村党支部、村民委员会成员、党小组长、村民小组长、村民代表、村务监督委员会成员等。

三、档案的保管期限

县（市、区）、乡镇所建立的村民委员会选举档案，应长期、分别保存，以备查。

第三节　工作总结

村民委员会选举工作结束后，省、市、县、镇四级都应该认真进行总结，写出书面总结报告，向上一级汇报。县、镇选举工作指导组还应向同级党委、人大、政府汇报本届选举工作的情况、问题和基本经验，接受党委、政府的检查，接受人大的监督，以便更好地指导下一次的村民委员会换届选举工作。

各级民政部门应对本届选举的村民委员会成员的基本情况进行统计，报上级民政部门备案。

随后，各级村民委员会选举工作领导（指导）小组的任务基本完成并撤销，村民委员会的日常建设工作由民政部门负责。

第十七章 村民委员会换届选举信访处理

村民委员会换届选举是农村基层民主政治生活中的一件大事,为广大农村基层党员、群众所密切关注,并由此引发了不少信访问题。

一、村民委员会换届选举信访件的处理依据和主体

《信访条例》第二条规定:"本条例所称信访,是指公民、法人或者其他组织采用书信、电子邮件、传真、电话、走访等形式,向各级人民政府、县级以上人民政府工作部门反映情况,提出建议、意见或者投诉请求,由有关行政机关处理的活动。采用前款规定的形式,反映情况,提出建议、意见或者投诉请求的公民、法人或者其他组织,称信访人。"

《选举办法》第五条规定:"村民委员会的换届选举工作由省人民政府统一部署,由设区的市和不设区的市、市辖区、县、自治县人民政府组织实施,各级人民政府主管部门负责日常工作。"第三十七条规定:"任何组织和个人不得有下列行为:(一)以暴力、威胁、欺骗、诽谤等手段致使村民、候选人不能依法行使选举权和被选举权;(二)用金钱或者其他手段贿赂村民、候选人或者选举工作人员;(三)涂改、伪造选票或者虚报选票数;(四)妨害村民选举委员会和选举工作人员履行职责。村民对前款所列情形有权向乡、民族乡、镇村民委员会换届选举工作指导小组,乡、民族乡、镇人民代表大会和人民政府,不设区的市、市辖区、县、自治县人民代表大会常务委员会和人民政府及其有关主管部门举报,有关机关应当负责调查并依法处理。"第四十九条规定:"违反本办法第三十七条规定,采取不正当手段当选村民委员会成员的,由不设区的市、市辖区、县、自治县人民政府主管部门或者乡、民族乡、镇人民政府宣布其当选无效;违反《中华人民共和国治安管理处罚法》的,由公安机关依法处理;构成犯罪的,依法追究刑事责任。"

《信访条例》第三十三条规定:"信访事项应当自受理之日起 60 日内办结;情况复杂的,经本行政机关负责人批准,可以适当延长办理期限,但延长期限不得超过 30 日,并告知信访人延期理由。法律、行政法规另有规定的,从其规定。"第三十四条规定:"信访人对行政机关作出的信访事项处理意见不服的,可以自收到书面答复之日起 30 日内请求原办理行政机关的上一级行政机关复查。收到复查请求的行政机关应当自收到复查请求之日起 30 日内提出复查意见,并予以书面答复。"第三十五条规定:"信访人对复查意见不服的,可以自收到书面答复之日起 30 日内向复查机关的上一级行政机关请求复核。收到复核请求的行政机关应当自收到复核请求之日起 30 日内提出复核意见。……信访人对复核意见不服,仍然以同一事实和理由提出投诉请求的,各级人民政府信访工作机构和其他行政机关不再受理。"

村民委员会换届选举信访件的处理按照《信访条例》《选举办法》等规定进行。

县、镇两级对村民委员会换届选举工作负有直接组织指导责任和仲裁权力，是处理村民委员会换届选举信访（上访）件的主体。

二、村民委员会换届选举信访件的处理程序

1. 到县、镇两级的信访件的处理

县、镇两级按照《选举办法》第三十七条、第四十九条的规定进行查处并直接答复信访者。

2. 越级到省、地市的信访件的处理

凡是越级到省、地市的信访件，均转给县、镇两级进行查处并直接书面答复信访者，县、镇两级不能不处理，不能不答复，也不能延期处理和答复，逾期不处理、不答复、不办理的，省、地市按照程序进行追责；省、地市只按照《信访条例》第三十四条、第三十五条的规定进行复查、复核；经过《信访条例》第三十五条规定的程序，进行信访终结。

三、信访工作原则

（1）属地管理、分级负责，谁主管、谁负责。
（2）诉访分离、分类处理。
（3）依法、及时、就地解决问题与预防、疏导教育相结合。
（4）公平、公正、公开、有序、便民。

四、信访事项提出

信访人提出信访事项，应当分别向有权处理的人民代表大会常务委员会信访工作机构、人民政府信访工作机构、人民政府工作部门、人民法院、人民检察院提出。

（1）信访人可以向县级以上人民代表大会常务委员会信访工作机构提出以下信访事项：对本级或者下一级人民代表大会及其常务委员会通过的地方性法规或者决议、决定的建议、意见；对本级人民政府制定的规章或者规范性文件的建议、意见；对本级人民代表大会及其常务委员会、人民政府、人民法院、人民检察院工作的建议、意见；对本级人民代表大会及其常务委员会选举、决定任命、批准任命的国家机关工作人员的建议、意见或者对其职务行为的投诉；对本级人民代表大会代表、人民代表大会常务委员会组成人员、人民代表大会常务委员会机关工作人员的建议、意见或者对其职务行为的投诉；依法属于本级人民代表大会常务委员会职权范围内的其他信访事项。

（2）信访人可以向各级人民政府信访工作机构提出以下信访事项：对本行政区域内的政治、经济、文化、社会和生态建设的建议、意见；对本级人民政府执行法律法规、规章和本级人民代表大会及其常务委员会的决定、决议以及上级行政机关决定、命令方面的建议、意见；对本级人民政府及其工作部门发布的规章、规范性文件的建议、意见；对本级人民政府工作人员、本级人民政府工作部门负责人、下一级人民政府负责人的建议、意见或者对其职务行为的投诉；属于本级人民政府职权范围但不属于诉讼、仲裁和行政复议

等法定途径解决的诉求;本级人民政府复查、复核的信访事项;依法属于本级人民政府职权范围内的其他信访事项。

(3)信访人可以向县级以上人民政府工作部门提出以下信访事项:对该部门执行法律法规、规章及上级行政机关决定、命令等工作的建议、意见;对该部门制定的规范性文件的建议、意见;对该部门工作人员、下一级人民政府工作部门负责人的建议、意见或者对其职务行为的投诉;属于该部门职权范围但不属于诉讼、仲裁和行政复议等法定途径解决的诉求;该部门复查、复核的信访事项;依法属于该部门职权范围内的其他信访事项。

(4)信访人可以向人民法院、人民检察院提出以下信访事项:对本级人民法院、人民检察院及其工作人员的建议、意见;对本级或者下一级人民法院、人民检察院工作人员职务行为的投诉;依法应当由本级人民法院、人民检察院受理的不属于诉讼途径解决的其他信访事项。

(5)公民、法人以及其他组织就以下事项向国家机关请求权利救济的,应当依照诉讼、仲裁、行政复议等法定程序向有关机关提出:公民、法人以及其他组织之间的民事纠纷和国家机关参与民事活动引起的民事纠纷,当事人协商不成的,依照《中华人民共和国仲裁法》《中华人民共和国民事诉讼法》的规定向仲裁委员会申请仲裁或者向人民法院提起民事诉讼。对行政机关的具体行政行为不服的,依照《中华人民共和国行政复议法》《中华人民共和国行政诉讼法》等法律的规定向行政复议机关申请行政复议或者向人民法院提起诉讼。土地、林地、林木所有权和使用权纠纷,当事人协商不成的,依照《中华人民共和国土地管理法》《中华人民共和国森林法》的规定由有关人民政府处理。对有关人民政府的处理决定不服的,依照《中华人民共和国行政复议法》《中华人民共和国行政诉讼法》等法律的规定向行政复议机关申请行政复议或者向人民法院提起诉讼。农村土地承包经营纠纷,依照《中华人民共和国农村土地承包经营纠纷调解仲裁法》的规定请求村民委员会、乡(镇)人民政府等调解;当事人和解、调解不成或者不愿和解、调解的,向农村土地承包仲裁委员会申请仲裁或者向人民法院起诉。劳动者与用人单位之间的劳动纠纷,依照《中华人民共和国劳动争议调解仲裁法》的规定向调解组织申请调解;不愿调解、调解不成或者达成调解协议后不履行的,向劳动争议仲裁委员会申请仲裁;对不属于终局裁决的仲裁裁决不服的,向人民法院提起诉讼;对属于终局裁决的仲裁裁决不服的,向人民法院申请撤销裁决;对仲裁委员会作出的仲裁裁决不服的,依照《中华人民共和国仲裁法》《中华人民共和国民事诉讼法》的规定向人民法院申请撤销仲裁裁决或者裁定不予执行仲裁裁决;对人民法院已经发生法律效力的民事判决、裁定、调解书不服的,依照《中华人民共和国民事诉讼法》的规定向人民法院申请再审;人民法院驳回再审申请、逾期未对再审申请作出裁定或者再审判决、裁定有明显错误的,可以向人民检察院申请检察建议或者抗诉;对已经发生法律效力的行政或者刑事判决、裁定、决定不服的,依照《中华人民共和国行政诉讼法》《中华人民共和国刑事诉讼法》的规定向人民法院或者人民检察院提出申诉;法律、行政法规规定由法定途径解决的其他事项。

(6)信访人提出信访事项,一般应当采用网络、书信、传真、短信等形式;信访人提出投诉请求的,还应当载明信访人的姓名(名称)、联系方式和请求、事实、理由等。国家机关对采用口头形式提出的投诉请求,应当记录信访人的姓名(名称)、联系方式和请求、事实、理由等。

（7）信访人采用走访形式提出信访事项的，应当向依法有权处理的本级国家机关提出：信访事项属乡（镇）人民政府、街道办事处职权范围的，到乡（镇）人民政府、街道办事处的信访接待场所提出；信访事项属县（区、县级市）国家机关职权范围的，到县（区、县级市）国家机关的信访接待场所提出；信访事项属地级以上市国家机关职权范围的，到地级以上市国家机关的信访接待场所提出；信访事项属省国家机关职权范围的，到省国家机关的信访接待场所提出。

信访人应当以合法方式表达诉求，不得越级走访；信访人越级走访的，国家机关不支持、不受理。本级国家机关应当受理而不予受理或者受理后不依法处理的，信访人可以向其上一级国家机关提出；信访人未到有权处理的本级国家机关提出信访事项，直接向上级国家机关走访的，上级国家机关不予受理，告知其向本级国家机关提出。

信访人向当地信访工作机构或者其他国家机关提出属于上级国家机关职权范围的信访事项的，当地信访工作机构或者其他国家机关应当及时转送上级国家机关处理，并为信访人查询信访事项受理和办理情况提供帮助。

第二编
社区居民委员会选举规程指引

  按照《中华人民共和国城市居民委员会组织法》的规定，居民委员会是居民自我管理、自我教育、自我服务的基层群众性自治组织，其选举方式有直接选举、户代表选举、居民代表选举三种。广东省民政厅在坚持依法依规、居民自治的前提下，结合省内外及各地实践经验做法，组织编写了此指引，分别阐述了社区居民委员会三种选举方式的操作方法，具体指导全省第六届社区居民委员会换届选举工作。

第一章 基本要求

第一节 社区居民委员会选举的法律基础

《中华人民共和国宪法》（以下简称《宪法》）、《中华人民共和国城市居民委员会组织法》（以下简称《居组法》）、《广东省实施〈中华人民共和国城市居民委员会组织法〉办法》以及国家和省相关法律法规、政策文件共同构成我省社区居民委员会选举的法律基础。

一、《宪法》

《宪法》作为我国的根本大法，具有最高法律效力。《宪法》第一百一十一条规定："城市和农村按居民居住地区设立的居民委员会或者村民委员会是基层群众性自治组织。居民委员会、村民委员会的主任、副主任和委员由居民选举。"对居民委员会性质、居民委员会选举作出了原则性规定。

二、《居组法》

《居组法》是居民自治的基本法。《居组法》第二条规定："居民委员会是居民自我管理、自我教育、自我服务的基层群众性自治组织。"第七条规定："居民委员会由主任、副主任和委员共五至九人组成。多民族居住地区，居民委员会中应当有人数较少的民族的成员。"第八条规定："居民委员会主任、副主任和委员，由本居住地区全体有选举权的居民或者由每户派代表选举产生；根据居民意见，也可以由每个居民小组选举代表二至三人选举产生。居民委员会每届任期三年，其成员可以连选连任。年满十八周岁的本居住地区居民，不分民族、种族、性别、职业、家庭出身、宗教信仰、教育程度、财产状况、居住期限，都有选举权和被选举权；但是，依照法律被剥夺政治权利的人除外。"

三、地方性配套法规

《广东省实施〈中华人民共和国城市居民委员会组织法〉办法》（2014年修正）第五条规定："居民委员会由主任、副主任和委员共5至9人组成，户数在1000户以下的可以设5人，户数在1000至2000户的可以设7人，户数在2000户以上的可以设9人。居民委员会成员可以根据需要安排为专职或者兼职。"第六条规定："居民委员会主任、副主任和委员应当按照《居民委员会组织法》第八条规定选举产生。居民委员会可以根据实际需要聘用若干人，办理日常工作。在本居民委员会工作的非本居住区的本市居民可以作为居民委员会成员候选人。"第七条规定："居民委员会可以分设若干居民小组。居民小组长由户代表会议推选，由年满 18 周岁以上且具有行为能力的居民担任，居民委员会成员也可以兼任居民小组长。"这些规定是我省居民委员会选举的具体法律规定。此外，由于居民委员会与村民委员会都是基层群众性自治组织，我省村民委员会相关法律法规和规范性文件，如《广东省实施〈中华人民共和国村民委员会组织法〉办法》《广东省村民委员会选举办法》《广东省村务公开条例》《广东省村务监督委员会工作规则》等，为开展居民委员会选举提供了参照。

四、中央和省的相关政策

基层群众自治制度是我国社会主义政治三大基本制度之一，中央的重要文件和领导讲话都强调必须坚持基层群众自治制度。

党的十七大提出："要坚持中国特色社会主义政治发展道路，坚持党的领导、人民当家作主、依法治国有机统一，坚持和完善人民代表大会制度、中国共产党领导的多党合作和政治协商制度、民族区域自治制度以及基层群众自治制度，不断推进社会主义政治制度自我完善和发展。"首次确立了基层群众自治制度的地位。

党的十八大提出："要健全基层党组织领导的充满活力的基层群众自治机制，以扩大有序参与、推进信息公开、加强议事协商、强化权力监督为重点，拓宽范围和途径，丰富内容和形式，保障人民享有更多更切实的民主权利。"

党的十八届三中全会提出："发展社会主义民主政治，必须以保证人民当家作主为根本，坚持和完善人民代表大会制度、中国共产党领导的多党合作和政治协商制度、民族区域自治制度以及基层群众自治制度，更加注重健全民主制度、丰富民主形式，从各层次各领域扩大公民有序政治参与，充分发挥我国社会主义政治制度优越性。"

党的十八届四中全会提出："以保障人民当家作主为核心，坚持和完善人民代表大会制度，坚持和完善中国共产党领导的多党合作和政治协商制度、民族区域自治制度以及基层群众自治制度，推进社会主义民主政治法治化。加强社会主义协商民主制度建设，推进协商民主广泛多层制度化发展，构建程序合理、环节完整的协商民主体系。完善和发展基层民主制度，依法推进基层民主和行业自律，实行自我管理、自我服务、自我教育、自我监督。"

党的十八届五中全会审议通过了《中共中央关于制定国民经济和社会发展第十三个五年规划的建议》，提出："加强和创新社会治理，推进社会治理精细化，构建全民共建共享的社会治理格局。"《中共中央关于制定国民经济和社会发展第十三个五年规划的建议》提出："加强和创新社会治理。建设平安中国，完善党委领导、政府主导、社会协同、公众参与、法治保障的社会治理体制，推进社会治理精细化，构建全民共建共享的社会治理格局。健全利益表达、利益协调、利益保护机制，引导群众依法行使权利、表达诉求、解决纠纷。增强社区服务功能，实现政府治理和社会调节、居民自治良性互动。"

党的十八届六中全会提出"必须把坚持全心全意为人民服务的根本宗旨、保持党同人民群众的血肉联系作为加强和规范党内政治生活的根本要求。全党必须贯彻党的群众路线，为群众办实事、解难事，当好人民公仆。坚持问政于民、问需于民、问计于民"，

"党的基层组织要监督党员切实履行义务,维护和执行党的纪律"。

2012年12月,习近平总书记在首都各界纪念现行宪法公布施行三十周年大会上的讲话指出:"国家的根本制度和根本任务,国家的领导核心和指导思想,工人阶级领导的、以工农联盟为基础的人民民主专政的国体,人民代表大会制度的政体,中国共产党领导的多党合作和政治协商制度、民族区域自治制度以及基层群众自治制度,爱国统一战线,社会主义法制原则,民主集中制原则,尊重和保障人权原则,等等,这些宪法确立的制度和原则,我们必须长期坚持、全面贯彻、不断发展。"

国家部委和省的政策文件,对居民委员会选举提出了具体指导,如《民政部〈关于切实做好城市社区居民委员会换届选举工作的通知〉》(民函〔2009〕43号)、《中共广东省委办公厅 广东省人民政府办公厅〈关于加强城市社区居民委员会规范化建设的实施意见〉》(粤办发〔2011〕22号)等。此外,《中共中央办公厅 国务院办公厅〈关于加强和改进村民委员会选举工作的通知〉》(中办发〔2009〕20号)、《中共中央纪委 中共中央组织部 民政部〈关于认真解决村级组织换届选举中"贿选"问题的通知〉》(组通字〔2006〕30号)、《中共中央组织部 民政部〈关于进一步严肃村"两委"换届工作纪律的通知〉》(组通字〔2010〕59号)等也提供了相关政策规定。

第二节　社区居民委员会选举的基本原则

根据《宪法》《居组法》《广东省实施〈中华人民共和国城市居民委员会组织法〉办法》《广东省村民委员会选举办法》等规定,社区居民委员会选举应当遵循以下八项原则。

一、党的领导原则

社区居民委员会选举工作,必须在中国共产党各级委员会的领导下依法依规进行。在宏观上,全省社区居民委员会换届选举,由省委、省政府统一部署,各级党委、政府组织实施;在微观上,社区基层党组织的领导贯彻社区居民委员会换届选举全过程。

二、普遍选举权原则

年满18周岁、未被剥夺政治权利的公民,均有选举权和被选举权,不受民族、种族、性别、家庭出身、宗教信仰、教育程度、财产状况等限制。

三、平等选举权原则

就享有选举权的主体实现权力的效力而言,所有选民在平等的基础上参加选举,每人一届只有一次投票权,所有有效选票效力一样。

四、属地参与原则

参加社区居民委员会选举的居民,一般是本居住社区居民,在本社区工作的各级派驻人员、社区工作者、社区民警、群团组织负责人等也可以参加该社区居民委员会选举。

五、差额选举原则

社区居民委员会成员（主任、副主任、委员）的候选人名额应当多于应选人名额。

六、竞争选举原则

候选人或其他有意竞选的居民为了争取参选居民的信任，在不违背有关法律法规和政策的前提下，可以在社区选举组织机构的组织下开展履职承诺、自我宣传、公平竞争活动。

七、秘密写票原则

投票选举时，应当设立秘密写票处，参选居民可以不受他人意志干扰填写选票，且选票上不署名、不记名，使参选居民能够充分表达自己的真实意愿。

八、公开计票原则

社区居民委员会选举实行公开监票、唱票、计票，当场公布投票结果、选举结果。

第二章　选举准备

根据《居组法》规定，社区居民委员会任期三年，届满应及时换届。在启动换届选举之前，应该认真做好调查摸底、民主评议、责任审计、组织部署、落实经费等准备工作，为社区居民委员会顺利开展换届选举打好基础。

第一节　调查摸底

调查摸底，目的是充分掌握社情民意，了解社区居民委员会的建设情况和存在问题，了解基层干部和群众的思想动态，听取他们对社区居民委员会换届选举的意见、建议，从而有助于对选情作出正确研判，采取切合实际的工作举措等。

一、组织领导

省、市、区（市、县）、街道（乡镇）、社区都要组织开展选举调查，对本区域内社区居民委员会相关情况、民情、舆情等进行全面调查。其中区（市、县）、街道（乡镇）、社区三级是调查摸底的重点，区（市、县）组织、民政等相关部门和街道（乡镇）要组织对每个社区进行摸底排查，进行必要的统计、分析、研判。社区基层党组织也要开展必要的调查分析，掌握社情民意。

二、基本内容

1. 区（市、县）、街道（乡镇）层面调查的内容

区（市、县）、街道（乡镇）层面的调查主要围绕换届选举工作，摸清本行政区域内社区居民委员会的基本情况、历届选举情况和干部群众的思想状态等，包括以下九个方面的内容。

（1）社区居民委员会辖区人口规模、户数、居民小组数、居民小组长和副组长数、居民代表数等。

（2）社区居民委员会成员的职数、职务、性别、年龄、文化程度、民族、政治面貌，任职届期内的罢免、辞职、职务自行终止、补选情况，目标责任制完成情况；居民小组长、副组长、居民代表、居务监督机构成员等履职情况；群众的评价等。

（3）街道办事处、驻社区单位、社区组织、物业服务企业等与社区居民委员会的相互关系等。

（4）省、市、区（市、县）、街道（乡镇）四级对社区"两委"办公经费、社区工作者薪酬待遇经费的落实情况。

（5）街道（乡镇）、社区工作者和社区居民群众对选举工作的认识。

（6）上届换届选举中难点社区的情况，本届选举中可能存在的难点社区、难点问题。

（7）上届换届选举法制宣传教育情况、违规违纪与信访问题处置情况。

（8）上届换届选举的经验和教训。

（9）研究分析本届换届选举可能会出现的新情况、新问题，研究解决这些问题的办法和对策。

2. 社区层面调查的内容

社区层面的调查主要包括以下四个方面的内容。

（1）社区居民的思想动态、社区居民委员会成员的工作情况、群众关注的突出问题。

（2）社区居住人口变化情况，非户籍常住人口、人户分离等情况。

（3）了解本届换届选举更适宜采取何种选举方式。

（4）研究分析本届换届选举可能出现的问题和应对措施。

三、工作方法

省、市、区（市、县）、街道（乡镇）、社区五个层面的调查摸底工作，应有所侧重和区别。区（市、县）以上的调查（调研）应当有覆盖辖区的调查统计，并且选取不同类型、有代表性的街道（乡镇）进行实地调研；街道（乡镇）应当对辖区内所有社区全面调查，逐一建立工作台账，汇总归纳、研究分析；社区的调查方法应该根据实际需要而定。主要有以下四种调查方法。

（1）座谈会。如召开基层领导干部座谈会、基层党员座谈会、社区工作者座谈会、居民代表座谈会、社区居务监督委员会成员座谈会、群众代表座谈会、驻村单位代表座谈会等。

（2）走访。如登门走访、个别谈心、随机访问等。

（3）调阅档案。对往届选举档案资料进行查阅、分析。

（4）问卷调查。根据调查目的设计调查问卷，发给调查对象填写，并回收、统计分析。调查问卷样式如下：

调查问卷

（参考样式）

社区居民委员会选举调查问卷一（居民）

性别_____ 年龄_____ 文化程度_____ 是否当过社区居民委员会成员_____

1. 对现任社区居民委员会主任是否满意？（请在括号里打"√"，下同）

（1）满意（　　）　　　　　（2）不满意（　　）

如果不满意，原因是什么？（可多项选择）
(1) 以权谋私，办事不公道（　　）
(2) 工作能力差，不敢抓工作（　　）
(3) 态度粗暴，说假话空话（　　）
(4) 不办实事，不关心群众疾苦（　　）
(5) 长期外出，疏于工作（　　）
(6) 违法乱纪（　　）
(7) 其他：_____

2. 你认为现任社区居民委员会主任能否连选连任？
   (1) 能（　　）　　　　(2) 不能（　　）
3. 你认为社区居民委员会主任最合适的人选是谁？_____
4. 你认为社区党组织、社区居民委员会班子是否团结？
   (1) 团结（　　）　　　　(2) 不团结（　　）
5. 你是否知道社区居民委员会成员有哪几位？
   (1) 知道（　　）　　　　(2) 不知道（　　）
6. 你认为采取哪种选举方式比较好？
   (1) 居民直接投票选举方式（　　）
   (2) 户代表投票选举方式（　　）
   (3) 居民代表投票选举方式（　　）
7. 你认为这次选举可能会遇到哪些问题？（可多项选择）
   (1) 居民参与热情低（　　）
   (2) 宗族势力影响大（　　）
   (3) 居民矛盾纠纷多（　　）
   (4) 候选人居民信任度低（　　）
   (5) 空挂户、外来人口多（　　）
   (6) 街道干预（　　）
   (7) 其他：_____
8. 你认为本社区居民代表平时是否发挥作用？
   (1) 有作用（　　）　　　　(2) 作用不大（　　）
   (3) 没有作用（　　）
9. 你对你们的居民小组组长印象如何？
   (1) 好（　　）　　(2) 一般（　　）　　(3) 差（　　）
10. 你认为当前群众反映最强烈的问题是什么？
    (1) _____
    (2) _____
11. 你认为上次选举有哪些不妥的做法？
    (1) _____
    (2) _____

12. 你对本次换届选举有什么建议?
    (1) _____
    (2) _____

社区居民委员会选举调查问卷二（社区工作者）

性别_____ 年龄_____ 文化程度_____ 政治面貌_____ 现任职务_____

1. 你是否愿意继续当社区居民委员会成员?
   (1) 愿意（   ）　　　(2) 无所谓（   ）　　　(3) 不想当（   ）
2. 你认为社区居民委员会成员是否团结协作?
   (1) 团结（   ）　　　(2) 不团结（   ）
3. 你认为现任社区居民委员会主任能否连选连任?
   (1) 能（   ）　　　(2) 不能（   ）
4. 你认为目前本社区有哪些群众反映强烈的问题没有解决?
   (1) _____
   (2) _____
   (3) _____
5. 你认为这次选举可能会遇到哪些问题?（可多项选择）
   (1) 居民参与热情低（   ）
   (2) 宗族势力影响大（   ）
   (3) 居民矛盾纠纷多（   ）
   (4) 候选人居民信任度低（   ）
   (5) 空挂户、外来人口多（   ）
   (6) 街道干预（   ）
   (7) 其他：_____
6. 你认为采取哪种选举方式比较好?
   (1) 居民直接投票选举方式（   ）
   (2) 户代表投票选举方式（   ）
   (3) 居民代表投票选举方式（   ）
7. 上届选举有没有出现请客吃饭等拉票的情况?
   (1) 有（   ）　　　(2) 没有（   ）
8. 上届选举有没有公开组织开展竞选活动?
   (1) 有（   ）　　　(2) 没有（   ）
9. 你认为上届社区选举委员会组织选举工作是否公正?
   (1) 公正（   ）　　　(2) 不公正（   ）
10. 你认为本社区居民小组长、居民代表作用发挥如何?
    (1) 好（   ）　　　(2) 一般（   ）　　　(3) 差（   ）

11. 你认为上次选举有哪些不妥或者值得注意的地方?
   (1) _____
   (2) _____
12. 你对本次换届选举有什么建议?
   (1) _____
   (2) _____

社区居民委员会选举调查问卷三(街道干部)

姓名_____ 职务_____ 年龄_____ 文化程度_____

1. 本街道(乡镇)辖有_____个社区居民委员会。其中,班子整体素质好的有_____个,一般的有_____个,差的有_____个。

2. 本街道(乡镇)现任社区居民委员会主任有_____个,有_____个本次选举可能落选。

3. 上次选举中,本街道(乡镇)辖区直接选举的社区有_____个,户代表选举的社区有_____个,居民代表选举的社区有_____个。

4. 本次换届选举,你认为本街道(乡镇)辖区有_____个社区可以采取直接选举方式。

5. 你认为社区采取直接投票选举方式有哪些困难?
   (1) _____
   (2) _____
   (3) _____

6. 你认为本次选举最大的问题是什么?(可多项选择)
   (1) 居民参与热情低 (   )
   (2) 宗族势力影响大 (   )
   (3) 居民矛盾纠纷多 (   )
   (4) 候选人居民信任度低 (   )
   (5) 空挂户、外来人口多 (   )
   (6) 没有合适人选 (   )
   (7) 其他: _____

7. 上届选举有没有出现以下现象?
   (1) 拉票贿选。
      有 (   )   没有 (   )
   (2) 群体性事件。
      有 (   )   没有 (   )

8. 你认为上届选举社区党组织发挥作用如何?
   (1) 好 (   )   (2) 一般 (   )   (3) 差 (   )

9. 你认为上次选举有哪些不妥或者值得注意的地方?
    (1) _____
    (2) _____
10. 你认为在本次换届选举中,街道(乡镇)及区(市、县)以上政府应如何更好地发挥作用?
    (1) _____
    (2) _____

第二节　民主评议

民主评议是居民自治中民主监督的重要内容,既是为了保障和落实社区居民的监督权,也是为了加强和改进社区居民委员会建设,促进社区居民委员会成员廉洁自律、履行职责。

一、组织

民主评议工作由社区居务监督委员会主持,未成立社区居务监督委员会的由社区党组织主持,街道指导和监督。

二、对象

民主评议的对象包括社区居民委员会及其成员、受薪的其他社区工作者。

三、形式

以居民会议、居民代表会议为主要形式,也可辅以问卷调查、群众访谈、随机暗访、接受质询等手段。必要时可听取街道办事处、驻社区单位、社区群团组织、社区社会组织等评议意见。

四、内容

重点是落实法律法规和方针政策、执行居民(代表)会议决议和社区居民委员会工作安排、协助街道开展工作、工作态度、工作成效、服务群众、公道廉洁等。

五、程序

1. 评议对象述职

评议对象分别从自身工作职责、履行职责、存在问题及今后努力方向等方面实事求是地向参评人员述职。

2. 参评人员询问

由参评人员向每名评议对象进行询问,评议对象如实回答参评人员提出的问题。

3. 民主评议

参评人员独立填写民主评议意见表，填完后投入票箱。

4. 汇总核实

社区居务监督委员会（或社区党组织）对评议结果进行汇总，对评议中反映出来的问题进行分析，在作出必要的核实后，形成针对班子和个人的评议报告，提交街道党工委、办事处。

5. 反馈公布评议结果

将评议结果向评议对象本人反馈，向社区党组织、社区居民委员会和居民（代表）会议通报，并在居务公开栏中予以公布。

6. 建档备案

将民主评议结果收集归档，存入社区档案。

六、等次划分

在民主评议时，对社区居民委员会工作按满意、基本满意、不满意三个等次进行评价，对社区居民委员会成员和其他社区工作者按优秀、称职、基本称职、不称职四个等次进行评价。

七、结果运用

民主评议的结果要与社区居民委员会成员的奖惩直接挂钩，对被评为满意的社区居民委员会和优秀的社区居民委员会成员，街道可以给予精神上或物质上的鼓励和奖励；对被评为不满意的社区居民委员会，可以进行通报批评等；对被评为不称职的社区居民委员会成员，不宜推荐为新一届社区居民委员会成员候选人人选；连续两次被评议不称职的社区居民委员会成员，其职务自行终止；对被评为不称职的其他受薪社区工作者，应给予警告或劝退。

第三节　责任审计

在撤村民委员会改居民委员会的地方，凡农村集体经济改制没有完成的，应该开展社区居民委员会成员任期和离任经济责任审计。有条件的社区居民委员会也应当开展任期和离任经济责任审计，具体操作可以参照《村组法》的相关规定。

一、审计目的

实行任期和离任经济责任审计的目的是监督"村改居"社区居民委员会成员正确执行党和国家的财政经济方针、政策，严肃财经法纪，促进"村改居"社区居民委员会成员尽职尽责，严格履行经济责任；提高社区经济事务管理的透明度，提高社区居民对各级政府拨付社区居民委员会管理使用的财物监督力度，确保居民群众的知情权、监督权。

二、审计内容

（1）本社区财务收支情况。
（2）本社区债权债务情况。
（3）政府拨付和接受社会捐赠的资金、物资的管理和使用情况。
（4）本社区生产经营和建设项目的发包管理以及公益事业建设项目招标投标情况。
（5）本社区资金管理使用以及本社区集体资产、资源的承包、租赁、担保、出让情况，征地补偿费的使用、分配情况。
（6）本社区五分之一以上的居民要求审计的其他事项。

三、审计重点

审计的重点是财务收支、债权债务情况。有无因重大决策使集体财产造成严重损失；有无以权谋私、贪污、挪用公款、行贿、受贿等违法行为；有无违反中央、省、市、县关于廉政建设的有关规定；有无违反财政、财务收支规定和违反法律法规的其他行为。包括一般审计和专项审计。

（1）一般审计。包括集体资产管理使用、财务预决算、财务收支、生产经营和建设项目的发包管理、集体的债权债务、上级拨款或接收社会捐赠的资金、物资使用情况。
（2）专项审计。包括"村改居"社区居民负担及群众要求审计的其他热点问题。

四、审计程序

由省统一部署，区（市、县）人民政府财政等部门组织实施，街道（乡镇）人民政府负责落实，审计结果应当公布，其中离任经济责任审计结果应当在下一届"村改居"社区居民委员会选举之前公布。

（1）省人民政府财政等有关部门发出通知，统一部署。
（2）区（市、县）人民政府财政等部门和街道（乡镇）负责组织实施，提出时间要求，审计结果及时张榜公布。在完成审计前，不得开展被审计社区居民委员会换届选举。街道（乡镇）成立审计工作领导小组，财政服务中心或农经站具体组织完成审计工作；也可以采取政府购买服务方式，委托具有审计资质的社会中介机构审计。
（3）对审计有争议的"村改居"社区，应当及时组织召开居民（代表）会议讨论审计问题。审计方式主要有以下四种：①推选本社区懂财务的居民组成本社区审计组配合审计；②街道（乡镇）纪检、农经组成联合审计组，并吸收社区居民代表参与审计；③请区（市、县）农业、财政等部门派人审计；④委托具有审计资格的专业审计机构审计。
（4）"村改居"社区居民委员会对居民（代表）会议的审计决定，应及时组织实施，不得拖延，街道办事处予以督促。
（5）审计结果及时召开居民（代表）会议公布并张榜公布。

审计后至换届选举结束交接前，"村改居"社区的每笔大额开支应经社区居务监督委员会按照财务管理规定审核后方可支出，每笔开支应在月底及时公开。超过半年的，应对上次审计后发生的财务收支进行审计。

审计所需费用，由区（市、县）、街道（乡镇）、"村改居"社区共同解决。

五、审计方法

（1）查账本，看账目是否符合财务规定。
（2）查财产实物总账，看账物是否相符。
（3）查现金账表，看是否出现现金管理混乱的问题。
（4）查往来账表，看内外债权债务。
（5）查收支账，看收入是否入账、开支是否合理。
（6）查项目工程，看是否按规定公开投标和履行合同规定。

六、注意事项

（1）要确保审计工作公开、公平、公正。要严格规范审计工作程序，严肃审计工作纪律，审计结果要及时公开，接受群众监督。
（2）要分清问题的性质，分别作出处理。审计审出问题的，要分清问题的性质分别作出处理。违规要进行整改；违纪按违纪处理；违法要追究法律责任；涉嫌犯罪的，及时移交司法机关立案调查。处理不依法依规的，应予以纠正。
（3）要充分尊重群众意见。当事人正在接受处理或处理后居民仍抵制选举的，要尽快作出处理结果或检查处理是否依法、得当。大多数居民有意见的，要重新调整处理；依法依规公正处理后，居民仍有意见的，要做好疏导工作，直到大多数居民同意选举为止。
（4）要严格奖惩。离任审计与民主评议结果要与社区居民委员会成员的推荐使用直接挂钩，审计不过关、民主评议被评为不称职的，不能推荐为新一届社区居民委员会成员的候选人人选。
（5）特殊情况的处理。如果争议过大，或因历史遗留问题等原因不能如期完成审计工作，为了不影响统一换届，经区（市、县）人民政府同意，可以边审计边换届。

第四节　组织部署

社区居民委员会换届选举工作由省人民政府统一部署，各级要建立由党委、人大和政府领导挂帅，有关部门参与，民政部门组织协调的换届选举工作机构，组织开展部署工作。

一、选举指导机构及职责

1. 省级村、社区"两委"换届选举工作联席会议的主要职责

（1）宣传贯彻居（村）民自治法律法规和省的政策文件。
（2）确定社区居民委员会统一换届选举的时间、期限。
（3）动员部署、统筹指导全省社区居民委员会选举工作。
（4）开展选举工作骨干示范培训。

（5）编印选举工作简报。

（6）组织开展选举观察。

（7）接待群众咨询和信访。

（8）汇总选举报表、数据，进行选举总结和通报。

（9）其他相关工作。

2. 地级以上市换届选举指导机构的主要职责

（1）落实省有关社区居民委员会换届选举工作精神，具体部署本辖区内社区居民委员会换届选举工作。

（2）对区级社区居民委员会换届选举工作进行指导、检查、督促。

（3）培训换届选举工作人员。

（4）组织开展选举观察。

（5）接待群众咨询和信访。

（6）总结换届选举工作，汇总有关数据并上报。

3. 不设区的市（县）、市辖区换届选举指导机构的主要职责

不设区的市（县）、市辖区社区居民委员会换届选举工作指导小组，由区（市、县）党委、人大、政府及相关职能部门的主管领导组成，其中，正、副组长一般由区（市、县）党委、人大、政府的主管领导担任，成员一般由区（市、县）党委办、组织、纪检监察、宣传、人大法工委、农委、选联工委、内司委、政府办、公安、民政、司法、财政、农业、卫生计生、审计、信访以及共青团、妇联等单位负责人参加。下设办公室，负责选举的日常工作，一般由区（市、县）组织、民政负责人兼任办公室主任，办公地点设在组织部或民政局。其主要职责有以下十个方面。

（1）宣传、贯彻社区居民委员会换届选举法律法规和上级有关政策规定。

（2）组织开展社区居民委员会现状调查。

（3）部署辖区社区居民委员会换届选举工作，培训选举工作人员。

（4）指导社区居民选举委员会制定换届选举工作方案，确定选举时间。

（5）开展换届选举试点，总结试点工作经验。

（6）设计制定选票、选民证、委托投票证及选举用的各种文书、统计报表的样式。

（7）指导、监督辖区社区居民委员会换届选举工作，组织开展选举观察。

（8）依法仲裁选举争议，依法受理、调查处理、回复居民申诉、检举、控告和来信来访，依法查处和纠正选举违法违规现象。

（9）组织检查验收，交流选举经验，撰写换届选举总结，进行评比表彰。

（10）承办社区居民委员会换届选举工作中的其他事项。

4. 街道（乡镇）换届选举指导机构的职责

街道（乡镇）成立由街道（乡镇）党工委（党委）和街道办事处（乡镇）主要负责人担任组长的社区居民委员会换届选举工作领导（指导）小组，在区（市、县）换届选举指导小组的直接领导下，具体指导辖区社区居民委员会换届选举工作。其主要职责有以下九个方面。

（1）宣传和贯彻社区居民委员会换届选举法律法规和上级有关政策规定。

（2）具体部署、统筹、领导、指导和监督选举工作，配合上级做好选举观察工作。

（3）制定选举工作方案，规范选举文书、选票样式，并报区（市、县）人民政府民政部门备案。

（4）培训选举工作人员。

（5）依法认定选举争议，依法受理、调查处理、回复居民申诉、检举、控告和来信来访。

（6）指导、帮助完成社区居民委员会交接工作。

（7）指导建立健全选举工作档案。

（8）总结、交流选举工作经验。

（9）其他相关工作。

二、制定换届选举工作方案

不设区的市（县）、市辖区、街道（乡镇）都应当制定社区居民委员会换届选举工作方案，做好对换届选举工作的谋划安排。一般由区（市、县）民政部门联合有关部门，起草"××区（县、市）第××届社区居民委员会换届选举工作方案"，经征求意见、讨论修改和相关审议等程序后，由区（市、县）党委、政府或者人大常委会名义印发。街道（乡镇）的工作方案是对区（市、县）工作方案的再细化。区（市、县）换届选举工作方案应当包括以下四个方面的内容。

1. 指导思想

选举的指导思想应写明选举的依据、目的和重大意义。

2. 选举的时间要求

明确辖区社区居民委员会换届选举从××××年××月××日开始，历时多少天，至××××年××月××日结束。

3. 建立区（市、县）换届选举工作领导小组

4. 选举的程序及方法步骤

选举的程序和方法步骤是方案的主要内容，应包括以下八个方面。

（1）选举的准备工作。

（2）选举的宣传发动、动员部署。

（3）制定涉选突发性、群体性等重大事件应急处置方案。

（4）开展换届选举工作，包括参选居民登记、户代表和居民代表的推选、提名确定候选人、竞争选举、投票选举等有关要求。

（5）社区居民委员会新老班子工作交接，相关制度建设。

（6）培训新一届社区居民委员会成员。

（7）开展选举统计，整理选举档案。

（8）验收与总结。

每个步骤和程序要写明工作的内容、时间要求、法律规定、达到的目的和应注意的事

项,保证选举依法依规有序地进行。

三、培训换届选举工作人员

为使换届选举工作人员了解法律法规和上级文件精神,准确把握选举要求,熟悉选举程序和方法步骤,提高指导能力和实际操作水平,必须开展换届选举工作人员培训。

1．培训对象

(1) 指导换届选举的工作人员。即各级社区居民委员会选举工作指导小组成员及办公室工作人员、相关抽调人员、参与指导换届选举工作人员、选举观察员等。

(2) 组织实施社区居民委员会换届选举的工作人员。即社区选举委员会成员、"三票"人员、公共代写人、安保人员和参与换届选举其他工作的人员。

2．培训内容

(1) 中央、省有关社区居民委员会换届选举法律法规、政策文件等,本级关于社区居民委员会换届选举的工作要求。

(2) 换届选举工作方案。

(3) 选举基本知识,如选票的印制、选举结果报告单填写、划票、唱票、计票、监票、选举观察、选举统计等。

(4) 社区居民委员会选举操作流程。

(5) 突发性、群体性等重大事件应急处置。

(6) 总结换届选举工作的好做法和好经验。

(7) 选举工作人员职责、操作程序、操作办法、注意事项。

(8) 选举观察的组织与配合。

(9) 资料收集、归档。

四、换届选举宣传教育

开展社区居民委员会换届选举宣传教育的目的是:动员和教育居民自觉遵守选举法规,积极参加选举;教育干部依法办事,尊重居民的民主权利;引导社会公众认识、支持和参与选举工作。

1．宣传教育内容

(1) 宪法和中央、省有关社区居民委员会换届选举法律法规。

(2) 有关我国基层群众性自治制度建设、社区居民委员会选举工作的论述、政策要求。

(3) 社区居民委员会选举典型案例。

(4) 社区居民委员会选举程序和步骤。

(5) 参选居民应了解和掌握的选举知识。

2．主要方式

(1) 采用广播、电视、报刊等大众传播媒介,黑板报、宣传栏、公开栏、综合信息平台、标语、宣传册、宣传单、宣传车等老办法,以及手机短信、QQ群、微博、微信、网络等新载体进行宣传。

（2）以动员会、座谈会、学习报告会、专题讲座、研讨会、现场经验交流会等会议方式宣传。

（3）公布换届选举工作咨询电话，在社区设立咨询站点，发放有关选举资料，讲解法规政策，耐心解答群众咨询问题。

（4）组织文艺演出队、宣传队进社区宣讲。

（5）开展选举宣传教育周等活动。

（6）组织上门谈心宣传活动。

社区宣传语口号示例

①认真贯彻实施《中华人民共和国城市居民委员会组织法》。
②认真贯彻执行《广东省实施〈中华人民共和国城市居民委员会组织法〉办法》。
③加强党的领导，健全充满活力的基层群众自治机制。
④充分发扬民主，严格依法选举。
⑤社区居民委员会选举是广大居民政治生活中的一件大事。
⑥尊重参选居民意愿，选好社区带头人。
⑦珍惜民主权利，踊跃参与投票。
⑧严肃选举纪律，打击破坏选举行为。
⑨选好社区"总理"，建设和谐社区。
⑩依法组织开展第××届社区居民委员会选举。
⑪加强社区居民自治，推进基层民主建设。

第五节　落实经费

选举经费是开展换届选举必要的保障。社区居民委员会换届选举工作，是中国特色社会主义民主政治建设的重要活动，所需相关工作经费由各级财政保障、财政部门落实。

各级人民政府组织和指导社区居民委员会选举工作所需经费，由本级财政安排。财政困难的不设区的市、市辖区、县、自治县，上级人民政府给予补助。主要用于开展换届选举工作动员、部署、中期分析、总结表彰会议，培训选举工作人员和新一届社区居民委员会成员，宣传教育，调查研究，督查验收，编印选举工作文件、材料、资料、简报，选举观察，解决选举工作人员的聘用费、办公费、车辆及交通费、差旅和误餐补贴、包社区帮扶等费用，帮助贫困地区、社区解决换届选举工作经费问题等。

社区的选举经费主要由不设区的市（县）、市辖区以及街道（乡镇）解决。经居民会议或者居民代表会议同意，社区有关经济收益和经费予以补充。主要用于培训本社区的选举工作人员、宣传、制作票箱、设立秘密写票处、召开选举大会、设立投票站等方面的开支。经费使用情况应当向新产生的社区居民委员会、居民（代表）会议报告，接受审计和群众的监督。

第三章　社区选举委员会

第一节　推选社区选举委员会

社区居民委员会换届选举工作，由社区选举委员会主持。因此，社区首先应当依法推选产生社区选举委员会。

一、社区选举委员会的组成和任期

社区选举委员会由五至十一人组成，设主任一人、副主任一人。社区选举委员会成员职数由街道（乡镇）换届选举工作领导（指导）小组根据社区规模、工作任务等确定。社区选举委员会成员应当办事公道，作风正派，熟悉选举组织工作的相关事务，可以吸纳党员代表、居民代表、异地务工人员代表等参加。

社区选举委员会的任期，自推选产生之日起至新旧两届社区居民委员会完成工作交接时止；任期结束时，印章等上交街道（乡镇），档案等相关资料移交新一届社区居民委员会。

二、社区选举委员会的产生

社区选举委员会的产生，是在街道（乡镇）换届选举工作领导（指导）小组的指导下，由社区党组织或社区居务监督委员会召集和主持，召开居民会议或者居民代表会议以无记名投票方式进行推选，按照得票多少的顺序确定当选的社区选举委员会成员。居民会议可以由全体18周岁以上居民或者每户派代表参加。

在推选前，社区党组织可以根据大多数居民的意见，提出社区选举委员会成员候选人建议名单。居民会议或者居民代表会议可以选建议名单上的人选，也可以另选其他本社区居民。

推选时，可以有两种推选方式：一种是名额推选，选出全部名额后，再召开社区选举委员会会议确定主任、副主任、委员；另一种是职位推选，直接按照主任、副主任、委员的职位进行推选。

推选产生后的当天或者次日，社区党组织应当张榜公布推选结果公告，同时报街道（乡镇）换届选举工作领导（指导）小组备案。任何组织或个人不得指定、委派或撤换社区选举委员会成员。

三、内部分工和议事规则

社区选举委员会成员分工可以通过内部协商或者投票决定，并指定专人负责换届选举的文书工作，以确保换届选举资料保管齐全，选举结束后移交新一届社区居民委员会。

社区选举委员会议事实行少数服从多数原则。

成立社区选举委员会公告的样式如下：

××社区第××届社区居民委员会选举公告

（第1号）

根据有关文件精神，××月××日经本社区居民会议（户代表会议或者居民代表会议）推选，产生了社区选举委员会并报经街道（乡镇）换届选举工作领导（指导）小组备案，负责主持本社区第××届社区居民委员会换届选举工作。现将社区选举委员会成员名单公布如下：

主　任：×××。

副主任：×××。

委　员：×××、×××、×××。

××社区党组织（公章）

××××年××月××日

四、社区选举委员会职责

（1）宣传社区居民委员会换届选举相关法律法规和政策规定，开展宣传动员工作。

（2）制定本社区的选举工作实施方案，经居民会议或者居民代表会议通过，报街道（乡镇）换届选举工作领导（指导）小组备案后公告。

（3）确定、公布社区居民委员会选举方式、投票选举日期和日程安排、选举注意事项。

（4）组织参选居民（或者户代表）登记，审查选民资格并公布名单，处理有关申诉。

（5）组织推选新一届社区居民代表和居民小组长，并公布名单。

（6）组织提名社区居民委员会候选人，审查候选人资格，公布候选人名单。

（7）培训监票人、计票人、唱票人、公共代写人等选举工作人员。

（8）组织投票选举社区居民委员会成员，公布选举结果，并报街道（乡镇）换届选举工作领导（指导）小组备案。

（9）总结和上报选举工作，建立选举工作档案。

（10）主持新旧社区居民委员会工作交接。

（11）其他相关工作。

五、职务终止、免职和递补

社区选举委员会成员被确定为社区居民委员会成员候选人的，其职务自行终止；社区选举委员会成员在选举期间无正当理由三次不参加社区选举委员会会议的，其职务自行终止。

社区选举委员会部分成员不依法履行职责或集体不作为的，街道（乡镇）换届选举工作领导（指导）小组、社区选举委员会可以提出免职建议，经推选其产生的居民会议或者居民代表会议同意，予以免职。

社区选举委员会缺额的，按原推选得票多少的顺序依次递补或另行推选。社区选举委员会集体免职的，另行推选。递补或另行推选结果报街道（乡镇）换届选举工作领导（指导）小组备案。

社区选举委员会成员职务终止、免职、递补、另行推选等情况应当在当日或者次日予以公告。

第二节 制定选举实施方案

社区选举委员会在街道（乡镇）换届选举工作领导（指导）小组的指导下，结合本社区实际，制定本社区选举实施方案和日程安排。社区选举实施方案应当载明以下内容：选举的日程安排、本社区居民委员会成员职数、选举方式、参选居民（或户代表）登记及资格认定、居民代表和居民小组长推选、选举时间和地点、"三票"人员等选举工作人员、正式投票程序、委托投票规定、选票认定和计票规则、突发情况及处置方案等。

社区选举委员会召开居民会议或者居民代表会议对选举实施方案逐一讨论完善、表决通过后，报经街道（乡镇）换届选举工作领导（指导）小组审核同意后公告。

社区居民委员会选举工作实施方案公告的样式如下：

××社区第××届社区居民委员会选举公告

（第2号）

经本社区居民会议（或社区居民代表会议）审议通过，报街道（乡镇）换届选举工作领导（指导）小组审核同意，现将《××社区第××届社区居民委员会选举工作实施方案》予以公布。

××社区第××届社区选举委员会（公章）
××××年××月××日

××社区第××届社区居民委员会选举工作实施方案

（参考样式）

根据《中华人民共和国城市居民委员会组织法》《广东省实施〈中华人民共和国城市居民委员会组织法〉办法》和有关法律法规、文件精神，结合本社区实际，经社区居民会议通过并经街道（乡镇）换届选举工作领导（指导）小组审核同意，制定本社区第××届社区居民委员会选举工作实施方案。

一、社区居民委员会职数和资格

根据有关规定，本届社区居民委员会设成员××名，其中主任1名、副主任××名、委员××名。

社区居民委员会候选人应具备以下条件：

(1) ……
(2) ……
(3) ……
……

有下列情形之一的不提名为候选人：

(1) ……
(2) ……
……

二、选举方式

本届社区居民委员会换届选举实行直接选举（或者户代表选举、居民代表选举）、有候选人（或者无候选人）方式选举。

三、选举日、选举地点

本届社区居民委员会成员选举日为××××年××月××日，各票箱统一在××月××日××点启用，××月××日××点结束投票。

召开选举大会进行投票，设主会场，地点在×××；另设分会场，地点分别在×××、×××和×××（或者设立中心投票站和分投站进行投票，中心投票站地点在×××，分投站地点分别在×××、×××和×××）。

四、参选居民和户代表登记

(一) 参选居民登记

以下几类人员可以登记成为本届参加选举居民：

(1) ……
(2) ……
(3) ……
……

(二) 户代表登记（户代表选举方式适用）

本社区有居民户××户，每户一般以户籍登记册的户主作为户代表；需另推举他人的，以签名方式确认本户一名具有参选资格的成员作为户代表。

本届参选居民（户代表）登记方式为集中登记与登记员上门登记相结合。在登记期间不参与登记的，不列入本届参选居民（户代表）名单。

本届参选居民（户代表）名单于××月××日在社区内张榜公布。对参选居民名单有不同意见的，请自公告之日起5日内向社区选举委员会申诉。

五、居民代表和居民小组长推选

本社区设居民小组××个，推选居民代表××名，居民小组长××名。

居民代表名额由社区选举委员会分配到各居民小组，通过召开居民小组会议推选产生居民代表和居民小组长，按照得票多少的顺序确定当选。

居民小组会议由参选居民（或者每户派代表）组成，过半数人员参加有效。

六、"三票"人员、公共代写人和其他选举工作人员

本届总监票人为×××；

监票人为×××、×××、×××等，分别监管、护送第×号票箱；

计票人为×××、×××、×××等；

唱票人为×××、×××、×××等；

公共代写人为×××、×××、×××等；

其他选举工作人员为×××、×××、×××、×××等。

七、委托投票和流动票箱（只适用于直接选举方式）

需要委托投票的参选居民，自参选居民名单公布之日起6日内，由本人或其近亲属（配偶、父母、子女、兄弟姐妹、祖父母、外祖父母、孙子女、外孙子女）提供相关证件和书面委托书到社区选举委员会办理委托投票。只能委托近亲属投票，每一人委托投票不得超过3张。这项工作由×××、×××、×××等负责。

本社区设立×个流动票箱，在监票人×××、×××、×××的监督下，在选举日上门接受身体行动不便的参选居民的投票。

八、选票、投票规则

（一）选票的印制

由街道统一监制，加盖社区选举委员会印章的有效。（有候选人的，选票可印上候选职务和候选人姓名。）

（二）选票的填写

按照选票上规定的符号进行填写，可以投赞成票、反对票，也可另选他人。规定有效票、无效票的认定方法。

（1）有效票（包括全部正确选票、部分正确选票、部分人名清楚选票的认定）。

（2）无效票（包括空白选票、不按规定写的选票）。

（三）是否允许采用"下加计票法"

（四）选举结果的确认

如果所投票数（以票箱收回票数计算）多于投票人数的，选举无效；等于或者少于投票人数的，选举有效。

二分之一以上的参选居民或户代表（或者三分之二以上的居民代表）参加投票，且

获得过半数赞成票的,按照得票多少顺序确认当选人。所得票数相同的,不能确定当选人的,应当在当日或者 3 日内对票数相同的人再次投票,以得票多的当选。

(五)其他规定情形

上述规定之外的情形,由社区选举委员会进行判定;争议较大的,可召开居民代表会议讨论决定。

九、社区居务监督委员会成员推选

十、突发性、群体性等重大事件应急处置方案

社区居民委员会选举日程安排公告的样式如下:

××社区第××届社区居民委员会选举公告

(第3号)

经社区居民会议(或居民代表会议)审议通过,报经街道(乡镇)换届选举工作领导(指导)小组备案,现将本社区第××届社区居民委员会选举日程安排予以公布。

××社区第××届社区选举委员会(公章)

××××年××月××日

××社区第××届社区居民委员会选举日程安排

(××××年××月××日—××月××日)

(参考样式)

阶段	日期	内容	要求	实施者
第一阶段:选举准备(×天)	××月××日至××月××日	一、推选社区选举委员会	召开居民会议或上一届居民代表会议推选产生社区选举委员会成员。公布社区选举委员会成员名单(公告1)	社区党组织
		二、制定方案	制定社区居民委员会选举工作实施方案、日程安排,提交居民会议或者居民代表会议表决通过,报街道(乡镇)换届选举工作领导(指导)小组备案审查后公告(公告2)	社区选举委员会
		三、培训工作人员	对参与组织社区换届选举工作的有关人员进行培训,掌握相关法规政策、组织步骤、工作要求	街道(乡镇)、社区选举委员会

续上表

阶段	日期	内容	要求	实施者
第二阶段：参选居民、户代表登记（×天）	××月××日至××月××日	一、宣传发动	①公布参选居民、户代表登记公告 ②利用"致居民一封信"、广播、标语、专栏、宣传车等广泛开展宣传，做到家喻户晓、人人皆知 ③设立选举工作咨询点，为居民解答选举问题	社区选举委员会
		二、组织登记	①通过设集中登记处、工作人员上门登记等方式开展参选居民登记 ②采取户代表选举方式的，应当开展户代表登记 ③表示不愿意参加登记的，不列入参选居民（户代表）名单	社区选举委员会
		三、公布本届参选居民、户代表名单	①参选居民、户代表名单在选举日的20日前在社区公布，有争议的进行修正 ②采取直接选举方式的，自参选居民名单公布之日起6日内办理委托投票	社区选举委员会
第三阶段：推选居民代表、居民小组长（×天）	××月××日至××月××日	推选居民代表、居民小组长	①发布推选居民代表、居民小组长公告 ②分配名额到每个居民小组 ③召开居民小组会议进行推选 ④发布居民代表、居民小组长当选公告 ⑤颁发居民小组长、居民代表当选证	社区选举委员会
第四阶段：提名、确定候选人（×天）	××月××日至××月××日	提名、确定正式候选人	①发布提名社区居民委员会候选人公告，包括提名名额、提名办法、候选人资格条件 ②初步候选人提名：通过街道提名、联名推荐、个人自荐等方式提名，做好资格审查 ③确定正式候选人：召开居民会议或者居民代表会议以无记名投票方式确定正式候选人 ④公布正式候选人名单，进行宣传	社区选举委员会
第五阶段：投票选举（×天）	××月××日至××月××日	一、投票准备	①选举日前5日公布选举时间、地点，提醒参选居民（户代表、居民代表） ②设置会场、准备票箱、选票等，安排选举工作人员	社区选举委员会

续上表

阶段	日期	内容	要求	实施者
第五阶段：投票选举（×天）	××月××日至××月××日	二、投票选举	①召开选举投票大会（或者设置中心投票站和分投站） ②宣布投票秩序、选票填写规则 ③按照秩序进行发票、填写、投票 ④当场计票、宣布得票结果 ⑤封存选票 ⑥资格审查，公布当选结果	社区选举委员会
		三、报告当选结果	①填写选举结果报告单，报街道换届选举工作指导小组和区民政局备案 ②颁发当选证书	社区选举委员会
第六阶段：工作交接与总结	××月××日至××月××日	一、工作交接	组织新旧社区居民委员会班子办理交接手续	社区选举委员会
		二、资料存档	①及时书面总结选举工作情况 ②整理换届选举所有资料，移交新一届社区居民委员会保存	社区选举委员会
		三、建章立制	组织建立健全居民公约、职责分工、工作计划等	新一届社区居民委员会

注：如果采取无候选人选举方式，则第四阶段省略。

第四章　参加选举居民、户代表登记

按照《居组法》第八条规定，除依法被剥夺政治权利的人除外，年满18周岁的本居住地区居民，不分民族、种族、性别、职业、家庭出身、宗教信仰、教育程度、财产状况、居住期限，都有选举权和被选举权。开展参加选举居民登记，是对依法享有选举权利的居民是否参加社区居民委员会选举活动意向的确认。由于社区居民委员会选举方式有三种，参加投票选举的可以按照选举方式分别确定为居民、户代表或者居民代表，因此，在统计汇总时，登记参加选举的居民数量上应该包括上述三种人。本章所讲的参加选举居民登记，主要是针对采取直接选举方式的社区；采取间接选举方式的社区，如果整个选举过程都是以户代表参加的居民会议或者居民代表会议行使表决权的，则可以略去参加选举居民登记，但要进行户代表登记，要审查其是否具有参选资格。

第一节　参选资格认定

甄别和确认是否具有参选资格，是开展参加选举居民（户代表、居民代表）登记的前提条件。具有参选资格，即指依法享有选举权和被选举权。但要注意的是，具有参选资格的居民如果未经过登记，则视为放弃参选和当选资格，具体情况由居民代表会议决定。

同时具备以下三个条件的居民，具有参加选举资格。

（1）年龄条件。即年满18周岁。计算参选居民年龄的时间，以投票选举日为准，即到投票选举日当天必须年满18周岁。出生日期以身份证为准，未办理身份证的以户口簿为准；身份证与户口簿出生日期不一致的，以户口簿记载的日期为准。

（2）政治条件。即未被依法剥夺政治权利。这里以法院的判决书为认定标准，犯罪嫌疑人如果还未被判定剥夺政治权利，则仍然可以行使选举权和被选举权。

（3）属地条件。有三类居民：①户籍地、居住地均在本社区的居民；②户籍不在本社区、在本社区居住一年以上、自愿申请且经社区选举委员会同意的居民；③在本社区工作的专职社区工作人员。对于后两类居民，必须是未在其他地区登记参选的。

不管采取何种选举方式，参加投票选举的居民、户代表、居民代表，都必须同时具备上述三个条件。

第二节　参选居民、户代表登记

在开展参选居民（或户代表）登记之前，必须先确定社区居民委员会选举日。只有选举日确定了，才能对参选资格条件"是否年满18周岁"作出界定，才能倒排工作，确保在选举日 20 日前公布登记参加选举的居民（户代表）名单。

一、登记员

社区选举委员会负责组织登记工作人员，鼓励社区在职党员、离退休老党员、老教师、驻点律师、社会工作者等担任登记员。对登记员要进行培训，使之明确登记对象资格条件、登记的法律要求，掌握政策界限，明确工作任务、工作方法、工作技巧、时间要求以及相关法律责任等。

二、登记对象

（一）参加选举的居民

采取直接选举的社区，登记员要对符合参选资格的居民进行登记。以下四类人在经过社区选举委员会的求证、甄别和确认后，不列入本届参选居民登记范围。
（1）依法被剥夺政治权利的。
（2）精神病患者不能行使选举权利的。
（3）本人书面明确表示不参加选举的。
（4）登记期间不在本社区居住，经依法告知，在规定期限内未表示参加选举的。

从数量、范围看，有如下关系：

本社区户籍居民数（总人口）+ 在本社区居住一年以上的非本社区户籍居民数 + 有意愿参选的本社区工作者数

↓　　减去：①到选举日未满 18 周岁的居民数
　　　　　②依法被剥夺政治权利的居民数

具有参加选举资格的居民数

↓　　减去：①精神病患者不能行使选举权利的居民数
　　　　　②书面明确表示不参加选举的居民数
　　　　　③登记期间不在本社区居住，经依法告知后，在规定期限内未表示参加选举的居民数

登记参选居民数（有效选民数）

↓　　减去：实际未参加投票选举的登记参选居民数

实际参加投票选举的参选居民数

（二）户代表

本社区户籍居民户、在本社区居住一年以上的非本社区户籍居民户，每户登记一名有参选资格的居民作为户的代表。一般将户口本上的户主登记为户代表；如居民户提出要另派其他符合参加选举条件的家庭成员作为户代表的，需居民户成员签字确认和按手印。

三、登记方法

（1）发布公告。在参选居民登记5日前，在社区公告参选居民资格、参选居民（或户代表）登记时间、地点、登记办法等。

组织开展参选居民登记工作公告的样式如下：

××社区第××届社区居民委员会选举公告

（采取直接选举方式的社区）

（第××号）

根据本社区换届选举实施方案，本社区采取直接选举方式，换届选举日××月××日。经研究，现定于××月××日至××月××日开展参加选举居民登记工作。

一、参选居民登记范围

同时符合以下条件的居民具有参选资格，可登记为参选居民：

（1）年龄条件。年满18周岁。计算参选居民年龄的时间，以投票选举日为准，即到了投票选举日当天必须年满18周岁。出生日期以身份证为准，未办理身份证的以户口簿为准；身份证与户口簿出生日期不一致的，以户口簿记载的日期为准。

（2）政治条件。未被依法剥夺政治权利。这里以法院的判决书为认定标准，犯罪嫌疑人如果还未被判定剥夺政治权利，则仍然可以行使选举权和被选举权。

（3）属地条件。有三类居民：①户籍地、居住地均在本社区的居民；②户籍不在本社区、在本社区居住满一年以上、自愿申请且经社区选举委员会同意的居民；③在本社区工作的专职社区工作人员。对于后两类居民，必须是未在其他地区登记参选的（须作出书面说明并提交社区选举委员会留档保存）。

二、登记时间、地点

登记时间：××月××日至××月××日，××时至××时。

登记地点：社区登记站：××路××号。分站为：××。

登记员：1. ×××（电话：×××××××）
　　　　2. ×××（电话：×××××××）
　　　　3. ×××（电话：×××××××）

三、登记办法

（1）集中登记。凡符合参选条件的居民，应在登记时间内前往社区登记站或者登记点进行登记。

（2）上门登记。组织登记员上居民家中进行登记。

逾期不登记的，视为放弃参选权利，不列入本届参加选举居民名单。望广大居民珍惜参选权利，互相转告，积极配合做好登记工作。

××社区第××届社区选举委员会（公章）

××××年××月××日

组织开展参选户代表登记工作公告的样式如下：

××社区第××届社区居民委员会选举公告
（采取间接选举方式的社区）
（第××号）

根据本社区换届选举实施方案，本社区采取户代表选举（或者居民代表选举）方式，换届选举日××月××日。经研究，现定于××月××日至××月××日开展参加选举的户代表登记工作。

一、登记范围

本社区户籍居民户、在本社区居住一年以上的非本社区户籍居民户，每户登记一名有参选资格的居民作为户的代表。居民户一般以户口本上的户主作为户代表，也可以推举其他家庭成员为户代表。户代表应当符合参选居民资格，即同时具备以下条件：

（1）年龄条件。年满18周岁。计算参选居民年龄的时间，以投票选举日为准，即到投票选举日当天必须年满18周岁。出生日期以身份证为准，未办理身份证的以户口簿为准；身份证与户口簿出生日期不一致的，以户口簿记载的日期为准。

（2）政治条件。未被依法剥夺政治权利。这里以法院的判决书为认定标准，犯罪嫌疑人如果还未被判定剥夺政治权利，则仍然可以行使选举权和被选举权。

（3）属地条件。有三类居民：①户籍地、居住地均在本社区的居民；②户籍不在本社区、在本社区居住一年以上、自愿申请且经社区选举委员会同意的居民；③在本社区工作的专职社区工作人员。对于后两类居民，必须是未在其他地区登记参选的（须作出书面说明并提交社区选举委员会留档保存）。

二、登记时间、地点

登记时间：××月××日至××月××日，××时至××时。

登记地点：社区登记站：××路××号。分站为：××。

登记员：1. ×××（电话：×××××××）

　　　　2. ×××（电话：×××××××）

　　　　3. ×××（电话：×××××××）

三、登记办法

（1）集中登记。每户居民户应在登记时间内前往社区登记站或者登记点进行登记。

（2）上门登记。组织登记员到居民家中进行登记。

推举家庭其他成员作为户代表的，需家庭成员签名确认和按手印。

逾期不登记的，视为放弃参选权利，不列入本届参加选举居民名单。望广大居民珍惜参选权利，互相转告，积极配合做好登记工作。

××社区第××届社区选举委员会（公章）

××××年××月××日

（2）广泛宣传。社区选举委员会应当通过公告、短信、电话、书面通知等有效途径，告知登记范围内的居民参加登记。

（3）组织登记。社区选举委员会可以以社区为单位设立登记站集中登记，必要时可在社区设立若干登记点进行辅助登记，方便社区居民；也可以组织登记员上门登记。必须做好调查、摸底、核实工作，做到不重登、不漏登、不错登。

（4）核查与再动员。社区选举委员会要根据登记进度情况判断居民登记状况，及时开展核查与动员工作，采取多种形式进行再宣传、再发动，必要时组织上门宣传和发动，发动更多的居民登记。

（5）造册。社区选举委员会要及时、准确编制参选居民（或户代表）花名册（含姓名、性别、出生日期、户口所在地、所在居民小组、现居住地址、身份证号码），做好编号登记。

参选居民花名册样式如下：

××社区第××届社区居民委员会选举
参选居民花名册

（参考样式）

姓名	居民小组组别	性别	出生年月日	户籍所在地	现居住地址	身份证号码	编号

参选户代表花名册样式如下：

××社区第××届社区居民委员会选举
参选户代表花名册

（参考样式）

姓名	居民小组组别	性别	出生年月日	户籍所在地	现居住地址	编号	备注

四、公布名单

社区选举委员会认真审核并确认造册的参选居民（或户代表）名单，于选举日 20 日前，在社区居民委员会办公场所、社区其他显要位置、各居民小组显要位置公布参选居民（或户代表）名单。

居民对公布的名单有争议的，应当自公布之日起 5 日内向社区选举委员会口头或者书面反映、申诉；社区选举委员会应当及时受理居民的反映、申诉并做好记录，认真进行调查核实，并自收到反映、申诉之日起 3 日内作出处理决定，并书面告知有关居民；居民对处理决定不服的，可以自收到告知书之日起 3 日内向街道（乡镇）换届选举工作领导（指导）小组申诉，街道应当在选举日 7 日前作出决定，书面答复申诉人，并告知该社区选举委员会。

参选居民（或户代表）名单如有调整的，应于选举日 5 日前重新公布。

参选居民名单公告样式如下：

××社区第××届社区居民委员会选举公告

（采取直接选举方式的社区）

（第××号）

本社区参选居民登记已于××月××日××时结束。经审核，现将经登记确认的本社区第××届社区居民委员会参选居民名单公布如下，如有错登、漏登、重登或其他异议的，请于××月××日前向社区选举委员会反映。

××居民小组：×××、×××、×××……

××居民小组：×××、×××、×××……

……

非户籍常住人员：×××、×××、×××……

社区工作者：×××、×××、×××……

以上居民在选举日（××月××日）外出不能参加投票的，可以书面委托本社区有选举权的近亲属（配偶、父母、子女、兄弟姐妹、祖父母、外祖父母、孙子女、外孙子女）代为投票，但每一人接受委托投票不得超过三人。需要委托投票的居民，委托人和被委托人请一起于××月××日前到社区选举委员会办理书面委托手续。

××社区第××届社区选举委员会（公章）

××××年××月××日

××社区第××届社区居民委员会选举公告

（采取间接选举方式的社区）

（第××号）

本社区参选户代表登记已于××月××日××时结束。经审核，现将经登记确认的本社区第××届社区居民委员会参选户代表名单公布如下，如有错登、漏登、重登或其他异议的，请于××月××日前向社区选举委员会反映。

××居民小组：×××、×××、×××……

××居民小组：×××、×××、×××……

……

非户籍居民户：×××、×××、×××……

社区工作者：×××、×××、×××……

以上户代表在选举日（××月××日）尽量不要安排外出，以免影响参加选举投票。投票时不能委托投票。

××社区第××届社区选举委员会（公章）

××××年××月××日

五、办理委托投票

因故不能参加社区居民委员会选举投票的参选居民，可书面委托本社区有选举权的近亲属（配偶、父母、子女、兄弟姐妹、祖父母、外祖父母、孙子女、外孙子女）代为投票，每个参选居民最多可接受其他三位参选居民的委托。在选举日前，社区选举委员会根据参加选举回执上的委托意愿，将选民委托投票证发放给受委托的选民，并做好签收手续。

委托投票证样式如下：

××社区第××届社区居民委员会选举委托投票证

编码：

委托人姓名（并按手印）	
被委托人姓名（并按手印）	
委托人是被委托人的：丈夫□；妻子□；父亲□；母亲□；子□；女□；兄□；弟□；姐□；妹□；祖父□；祖母□；外祖父□；外祖母□；孙子□；孙女□；外孙子□；外孙女□。（请在对应的□内打"√"）	

续上表

委托理由	
社区选举委员会意见	（公章）　　　年　月　日
说明	此证由委托人填写，经社区选举委员会批准盖章有效。被委托人凭本人参选证和本证领取委托人的选票。

六、颁发参选证

参选证是确认参选居民选举资格的凭证，也是领取选票的凭证。参选证由社区选举委员会按照本届参选居民（或户代表）名单及编号填写，并加盖社区选举委员会印章。参选证应在最后确认本届参选居民（或户代表）人数后及时发给参选居民（或户代表）。发放参选证以居民小组为单位，按照登记名单分发，不得多发或少发，发后注明签收人或代签收人，并告知参选居民（或户代表）妥善保管，作为投票选举时领取选票的凭证。已办理书面委托投票的参选居民，不再发给参选证。

参选证样式如下：

××社区第××届社区居民委员会选举参选证

（参选居民）

编码：

姓名_____
性别_____
年龄_____
编号_____

投票时间_____
投票地点_____

注意事项：
1. 凭本证领取本人选票。
2. 本证只限本人使用。
3. 本证与委托投票证一起，方能领取委托人的选票。
4. 未经盖章无效。

××社区第××届社区选举委员会（公章）
发证日期：××××年××月××日

××社区第××届社区居民委员会选举参选证

(参选户代表)

编码：

姓名_____
性别_____
年龄_____
编号_____

投票时间_____
投票地点_____

注意事项：
1. 凭本证领取本人选票。
2. 本证只限本人使用，不能委托。
3. 未经盖章无效。

××社区第××届社区选举委员会（公章）
发证日期：××××年××月××日

第五章　推选居民代表和居民小组长

居民代表会议是居民会议授权的议事决策机构，居民小组是社区居民委员会按照居民居住状况设立的居民自治单元。每个社区都要设立居民代表会议和若干居民小组。居民代表和居民小组长的推选是社区居民委员会换届选举的重要组成部分。居民小组长、居民代表的推选一般同时进行，也可与社区居民委员会换届选举一并进行，进一步节省人力、物力、财力。

一、名额与任期

1. 名额

居民代表、居民小组长名额由社区选举委员会根据社区居民户数提出，写入社区居民委员会换届选举实施方案，经居民会议或者居民代表会议表决确认报街道（乡镇）换届选举领导（指导）小组同意。居民代表名额一般按照社区常住居民户每20至30户选1人，总名额不少于50人。居民小组一般设居民小组长1人，确有需要的可以设居民小组副组长。

2. 任期

居民代表、居民小组长的任期与社区居民委员会的任期相同。居民代表可以连选连任。社区居民委员会成员可以兼任居民代表、居民小组长。

二、推选

1. 名额分配

居民代表名额分配到每个居民小组。

2. 建议名单

社区党组织可以提出居民代表、居民小组长的建议人选名单。居民代表、居民小组长的建议人选，一般是具有参加选举资格、遵纪守法、公道正派、热心社区公共事务、具有一定文化知识水平的居民。居民代表在构成上应当多元、广泛，如在性别、年龄层、职业、民族等有一定的代表性，还要吸纳优秀的异地务工人员等作为居民代表。

3. 推选

社区选举委员会主持召开居民小组会议推选居民代表和居民小组长。居民小组会议由所在居民小组具有参选资格的居民或者户代表组成，上述人员过半数参加，居民小组会议有效。参会人员可以推选建议名单上的人选，也可以推选本居民小组的其他居民。被推选人经资格审查后，按照得票多少的顺序确定居民代表和居民小组长当选。

4. 颁发证书

由街道颁发由省级民政部门统一印制的社区居民代表、居民小组长当选证书。

5. 造册公布

社区选举委员会对社区居民代表和居民小组长名单进行登记造册、公布，报街道（乡镇）换届选举工作领导（指导）小组备案。采取居民代表选举方式的，应于社区居民委员会选举日 20 日前公布居民代表名单，并参照本编第四章受理争议及办理参选证。

新一届居民代表和居民小组长公告的样式如下：

××社区第××届社区居民委员会选举公告

（第××号）

经各居民小组会议依法推选，本社区共产生第××届居民代表××名、居民小组长××名，名单公布如下：

一、居民代表名单（×××名）

××居民小组：×××、×××、×××……

××居民小组：×××、×××、×××……

……

二、居民小组长名单（×××名）

××居民小组：×××、×××、×××……

××居民小组：×××、×××、×××……

特此公告。

××社区第××届社区选举委员会（公章）

××××年××月××日

居民代表登记册样式如下：

××社区第××届居民代表登记册

姓名	性别	年龄	民族	党员与否	文化程度	所在居民小组	是否连任	社区内担任职务	联系楼栋（小区）或联系户姓名

第六章 候 选 人

社区居民委员会选举,可以采取有候选人的选举方式,也可以采取无候选人的选举方式(即"海选");采取何种方式,由社区选举委员会提出,报街道(乡镇)换届选举工作领导(指导)小组备案,在社区居民委员会换届选举实施方案中明确。

第一节 确定候选人

如果采取有候选人的选举方式,社区选举委员会在参加选举居民(或户代表)名单、居民代表名单公布之后,应当开展社区居民委员会候选人提名与确定工作。

一、确定职数

《居组法》第七条规定:"居民委员会由主任、副主任和委员共五至九人组成。"《广东省实施〈中华人民共和国城市居民委员会组织法〉办法》(2014年修正)第五条规定:"居民委员会由主任、副主任和委员共5至9人组成,户数在1000户以下的可以设5人,户数在1000至2000户的可以设7人,户数在2000户以上的可以设9人。"据此,社区居民委员会的职位包括主任、副主任和委员,总职数为5至9人,具体人数由街道根据社区规模和工作任务确定,写入社区选举实施方案。

根据差额选举原则,社区居民委员会主任、副主任正式候选人名额应当分别比应选名额多1人,委员正式候选人名额应当比应选名额多1至3人。

二、资格条件

为选出优秀的社区居民委员会班子,确保社区居民委员会正常运作和服务居民,对社区居民委员会成员任职条件提出必要的合法合理要求,在组织提名候选人时就对外公布,引导居民提出合适的候选人人选。

1. 必备条件

(1)政治觉悟高,坚决贯彻执行党的理论和路线、方针、政策。
(2)遵纪守法,廉洁奉公,作风民主,办事公道,密切联系群众。
(3)工作认真负责,有较强的组织协调能力,热心社区工作,具备必要的工作时间。
(4)高中以上学历,身体健康。
(5)符合参选居民资格。

另外,在外来人员较多或者多民族居住的社区,为了便于开展居民自治工作,促进外来人口与户籍居民融合、多民族融合,应当鼓励选举适当比例的外来人员、少数民族居民担任社区居民委员会成员,因此候选人资格条件可以提出:具备一定条件的优秀外来人员、少数民族居民。

2. 不宜情形

(1) 被判处刑罚的。

(2) 丧失行为能力的。

(3) 违反计划生育法律法规,超计划生育的。根据《广东省人口和计划生育条例》第四十条规定"对超生人员,有关单位依照本条例规定作出处理决定之日起,……五年内不得选为村(居)民委员会成员和评为先进",违反计划生育法律、法规超计划生育的且接受处理未满五年的,不宜提名为候选人,不宜当选。

(4) 年满60周岁及以上的。主要是考虑与国家党政体系同步,同时考虑到社区居民委员会承担的工作任务和工作量,年纪太大可能无法胜任。

三、提名候选人

以下是三种提名社区居民委员会候选人的方式。

(1) 个人自荐。有意参选的居民在规定时间内向社区选举委员会报名参选,说明参选的职位,提供必要的个人信息。

(2) 组织推荐。社区党组织提出建议名单。

(3) 街道提名。街道根据差额数分职位提出社区居民委员会成员的建议名单。

社区选举委员会做好候选人提名登记,并进行必要的资格审查。

四、确定正式候选人

1. 组织推选

社区选举委员会主持召开居民会议、户代表会议或居民代表会议,说明正式候选人职位、名额,组织对提名登记的候选人进行无记名投票,投票结果按照得票多少进行排序。

2. 资格审查

社区选举委员会对推选产生的候选人名单进行审查,审查标准为前述社区居民委员会成员(或候选人)资格条件,重点审查以下两个方面:①是否具有参选资格,包括是否年满18周岁、政治权利是否被剥夺;②是否存在需要回避的关系,即应选名额内的候选人是否有配偶、父母子女、兄弟姐妹关系。如果有,一般应保留得票最多的候选人;票数相同的,保留职务较高的候选人;也可以协商确定其中一人保留为候选人,但要在社区选举委员会的主导下,由当事人立下书面协议书交由社区选举委员会留存。

3. 缺额递补

候选人推选结束后,本人不愿意被列为候选人的,应当自名单公布之日起2日内向社区选举委员会书面提出。候选人的缺额按照推选得票多少的顺序依次递补,如果无法递补导致仍然出缺,则就缺额数组织补选。

4. 公布正式候选人

社区居民委员会正式候选人合法产生之后,社区选举委员会必须在正式选举日的5日前,将正式候选人名单以姓名笔画为序对外公布。

社区居民委员会初步候选人提名公告的样式如下:

××社区第××届社区居民委员会选举公告

(第××号)

按照本社区选举实施方案,本社区第××届社区居民委员会选举采取有候选人选举方式,现就提名和推选社区居民委员会正式候选人工作通知如下。

一、时间、地点

××月××日至××月××日开展社区居民委员会初步候选人提名登记工作,××月××日开展组织本社区居民会议(或户代表会议、居民代表会议)推选正式候选人。地点为:×××。

二、候选人名额

本届社区居民委员会设主任1人、副主任××人、委员××人,根据差额选举,候选人名额为主任2人、副主任××人、委员××人。

三、候选人资格条件

社区居民委员会成员候选人应当具备以下条件:

1. ……
2. ……
3. ……
4. ……
5. ……

有下列情形之一的,不提名为社区居民委员会成员候选人:

1. ……
2. ……
3. ……
4. ……
5. ……
6. ……

四、提名方式

1. ……
2. ……
3. ……
4. ……

五、有关要求

1. 希望居民互相转告,支持符合条件的居民踊跃自荐,或者积极推荐符合条件的居民为初步候选人。

2. 请参选居民（或户代表、居民代表）届时参加居民会议（或户代表会议、居民代表会议），推选社区居民委员会正式候选人。

附件：××社区第××届社区居民委员会成员初步候选人提名登记表

××社区第××届社区选举委员会（公章）
××××年××月××日

××社区第××届社区居民委员会成员初步候选人提名登记表

（参考样式）

姓名		性别		户籍		民族		
出生年月		政治面貌		文化程度				相片
住址				电话				
工作单位职务								
简历参选优势								
参选职务	☐社区居民委员会主任 ☐社区居民委员会副主任 ☐社区居民委员会委员							
提名方式	☐个人自荐。个人签名： ☐联合推荐。推荐人： ☐社区党组织推荐。 ☐街道提名。							
社区选举委员会审核意见								

××社区第××届社区居民委员会初步候选人汇总表

(参考样式)

社区选举委员会（盖章）

姓名	性别	年龄	政治面貌	民族	文化程度	现单位及职务	参选职位	提名方式

填表人：　　　　　　　　　　　　　　　　　　　　　　　年　月　日

社区居民委员会正式候选人公告的样式如下：

××社区第××届社区居民委员会选举公告

(第××号)

经××月××日召开社区居民会议（或户代表会议、居民代表会议）推选及社区选举委员会审查，现将本届社区居民委员会成员正式候选人名单以姓名笔画为序公布如下：

主任候选人：×××、×××；

副主任候选人：×××、×××；

委员候选人：×××、×××。

望互相转告。

××社区第××届社区选举委员会（公章）

××××年××月××日

第二节 候选人竞选

社区选举委员会应当组织介绍社区居民委员会正式候选人。应当在社区内指定的公共场所统一张贴社区居民委员会正式候选人资料，包括正式候选人基本情况、文化程度、工作简历、特长、能力、优缺点、以往成绩等。社区选举委员会也可以通过广播、电视、网络、报纸等途径进行统一宣传；组织见面会，让正式候选人直接面对社区居民进行自我介绍，发表竞选演说，方便社区居民了解。

社区居民委员会竞选不同于西方国家的竞选，而是结合我国实际情况在选举中引入的一种有组织、有原则的竞争机制，主要目的是宣传社区居民委员会正式候选人，让广大社区居民熟悉、了解正式候选人，提高一次选举成功率，同时也有助于新一届社区居民委员会日常工作的开展。

一、竞选的原则

要正确引导和规范选举竞争活动，规范选举竞争行为，营造公平的选举竞争环境。

（1）公开。是指选举竞争活动都要在社区选举委员会的统一组织下公开进行，不能私下交易，不能私下许愿，自觉接受居民的监督。

（2）公平。是指社区选举委员会要平等对待每一位社区居民委员会正式候选人和其他有意竞争的参选居民，保证他们在选举竞争活动中有同等的机会开展平等竞争。

（3）公正。是指社区选举委员会要主持公道，公正组织选举竞争活动，反对不正当竞争行为。不正当的手段和行为主要有诋毁、抨击别人，请客、送礼、威胁、贿赂（用钱买选票、用金钱手段使竞争者退出），发表违背国家法律法规、政策的言论等。这些做法严重妨害、干扰、破坏社区居民委员会选举工作，社区选举委员会和街道（乡镇）必须采取有效措施予以查处、制止和纠正。

二、竞选的形式

竞选主要有以下两种的形式。

（1）集中竞争。在法定时限内，社区选举委员会集中组织正式候选人和其他竞争者开展适度的竞争活动，统一公布竞争材料，统一组织与居民见面、竞争演说，统一在社区论坛、微信、广播、公开栏等进行宣传，统一派发竞选资料。

（2）分散竞争。在法定时限内，在社区选举委员会的统一安排下，由社区选举委员会部分成员主持，正式候选人和其他竞争者单独地在社区选举委员会指定地点公开演说。

三、竞选的时间

竞选的时间自社区居民委员会正式候选人名单公布之日起至选举日之前结束。选举日不能开展任何竞选活动。在集中竞争中，每位竞演者分配的时间应当大体一致，以体现公平公正。

四、竞选演说的内容

竞选演说内容一般包括以下五个方面。

（1）本人的基本情况，包括年龄、政治面貌、文化程度、家庭情况和工作简历，以及竞争条件（特长、能力、优缺点）。

（2）竞争的职位及理由。

（3）社区治理方案，包括三年任期工作目标及工作措施，计划为社区居民办哪些实事、好事。

（4）服从党的领导，遵从街道（乡镇）的指导，接受居民和社区居务监督委员会的监督。

（5）表明正确对待当选与落选的态度。

五、组织竞选应注意的问题

组织竞选时，要注意以下三个问题。

（1）加强对竞争演讲材料的审查。社区选举委员会应当审核竞争演讲材料，重点审查是否有违背法律法规、政策以及政治观点错误处。如有，应当指导竞选者修改，但不得向他人泄露演讲材料的有关内容。竞争演讲结束后，应将演讲材料交由社区选举委员会备案存档。

（2）文明有序地开展竞争选举活动。社区选举委员会主持选举竞争活动时，要客观、公正、中立，不偏不倚，不评论，不诱导，维持好竞争活动秩序，随时掌握活动情况和动态，善于控制活动状况和气氛。竞选人在回答居民问题时，一般要给予正面回复，讲文明、讲礼貌，摆事实、讲道理，对居民提出的尖锐问题保持冷静，避免冲突，对违反国家法律法规和有关政策、人身攻击、涉及个人隐私、属于保密范畴等问题可不予以回答。

（3）坚决反对和防范不正当竞争。社区选举委员会要教育和引导竞选人公开、平等、正当地竞争，反对和防范不正当竞争，一旦发现有不正当竞争的现象与行为，应及时给予制止，并对当事人进行批评教育。禁止竞选人单方或者互相进行人身、言论攻击，禁止未经社区选举委员会同意而私自派发宣传单、会见居民等，禁止在选举期间以慰问、开展公益活动等名义进行活动，禁止使用威胁、贿赂、欺骗、伪造选票等手段进行违法的不正当竞争。如有严重违反法律法规，特别是违反治安管理处罚条例的行为，有关司法部门要及时查处。

第七章 投票选举

第一节 投票准备工作

一、公布选举投票时间、地点和开箱计票时间

为确保投票选举的成功率,社区选举委员会应当在选举日5日前公布选举日、选举日投票选举时间段、投票地点、开箱计票时间及其他相关安排等。选举日和投票选举时间期限的确定要考虑居民的上下班、作息时间等因素。公布的形式包括社区公告栏、宣传单、手机短信、微信、广播、居民论坛等。

社区居民委员会正式投票选举事项公告的样式如下:

××社区第××届社区居民委员会选举公告

(第××号)

根据社区选举实施方案,经街道(乡镇)换届选举工作领导(指导)小组同意,现将本社区第××届社区居民委员会投票选举时间、地点公告如下:

一、投票时间

××月××日××时至××月××日××时。

二、投票地点

选举大会会场地址:×××(或者中心投票站地址:×××;分投站地址:×××)。

三、计票时间地点

××月××日××时准时在×××(选举大会会场或中心投票站)集中开箱验票、唱票、计票。

请参选居民(或户代表、居民代表)互相转告,妥善安排好时间,在规定时间内到场投票并监督计票。

××社区第××届社区选举委员会(公章)

××××年××月××日

选举日及投票时间、地点一经公布,任何组织和个人不得随意变动和更改。如因不可抗拒的自然灾害等因素不能如期举行的,由社区选举委员会提请居民会议(或户代表会议、居民代表会议)审定,予以公告,另行确定选举日,并报街道(乡镇)换届选举工作领导(指导)小组审核。推迟时间不得超过三个月。

推迟选举公告的样式如下:

××社区第××届社区居民委员会选举公告

(第××号)

本社区第××届社区居民委员会投票选举日原定为××月××日,因故无法如期举行,经××月××日召开居民会议(或户代表会议、居民代表会议)表决通过,报街道(乡镇)换届选举工作领导(指导)小组批准同意,投票选举日更改为××月××日(地点和其他有关安排是否改变亦需注明)。

特此公告。

××社区第××届社区选举委员会(公章)
××××年××月××日

因推迟选举日,原登记的参选居民(或户代表、居民代表)名单可能发生变化,主要有两种情况:①新增的,包括新满18周岁的、户籍新迁入本社区的、新恢复政治权利和行为能力的本社区居民;②减少的,包括新死亡的、新增的依照法律被剥夺政治权利的、新增的不能行使选举权利的精神病患者、新增的书面表示不参加选举的参选居民等。对上述变化,应当重新核实、登记并公告。

重新核实的参选居民名单公告的样式如下:

××社区第××届社区居民委员会选举公告

(第××号)

因本社区第××届社区居民委员会选举日推迟到××月××日,现将经核实的参选居民名单变动情况公告如下,如有异议的,请于××××年××月××日前向社区选举委员会提出:

1. 新增的参选居民:×××、×××……
2. 减少的参选居民:×××、×××……

××社区第××届社区选举委员会(公章)
××××年××月××日

二、准备选票、票箱及相关物品

1. 印制选票

选票由街道（乡镇）[或者街道（乡镇）换届选举工作领导（指导）小组]统一印制，编号后发放到各个社区，由社区选举委员会加盖印章。选票总数为参选居民数（或者户代表数、居民代表数），多余的选票予以销毁。所有选票装入街道统一密封的选票袋中妥善保管，待选举日再由选举工作人员当众公开启封。区（市、县）民政部门对选票印制、发放流程进行具体指导。

选票样式应根据社区投票选举实际需要而定，看是有候选人还是无候选人，是一次投票还是分次投票。有候选人的，选票上应当按照姓氏笔画次序印上候选人姓名，同时设有另选人填充栏；无候选人的，选票上根据应选名额印上相应的职位空格，不能增加名额。一次投票的，把主任、副主任、委员三种职位都印在一张选票上，只需投票一次；分次投票的，把主任、副主任、委员分别印在不同颜色的选票上，正式投票时先投票选举出高职位的，再投票选举低职位的。从操作上来看，相对于一次投票而言，虽然分次投票工作量比较大，但不容易造成社区人才的流失，因为选不上高职位的，还有机会在低职位上当选。不管何种选票，都要印上相应的说明，明确如何填写。

选票样式一（有候选人、一次投票）：

××社区第××届社区居民委员会选举票

××××年××月××日　　　　　　　　　　　××社区选举委员会（章）

职位	主任		副主任		委员					
	候选人	另选他人	候选人	另选他人	候选人				另选他人	
姓名	×××	×××	×××	×××	×	×	×	×	×	×
					×	×	×	×	×	×
符号										

说明：

1. 应选主任1人、副主任1人、委员3人；
2. 同意的请在候选人姓名下符号栏内写"〇"，不同意的写"×"，不同意选票上的候选人可在姓名空格栏内另写其他选民，并在符号栏写"〇"；
3. 等于或少于应选名额的选票有效，多于应选名额的选票无效。

选票样式二（有候选人、分次投票）：

【红色票】

××社区第××届社区居民委员会选举票

××××年××月××日　　　　　　　　　　　　　××社区选举委员会（章）

主任候选人姓名	×××	×××
符号		

说明：

1. 应选主任1人；

2. 同意的请在候选人姓名下符号栏内写"○"，不同意的写"×"，不同意选票上的候选人可在姓名空格栏内另写其他选民，并在符号栏内写"○"；

3. 等于或少于应选名额的选票有效，多于应选名额的选票无效。

【黄色票】

××社区第××届社区居民委员会选举票

××××年××月××日　　　　　　　　　　　　　××社区选举委员会（章）

副主任候选人姓名	×××	×××
符号		

说明：

1. 应选副主任1人；

2. 同意的请在候选人姓名下符号栏内写"○"，不同意的写"×"，不同意选票上的候选人可在姓名空格栏内另写其他选民，并在符号栏内写"○"；

3. 等于或少于应选名额的选票有效，多于应选名额的选票无效。

【白色票】

××社区第××届社区居民委员会选举票

××××年××月××日　　　　　　　　　　　　　××社区选举委员会（章）

委员候选人姓名	×××	×××	×××	×××	×××
符号					

说明：

1. 应选委员3人；

2. 同意的请在候选人姓名下符号栏内写"○"，不同意的写"×"，不同意选票上的候选人可在姓名空格栏内另写其他选民，并在符号栏内写"○"；

3. 等于或少于应选名额的选票有效，多于应选名额的选票无效。

选票样式三(无候选人、一次投票):

××社区第××届社区居民委员会选举票

××××年××月××日　　　　　　　　　　　　　××社区选举委员会(章)

职　位	姓　名
主　任	□
副主任	□
委　员	□　□　□

说明:

1. 应选社区居民委员会主任1人,填写1人有效;
2. 应选社区居民委员会副主任1人,填写1人有效;
3. 应选社区居民委员会委员3人,填写3人或3人以下有效;
4. 所有职位均不填写仍为有效,视为弃权票;只填写一个或部分职位为有效票,其中不填写的职位视为弃权。

选票样式四(无候选人、多次投票):

【红色票】

××社区第××届社区居民委员会选举票

××××年××月××日　　　　　　　　　　　　　××社区选举委员会(章)

社区居民委员会主任姓名	□

说明:应填写社区居民委员会主任1人,填写1人有效。

【黄色票】

××社区第××届社区居民委员会选举票

××××年××月××日　　　　　　　　　　　　　××社区选举委员会(章)

社区居民委员会副主任姓名	□

说明:应填写社区居民委员会副主任1人,填写1人有效。

【白色票】

××社区第××届社区居民委员会选举票

××××年××月××日　　　　　　　　　　　　　××社区选举委员会(章)

社区居民委员会委员姓名	□　□　□

说明:

1. 应填写社区居民委员会委员3人,填写3人及3人以下有效。
2. 所有职位均不填写仍为有效,视为弃权票;只填写一个或部分职位为有效票,其中不填写的职位视为弃权。

2. 准备票箱及相关用品

社区选举委员会根据实际投票需要制作若干大会中心会场投票箱、投票站票箱或者流动票箱，票箱上方设有投票口（投票口要求一次仅能投入一张选票），后方或下方设有可封闭和开启的活动门。

投票选举使用的物品还有社区选举委员会成员佩戴的标志、工作人员证、当选证书、选举结果报告单、国歌磁带、放大的选票票样、票箱封条、计票板、签字笔等。

三、布置选举场地

采取户代表、居民代表选举方式的，或者采取直接选举方式但居民相对集中居住的社区，一般设置选举大会会场。选举大会会场布置要庄严、隆重，会场上方悬挂"××社区第××届社区居民委员会选举大会"会标，会场设有主席台、座位区、领票区、秘密写票区、公共代写区、投票区、计票区。设计规划好排队领票、写票、投票的通道路线，在显眼位置张贴投票注意事项以及投票站开放、关闭时间等，做到井然有序，让人一目了然。

座位区一般按照居民小组划分区域。

秘密写票区应根据参选居民（或户代表、居民代表）人数的适当比例设置秘密写票位（间），避免居民排队写票时间过长。秘密写票位（间）要求每次只能一个人进去填写，且不受他人干扰。秘密写票位（间）贴有写票方法、注意事项等内容。

采取直接选举方式的社区，如果社区规模较大，为了方便居民投票，可以设中心投票站和分投站。中心投票站可以参照选举大会会场设置，分投站可以相对简化，但必须规范设立领票区、秘密写票区、公共代写区和投票区。

四、培训投票选举工作人员

选举大会会场或中心投票站，应当配备总监票人一名，验证发票、唱票、计票、秘密写票监督、公共代写、票箱看护、安保、引导、后勤保障等岗位若干工作人员。设分投站或流动票箱的，不设唱票员和计票员（所有票箱都要集中到中心投票站开箱唱票、计票），但每个票箱必须设三名监票人。计票统计时，每个统计组需配一名唱票人、一名计票人和两名监票人。上述选举工作人员的设置已经写入社区选举实施方案，并经居民会议（或户代表会议、居民代表会议）讨论表决通过。

在选举日前，街道（乡镇）换届选举工作领导（指导）小组和社区选举委员会，要对上述选举工作人员进行必要的培训，使其熟悉选举规程，明确自己的岗位职责和任务。

第二节 投票选举程序

投票选举各项准备工作及时完成后，社区选举委员会按照公告的选举日及投票时间和地点，主持好社区居民委员会换届选举投票工作。中心投票站程序参照选举大会。选举大会程序如下。

一、宣布开会

社区选举委员会成员、参选居民（或户代表、居民代表）分别在主席台、座位区就座，选举工作人员就位。主持人（社区选举委员会主任）宣布选举大会开始。

二、奏国歌

奏国歌是为了弘扬社会主义民主政治，加深社区居民对基层群众自治制度的认识，增强社区居民的主人翁意识，珍惜手中的民主政治权利。奏国歌时要求全体起立，肃静。

三、报告前期工作情况

主持人说明社区居民委员会选举的意义，报告前期准备工作情况，介绍选举方式（直接选举方式、户代表选举方式或者居民代表选举方式）、选举日议程安排、正式候选人基本资料（如无候选人则免）等。宣布选举工作人员（总监票人、验证发票人、唱票人、计票人、秘密写票监督人、公共代写人等），请选举工作人员佩戴好工作标识履行岗位职责。

四、说明投票办法与选票填写

主持人宣读投票办法，包括选举组织形式（选举大会方式或者中心投票站与分投站相结合的方式）、投票次数（一次投票或者分次投票）、投票起止时间等。

以选票样票为例，讲解选票填写方法及注意事项，包括：①应选名额，多选无效；②划票方法（在规定划票空格内，同意写"○"，反对写"×"，弃权不做任何记号，另选他人的应在相应表格内填写姓名并写"○"）；③哪些情形将被认定为有效、部分有效、弃权、废票。

五、检查并密封票箱

在选举大会上请工作人员当众打开票箱，检查是否为空箱，请参选居民（或户代表、居民代表）确认后，当场封箱贴上封条，要求投票过程中所有票箱不得开启，投票结束后集中到选举大会现场当众开箱。

六、验票领票

总监票人当众拆开密封的选票袋，唱票人、计票人、监票人等工作人员清点加盖社区选举委员会印章的选票张数，由社区选举委员会向大会报告。以下是三种选举方式的验票。

（1）直接选举方式。参选居民凭本人身份证、本人参选证、委托投票证（如有接受委托投票的，最多只能有三张委托投票证）到领票处领取选票。领票处工作人员负责查验其证件、核对参选居民名单，按照"一人（本人、委托人）一票""一证（参选证、委托投票证）一票"的原则发放选票并登记。

（2）户代表选举方式。户代表凭本人身份证、户代表证到领票处领取选票。领票处工作人员负责查验其证件、核对参选户代表名单,按照"一人一票""一证一票"的原则发放选票并登记。户代表不能接受委托投票,故没有委托领票。

(3)居民代表选举方式。居民代表凭本人身份证、居民代表证到领票处领取选票。领票处工作人员负责查验其证件、核对参选居民名单,按照"一人一票""一证一票"的原则发放选票并登记。居民代表不能接受委托投票,故没有委托领票。

七、秘密写票

参选居民(或户代表、居民代表)排队领取选票后,有序依次进入秘密写票间填写选票。秘密写票间一次只能进入一人,任何无关人员不准进入秘密写票间观看、拍摄、干扰。参选居民(或户代表、居民代表)可以投赞成票、反对票、弃权票,也可以另选他人。受委托居民依据委托人的意志填写选票。

确因不识字、不方便填写等原因需要代写人的,可委托公共代写人一起在秘密写票间填写选票,公共代写人必须按照委托人的意志填写选票并交回委托人。

八、投票

参选居民(或户代表、居民代表)将填好的选票亲自投入票箱。在投票过程中,不得有亮票行为。主持人应当提醒要在规定的投票起止时间内完成投票。

有选举权的社区选举委员会成员及其他选举工作人员领取选票,先行投票,以便回到各自岗位履行工作职责。

九、销毁剩余选票

在规定的投票时间结束时,主持人请验票发票人清点本次选举选票发放数,由主持人向大会报告。如有未发出的剩余选票(可能有部分参选居民或户代表、居民代表因故不参加投票,导致发出票数少于登记的参选居民或户代表、居民代表人数),应当当众销毁,以防止发生舞弊行为。

十、集中票箱清点选票

所有投票箱集中到选举大会主会场或者中心投票站后,当众开箱点票。清点选票由监票人、唱票人、计票人执行,每个票箱由两名以上工作人员负责。总监票人将所有票箱的清点结果报告社区选举委员会。主持人当场宣布收回的选票数,如果收回的选票数等于或少于发出选票数,宣布本次投票选举有效;如果收回选票数多于发出选票数,并经社区选举委员会再次确认后,宣布本次投票选举无效。

十一、检验选票

由监票人、唱票人、计票人逐张检验选票,分检出整张有效票、部分有效票、无效票。一张选票中所选总人数多于应选总人数的无效,等于或少于的有效;选同一人担任两个以上(含两个)职位的选票,高职的有效,低职的无效;全部书写模糊无法辨认或不按规定符号填写的选票无效;部分书写模糊无法辨认的选票,可辨认的部分有效,无法辨认的部分无效。对于无法确定是否有效的选票,由社区选举委员会研究确定。无效选票数计入收回选票数。选票检验结果向选举大会当众宣布。

十二、唱票计票

两名监票人、一名唱票人、一名计票人为一组唱票、计票。唱票人应在两名监票人的监督下高声读出每一选票所选的被选人姓名,计票人在计票板上如实计数。经监票人、唱票人、计票人计算得票数后,填写选举计票结果,由总监票人向社区选举委员会报告计票结果。

十三、宣布投票结果

主持人当场宣布各个职位、各个被选举人的得票数。

十四、封存选票

选举工作人员将全部选票封存,包括有效票、部分有效票、无效票。

十五、确定并宣布当选结果

计票结果出来后,社区选举委员会应当先对候选人或者另选人进行必要的资格审查,在确定符合当选资格后,根据以下原则确定和宣布当选结果,并于选举结束当天或者次日张贴公告。

(1)正式候选人或另选人得赞成票数超过参选居民(或户代表、居民代表)数的二分之一,始得当选。如果同一职位多人获得过半数赞成票,以得赞成票多者当选;赞成票数相等时,应当场对得票相等者进行再次投票,以得赞成票多者当选。

(2)当选人数少于应选名额(包括当选人数为零的情形),应当宣布组织另行选举不足的名额。另行选举时,根据前一次投票时得票多少的顺序,按照规定的差额数,确定候选人名单。另行选举以获得赞成票多的当选,但获得赞成票不得少于所投票数的三分之一。

当选结果公告的样式如下:

××社区第××届社区居民委员会选举公告

(第××号)

依照《中华人民共和国城市居民委员会组织法》和《广东省实施〈中华人民共和国城市居民委员会组织法〉办法》的规定,本社区于××××年××月××日通过直接选举方式(或户代表选举方式、居民代表选举方式)投票选举,下列人员当选为本社区第××届社区居民委员会成员:

主　任:×××;

副主任:×××;

委　　员：×××、×××、×××。

特此公告。

××社区第××届社区选举委员会（公章）

××××年××月××日

十六、上报选举结果

当选结果出来后，社区选举委员会应当填写选举情况记录单、选举结果报告单，载明社区名称、选举方式、投票选举时间、参选居民（或户代表、居民代表）数、发出选票数、收回选票数（列明有效票、部分有效票、无效票的数量）、各职位得票情况、当选结果等，并由总监票人、监票人、唱票人、计票人以及社区选举委员会签字。选举结果报告单一式三份，本社区自存一份存档，另两份分别报街道（乡镇）、区（市、县）民政部门备案。

选举情况记录单样式如下：

××社区第××届社区居民委员会选举情况记录单

社区名称		选举时间	年　　月　　日　　时至　　时		
选举职位	主任1名、副主任（　　）名、委员（　　）名				
直接选举方式	参选居民数		发出选票数		收回选票数
户代表选举方式	参选户代表数		发出选票数		收回选票数
居民代表选举方式	居民代表数		发出选票数		收回选票数
选票	有效票	部分有效票		弃权票	无效票
职位	姓名	赞成票数		得票排序	是否当选
主任					
副主任					
委员					

总监票人（签字）：
监票人（签字）：
唱票人（签字）：
计票人（签字）：
社区选举委员会主任（签字）：

××社区第××届社区选举委员会（公章）
××××年××月××日

注：此报告一式三份，报区（市、县）民政局、街道（乡镇）各一份，社区存档一份。

选举结果报告单样式1（采取直接选举方式）：

××社区第××届社区居民委员会选举结果报告单

××街道（乡镇）××社区于××××年××月××日举行换届选举，选举方式为直接选举，参选居民××名（其中委托投票××名），发出选票××张、收回选票××张（其中有效票××张、无效票××张）。本次选举应选主任1名、副主任××名、委员××名，经依法选举，以下人员当选社区居民委员会成员：

姓名	当选职务	得票数	是否候选人	性别	年龄	文化程度	政治面貌	原任职务
×××	主任							
×××	副主任							
×××	委员							
×××	委员							
×××	委员							

××社区第××届社区选举委员会（公章）
填报时间：××××年××月××日

注：本报告单一式三份，报区（市、县）民政局、街道（乡镇）各一份，本社区存档一份。

选举结果报告单样式2（采取户代表选举方式）：

××社区第××届社区居民委员会选举结果报告单

××街道（乡镇）××社区于××××年××月××日举行换届选举，采取户代表选举方式，参选户代表××名，发出选票××张、收回选票××张（其中有效票××张、无效票××张）。本次选举应选主任1名、副主任××名、委员××名，经依法选举，以下人员当选社区居民委员会成员：

姓名	当选职务	得票数	是否候选人	性别	年龄	文化程度	政治面貌	原任职务
×××	主任							
×××	副主任							
×××	委员							
×××	委员							
×××	委员							

××社区第××届社区选举委员会（公章）
填报时间：××××年××月××日

注：本报告单一式三份，报区（市、县）民政局、街道（乡镇）各一份，本社区存档一份。

选举结果报告单样式3（采取居民代表选举方式）：

××社区第××届社区居民委员会选举结果报告单

　　××街道（乡镇）××社区于××××年××月××日举行换届选举，采取居民代表选举方式，居民代表××名，发出选票××张、收回选票××张（其中有效票××张、无效票××张）。本次选举应选主任1名、副主任××名、委员××名，经依法选举，以下人员当选社区居民委员会成员：

姓名	当选职务	得票数	是否候选人	性别	年龄	文化程度	政治面貌	原任职务
×××	主任							
×××	副主任							
×××	委员							
×××	委员							
×××	委员							

××社区第××届社区选举委员会（公章）
填报时间：××××年××月××日

注：本报告单一式三份，报区（市、县）民政局、街道（乡镇）各一份，本社区存档一份。

第三节　另行选举

另行选举是社区居民委员会选举工作的延续，主要适用于选举日投票选举结果出现以下两种情况：①社区居民委员会成员当选名额不足五人（包括无一人当选）的；②当选名额不足额但超过五人，经居民会议或居民代表会议讨论决定补足名额的。为选出上述不足名额而举行的再次投票、第三次投票、第四次投票等，都统称为另行选举。

一、另行选举日

由于另行选举是社区居民委员会选举第一次投票的继续，一般在投票选举日的当天或者次日举行，最迟不得超过三天。如果是直接选举方式，也无须进行有选举权的居民补充登记。

二、另行选举候选人

根据前一次投票时得票多少的顺序，从相应职位未获当选者中确定另行选举候选人，实行有候选人的差额选举。如果未获当选者数量不够确立候选人的，不足候选人的名额通过再次启动候选人推选程序确定。

三、另行选举投票议程

另行选举投票程序与社区居民委员会第一次正式投票选举程序相同。

四、另行选举当选确定

另行选举候选人或另选人得赞成票数不少于参加投票的参选居民（或者户代表、居民代表）数的三分之一，再根据得票多少的排序，确定当选人。

五、缺额处理

（1）经过另行选举或多次投票选举，当选人数已达五人以上但仍少于应选名额时，不足名额是否再另行选举，由居民会议或者户代表会议、居民代表会议决定。社区居民委员会主任暂缺时，由副主任临时主持工作；主任、副主任都暂缺时，由居民代表会议在现任委员中推选临时主持工作人选，报街道（乡镇）同意后由其主持工作。

（2）经过另行选举或多次投票选举，当选人数已达三人但少于五人时，无法组成新一届社区居民委员会，换届选举工作可以暂停，社区居民委员会工作暂时由社区党组织书记主持，新当选的社区居民委员会成员参与工作。区（市、县）、街道（乡镇）应当对这样的社区加强调查、指导，并在三个月内举行选举。

另行选举结束后，社区选举委员会仍然要完成公告、报告工作。

另行选举结果报告单样式如下：

××社区第××届社区居民委员会另行选举结果报告单

　　××街道（乡镇）××社区于××××年××月××日举行另行换届选举，采取直接选举（或者户代表选举、居民代表选举）方式，参选居民（或者户代表、居民代表）×××名，发出选票××张、收回选票××张（其中有效票××张、无效票××张）。本次另行选举应选主任（或者副主任、委员）×××名，候选人分别是：×××、×××。经依法选举，以下人员当选：

姓名	当选职务	得票数	是否候选人	性别	年龄	文化程度	政治面貌	原任职务
×××	主　任							
×××	副主任							
×××	委　员							
×××	委　员							
×××	委　员							

××社区第××届社区选举委员会（公章）
填报时间：××××年××月××日

注：本报告单一式三份，报区（市、县）民政局、街道（乡镇）各一份，本社区存档一份。

第四节　重新选举

　　重新选举，是指社区居民委员会成员正式选举无效或者全部当选无效而重新组织的投票活动，通常是未按法律法规规定的程序和办法造成的，由街道（乡镇）换届选举领导（指导）小组认定，认定不了由区（市、县）民政部门裁定。

　　重新选举和另行选举是两种性质不同的选举。重新选举是因违法违规导致社区居民委员会正式选举无效而推倒重来的全新投票选举，当选人必须符合"两个过半"的要求；另行选举则是社区居民委员会正式选举有效但未选足名额而举行的再次投票或第三次投票，甚至第四次投票，候选人只要获得三分之一以上赞成票就可以当选，其选举的当选门槛比重新选举低。

第五节　颁发当选证书

新一届社区居民委员会成员当选十天内，区（市、县）民政部门或者街道（乡镇）应当向新当选的社区居民委员会成员颁发主任、副主任、委员当选证书。当选证书由省民政厅统一印制，盖不设区的市、市辖区、县、自治县民政部门印章。颁发当选证书时，开展社区居民委员会成员宣誓承诺活动，当选者就工作履职、工作态度、廉洁自律等进行宣誓承诺，当场与社区党组织书记、社区居务监督委员会主任签订宣誓承诺书并于当日或者次日在居务公开栏长期公布，接受居民监督。

第六节　推选社区居务监督委员会成员

新一届社区居民委员会产生后，要及时组织推选社区居务监督委员会成员。参照《广东省村务监督委员会工作规则》，社区居务监督委员会是基层党组织领导下的城市基层民主自治的群众监督组织，监督居务决策、执行、公开，监督社区居民委员会和社区组织依法履行职责，向居民会议和居民代表会议负责，主动收集和受理居民对居务管理的意见和建议，接受居民监督。社区居务监督委员会成员任期与社区居民委员会成员任期一致。

一、职数与条件

社区居务监督委员会一般由主任、副主任、委员共三至五人组成。其成员应当具备以下三个条件：①服从中国共产党的领导，遵纪守法，接受街道（乡镇）及区（市、县）人民政府的指导和监督；②依法享有选举权和被选举权的本社区居民；③身体健康，热心公益，协调议事能力较强。社区居务监督委员会主任一般由社区党组织成员或者本社区党员担任，但社区党组织书记不能兼任，其他成员中应当有具备财会、管理知识的人员。社区居民委员会成员、社区集体经济组织负责人、社区会计员、出纳员等不得担任社区居务监督委员会成员。

二、推选办法

社区居务监督委员会成员的推选由社区选举委员会主持，如社区选举委员会已经终止运作的，由社区党组织主持。

推选社区居务监督委员会成员，可以采取有候选人或者无候选人的推选方式。采取有候选人的方式，候选人由本社区登记参加选举的居民或者户代表、居民代表投票提名产生；采取无候选人的方式，在推选日直接由本社区登记参加选举的居民或者户代表、居民代表直接进行投票推选。推选方式和具体名额由居民会议或者户代表会议、居民代表会议确定。

有意愿参选社区居务监督委员会成员的居民,应当在推选日十日前向社区选举委员会提出书面参选意愿;经资格审查后,社区选举委员会于推选日五日前公布参选人员名单。随后组织统一竞争、投票推选、当选公告等,参照社区居民委员会成员选举程序进行。

社区居务监督委员会成员以得票多少的排序确定当选。当社区居务监督委员会因故出现缺额时,可按照原推选得票结果排序依次递补或者补选。

第八章 交接与总结

选举产生新一届社区居民委员会后,要及时做好工作交接、档案移交、人员培训等工作,确保新一届社区居民委员会依法开展工作。

第一节 工作交接

在新一届社区居民委员会产生后十日内,在街道(乡镇)换届选举工作领导(指导)小组的指导和监督下,社区选举委员会主持社区居民委员会新旧班子工作交接。交接内容包括社区居民委员会印章、财务账目、债务材料、办公服务场所及设备、社区居民委员会资产清单、电脑网络钥匙及密码、社区居民委员会工作档案、未完成工作及说明等。新一届社区居民委员会如发现移交工作中有重大问题,可向上届社区居民委员会核实,也可以向街道(乡镇)反映请求帮助解决。交接完毕,社区选举委员会履职终止。

第二节 资料存档

一、街道存档内容

社区居民委员会选举结束后,街道(乡镇)换届选举工作领导(指导)小组应该及时归档以下选举档案,并长期保存。
(1)上级有关选举文件和批复。
(2)本级有关选举文件、选举中的请示报告。
(3)辖区内各社区换届选举工作实施方案、社区选举委员会名单、参选居民(或户代表、居民代表)名单、候选人建议名单和重要公告。
(4)简报、情况通报和宣传材料。
(5)选举工作中的各种统计报表。
(6)各社区居民委员会选举结果报告单。
(7)各社区的户代表、居民小组长、居民代表名册。
(8)各社区选举委员会印章。
(9)选举工作总结。

二、社区居民委员会存档内容

社区选举委员会在职务终止公告发布前,应当将以下选举资料移交新一届社区居民委员会,由其按照国家档案局、民政部《城市社区档案管理办法》规定妥善保管。

(1) 社区选举委员会发布的所有公告。
(2) 社区选举委员会组成人员名单。
(3) 社区居民委员会选举实施方案。
(4) 居民会议(或者户代表会议、居民代表会议)的决议、公告。
(5) 参选居民(或者户代表)名单、新一届居民代表和居民小组长名单。
(6) 正式候选人名单和报名参选人名单。
(7) 封存的选票。
(8) 社区居民委员会选举情况记录单、选举结果报告单。
(9) 选举工作总结。

第三节 培训与建章立制

选举结束后,为促进社区工作正常运作,区(市、县)人民政府和街道(乡镇)应当对新当选的社区居民委员会成员进行培训,包括相关法律法规和政策知识、社区工作岗位职责、工作手段和技能、廉洁自律规定等,提升社区居民委员会成员的工作能力。

要指导社区居民委员会建立下属专业委员会,包括人民调解、治安保卫、公共卫生、公共福利、计划生育、群众文体等专业委员会,选好配齐楼栋长,形成健全的组织网络体系;制定居民公约、居民自治章程、社区协商办法、居务公开与监督办法等制度。

第九章 罢免、辞职、职务自行终止与补选

《居组法》和《广东省实施〈中华人民共和国城市居民委员会组织法〉办法》，对社区居民委员会成员的罢免、辞职、职务自行终止、补选等规定不多，本章主要参照《广东省村民委员会选举办法》。

第一节 罢 免

罢免是选举制度的组成部分，罢免权是对选举权的纠偏。一旦居民委员会成员达到罢免要求，按照"由谁选举、向谁负责"规定，由谁选举上来，就由谁来罢免。根据《居组法》第八条"居民委员会主任、副主任和委员，由本居住地区全体有选举权的居民或者由每户派代表选举产生；根据居民意见，也可以由每个居民小组选举代表二至三人选举产生"、第十条"居民会议有权撤换和补选居民委员会成员"等规定，居民委员会成员由居民会议（或者户代表会议、居民代表会议）选举产生，相应地，罢免居民委员会成员也由居民会议（或者户代表会议、居民代表会议）实施。

一、罢免要求和罢免建议的提出

（1）罢免要求的提出。按照《广东省村民委员会选举办法》第四十一条"本村五分之一以上有选举权的村民或者三分之一以上的村民代表联名，可以提出罢免村民委员会成员的要求。罢免要求应当书面提出，并列明罢免理由"的规定，本社区五分之一以上有选举权的居民（或者户代表）或者三分之一以上的居民代表联名，可以书面形式向社区居民委员会提出罢免要求及理由。

（2）罢免建议的提出。按照《广东省村民委员会选举办法》第四十二条规定，社区居民委员会成员有下列情形之一的，街道可以提出罢免建议：①违反法律、法规和国家政策，不适合继续担任社区居民委员会成员的；②失职渎职造成居民利益重大损失的；③连续三个月以上无正当理由不参加社区居民委员会工作的。

二、受理与调查

社区居民委员会受理罢免要求或者罢免建议，并会同社区党组织、社区居务监督委员会，对罢免对象进行客观、中立的调查，查清事实真相，并写出调查报告。

三、罢免投票

（1）主持。区（市、县）人民政府主管部门和街道（乡镇）应当指导社区居民委

会成员罢免投票工作。罢免社区居民委员会个别成员的,由社区居民委员会主持,社区居民委员会自受理罢免要求或罢免建议 30 日内不主持的,由社区党组织或者社区居务监督委员会主持;罢免社区居民委员会主任或者全体社区居民委员会成员的,由重新推选的社区选举委员会主持。

(2)投票。召开居民会议或者户代表会议、居民代表会议进行无记名投票表决。罢免投票程序一般是:宣布开会—清点到会人数、确认会议召开有效—说明罢免议题—罢免意见提出方阐明罢免事实和理由、被提出罢免人进行申辩—无记名投票—公开监票、唱票、计票—宣布投票表决结果。

(3)判断结果。罢免社区居民委员会成员,须有二分之一以上的登记参加选举居民(或者户代表)或者三分之二以上的居民代表参加投票,且上述投票者超过过半数投赞成票,罢免才能通过。

四、公布罢免结果

不论罢免要求和罢免建议是否通过,在罢免会议结束的当日或者次日,应当将罢免结果在社区张贴公告。同时社区居民委员会还应填写"罢免备案表"(一式三份),报区(市、县)民政部门、街道(乡镇)各一份,本社区自存一份。

五、罢免的限制性

罢免未获通过的,一年内不得以同一事实和理由再次提出罢免要求或者罢免建议。以防止别有用心的人反复以同一事实和理由纠缠、取闹,甚至妨碍社区居民委员会正常工作。

罢免社区居民委员会成员备案表如下:

××社区罢免社区居民委员会成员备案表

××社区居民委员会(盖章)　　　　　　填报时间:××××年××月××日

被罢免人基本情况	姓名		职务		第_____届社区居民委员会_____	
	性别		年龄		政治面貌	
罢免要求或建议	受理时间	年　　　月　　　日				
	提出者	1. 参选居民联名 □(名单附后) 2. 户代表联名 □(名单附后) 3. 居民代表联名 □(名单附后) 4. 街道(乡镇)建议 □				
罢免理由	(可另附纸)					
被罢免人申辩意见	(可另附纸)					

续上表

罢免投票	会议时间		会议组织者	
	会议形式	居民会议 □ 户代表会议 □ 居民代表会议 □	参加投票人数	
	赞成罢免票数		是否通过罢免案	
	监票人签字		唱票人签字		计票人签字	

注：本表一式三份，区（市、县）民政局、街道（乡镇）、社区各一份。

第二节 辞　　职

辞职是指新一届社区居民委员会组成后，社区居民委员会成员因各种原因，在任期内自己主动提出申请辞去职务的行为。

辞职申请由本人书面向社区居民委员会提出，社区居民委员会应当自收到辞职申请之日起三十日内召开居民会议或者户代表会议、居民代表会议进行审议，决定是否接受其辞职，并在五日内公告。

如果社区居民委员会全体成员辞职的，向社区党组织提出书面申请，由社区党组织负责召集居民会议或者户代表会议、居民代表会议审议决定是否接受辞职。全体成员辞职造成缺额的，应该重新选举。

第三节　职务自行终止

按照《广东省村民委员会选举办法》第四十六条规定，社区居民委员会成员有下列情形之一，其职务自行终止：

（1）死亡的。
（2）被判处刑罚的。
（3）丧失行为能力的。
（4）违反计划生育法律、法规超计划生育的。
（5）连续两次民主评议不称职的。

需注意的是，刑事拘留与被判处刑罚是属于不同阶段，前者尚未能确定是否犯罪或要承担刑事责任，不属于职务自行终止范畴。

社区居民委员会成员职务自行终止的,社区居民委员会应当张榜公告社区居民,并报区(市、县)民政部门、街道(乡镇)备案。

第四节 补 选

补选是指在社区居民委员会换届选举后到任期届满前,对社区居民委员会成员缺额职位进行的选举。

一、需要补选的情形

(1)社区居民委员会成员不足五人的。

(2)社区居民委员会成员已足五人但仍缺额,经居民会议或者户代表会议、居民代表会议决定需要补选的,应当组织补选。

根据实际,社区居民委员会成员为三至四人的,在保证社区居民委员会运作又经居民会议或者户代表会议、居民代表会议同意不需补选的,也可不进行补选。

二、补选程序

社区居民委员会填写补选申请表,经街道(乡镇)批准后再组织补选。补选申请表样式如下:

××社区居民委员会成员补选申请表

××社区居民委员会(盖章)　　　　　　　填报时间:××××年××月××日

补选情况	补选职务		补选人数	
	补选时间	定于　　　年　　　月　　　日进行补选		
补选原因				
候选人情况				
街道(乡镇)意见	街道办事处(乡镇人民政府)(盖章) ××××年××月××日			

补选时间要求。出现需要补选的情形,必须在一个月内进行补选,以不影响社区居民委员会的正常工作。

补选的主持。补选社区居民委员会个别成员的,由社区居民委员会主持;补选全体社区居民委员会成员的,由重新推选产生的社区选举委员会主持。

补选的程序。召开居民会议或者户代表会议、居民代表会议进行补选,程序与社区居民委员会正式投票程序相同。可以采取有候选人的方式,也可采取无候选人的方式。必须有二分之一以上的参选居民(或户代表)或者三分之二以上的居民代表投票,补选才有效;以获得赞成票多的且赞成票数不得少于所投票数二分之一的,确定当选者。

补选结果应向社区居民公告,并报区(市、县)民政部门、街道(乡镇)备案。依法补选而当选的社区居民委员会成员,任期与现任社区居民委员会同期。

补选结果报告单样式如下:

××社区居民委员会成员补选结果报告表

××社区居民委员会(盖章)　　　　　　填报时间:××××年××月××日

单位名称	_____区(市、县)_____街道(乡镇)_____社区居民委员会
补选职务	
补选时间	
选举方式	居民直接选举方式 □ 户代表选举方式 □ 居民代表选举方式 □
投票表决情况	本社区参选居民(或户代表、居民代表)数:_____;参加投票的参选居民(或户代表、居民代表)数:_____;发出选票数:_____,收回选票数:_____,其中有效票数:_____,无效票数:_____,当选得票数:_____。 补选结果:_____经补选依法当选。

注:补选若干人的应分别填写此表。此表一式三份,区(市、县)民政局、街道(乡镇)、社区各一份。

第五节　居民代表、居民小组长的罢免、辞职、职务自行终止和补选

居民代表、居民小组长的推选,都是由居民小组会议产生的,两者的罢免、补选具有一致性。

一、居民代表的罢免、辞职、职务自行终止和补选

（1）罢免。居民代表的罢免原则是用哪种形式推选产生的就用哪种形式罢免，一般由推选该居民代表所在的居民小组会议进行罢免。召开居民小组会议，应当有本居民小组的过半数参选居民（或者户代表）参加投票，且上述人员过半数同意罢免，才能通过罢免。

（2）辞职。居民代表可以向居民代表会议书面提出辞职，由社区居民委员会受理并召集居民代表会议进行商议，并视商议结果决定是否同意辞职，及时公告。

（3）职务自行终止。按照社区居民委员会成员职务自行终止情形。

（4）补选。居民代表的缺额按照原推选得票多少的顺序依次递补或者另行推选。另行推选按照居民代表推选程序办理。

二、居民小组长的罢免、辞职、职务自行终止和补选

（1）罢免。居民小组五分之一以上18周岁以上的居民或者三分之一以上的户代表，可以向社区居民委员会提出罢免本居民小组长的要求。罢免要求应当书面提出，并列明罢免理由。社区居民委员会应当受理并在30日内召开居民小组会议进行无记名投票表决，并在居民小组会议后五日内公告决定。该居民小组过半数的参选居民（或者户代表）参加投票，且上述人员过半数同意罢免，罢免生效。

（2）辞职。居民小组长可以向社区居民委员会书面提出辞职，由社区居民委员会受理。社区居民委员会应当自收到辞职申请之日起30日内召开居民小组会议进行审议，决定是否接收其辞职，并在五日内公告。该居民小组过半数的参选居民（或者户代表）参加投票，且上述人员过半数投赞成票，接受其辞职。

（3）职务自行终止。按照社区居民委员会成员职务自行终止情形。

（4）补选。居民小组长出现缺额时，社区居民委员会应当在30日内召集居民小组会议进行补选并予以公告。该居民小组过半数的参选居民（或者户代表）参加投票，按照得票多少顺序确定当选者。补选的居民小组长的任期与本届社区居民委员会成员任期同期。

第十章　违法违规违纪行为的查处

社区居民委员会选举整体依法依规、平稳有序，但是不排除一些地方特别是村改居社区、选举竞争激烈的社区、外来人口多的社区等，容易出现选举违法违规违纪现象。这影响了基层的和谐稳定，妨碍了居民正当行使民主选举权利。对选举违法违规违纪行为，应当给予足够重视，及时调查处理。

第一节　违法违规违纪行为

社区居民委员会选举违法违规违纪行为，从性质上可以分为两大类：一是妨碍居民正当行使选举权利的，二是违反选举程序和操作规则的。从违法主体上可以分为两类：一是参选居民违法，二是选举组织机构及工作人员违法。

一、妨碍居民正当行使选举权利的行为

主要指侵犯居民的选举权利、破坏选举活动的行为，如登记为参选居民、被提名为候选人、投票选举等权利。主要是以暴力、威胁、欺骗、贿赂、伪造选票、虚报选举票数等不正当手段实施的。所谓暴力，是指行为人对居民、候选人、竞选人、选举工作人员和其他人采取殴打、捆绑、残害、强行限制人身自由等人身伤害的手段或者捣乱选举秩序、破坏选举场所、砸毁选举设施等进行破坏的行为；所谓威胁，是指以危害人身安全、毁坏财产，甚至侵犯人身安全等手段相要挟，迫使参选居民不能正常行使选举权利，导致选举工作不能正常进行或中断，或者迫使候选人退出选举；所谓欺骗，是指虚构故事，散布、扩散各种谣言或者隐瞒事实真相，以混淆视听进行干扰破坏的行为；所谓贿赂，是指用金钱或其他物质换取选票，或者收买选举工作人员、候选人，使选举工作人员在选举工作中舞弊，或者使候选人退出选举，以达到当选的目的；所谓伪造选票，是指涂改、制造假选票的行为。所谓虚报选举票数，是指对投票总数、赞成票数、反对票数、弃权票数等进行以少报多或者以多报少等虚假报告的行为。

二、违反选举程序和操作规则的行为

主要指不按照社区居民委员会选举操作程序执行、篡改或者漏掉必要程序的行为。如随意变更选举日的，不执行差额选举的，实际参加投票的人数不符合会议要求的，未设立秘密写票间的，不实行无记名投票的，不公开唱票、计票的，未当场公布选举结果的，等等。

三、参选居民违法违规违纪行为

比如，以威胁、贿赂、欺骗、诽谤、伪造选票等不正当手段，妨害居民行使选举权和被选举权；对选举组织工作不满而在选举中起哄、滋事，撕毁选票，争夺选举票箱，打砸选举会场的；利用家庭、帮派干扰、破坏选举工作的；对选举工作人员、参选居民打击报复的；等等。

四、选举组织机构及工作人员违法违规违纪行为

比如，投票选举中的舞弊行为，利用非法手段强迫、诱使居民按照组织者的意图写票，随意取消居民的参选资格，指定、委派或者撤换候选人，擅自更改选举日，伪造选举文件，虚报选举票数，等等。

第二节 违法违规违纪行为的查处

一、受理单位

发现违法违规违纪行为，可以向以下单位举报：区（市、县）人民代表大会和人民政府、街道（乡镇）[街道（乡镇）换届选举工作领导（指导）小组]、区（市、县）人民政府相关主管部门（如主管纪律监察的纪检部门、主管基层政权和社区建设的民政部门、主管社会治安的公安部门、主管信访的信访部门）。

二、查处办法

（一）受理

受理单位应当认真对待举报的违法违规违纪行为问题，做好记录。对一般的法律和政策问题，作出解释和回复；对重要的违法违规违纪行为问题，及时整理立案，该上报的还要逐级上报。

（二）调查

对立案的，受理单位应组织调查组深入基层开展调查。通过走访、座谈，全面听取各方面的意见，尤其是当事人及争议双方的意见；查阅原始档案材料，如选举公告、社区选举委员会工作记录、开会记录、选票、选举记录单、报告单、图像资料等。要尽可能搜集有关证明材料，查清事情的原委，如实写出调查报告，不得隐瞒或歪曲事实，并提出拟处理意见，上报有关部门。

（三）处罚

一旦经调查认定为选举违法违规违纪的，要依照相关法律法规、党纪、政纪规定，追

究相关责任单位和责任人，依法作出处罚。

1. 对居民违法违规违纪行为的处罚

情节较轻微的，由社区选举委员会予以制止，并进行批评教育；情节严重的，由街道（乡镇）给予警告；违反《中华人民共和国治安管理处罚法》的，由公安机关依法予以处罚；构成犯罪的，由司法机关依法追究其刑事责任。

2. 对选举机构及工作人员违法违规违纪行为的处罚

党政机构、群团组织、国有企事业单位及其工作人员有以下行为的，由上一级人民政府责令改正，对直接责任人给予处分。

（1）指定社区居民委员会成员候选人的。
（2）指定、委派或者撤换社区居民委员会成员的。
（3）违反法律法规规定停止社区居民委员会成员职务的。
（4）无正当理由不组织或者拖延社区居民委员会换届选举的。
（5）以不正当手段妨害社区居民委员会成员履行职责的。

社区选举委员会不主持工作移交或者上一届社区居民委员会不办理移交手续的，由街道（乡镇）责令改正；造成相关利益方财产损失的，依法承担赔偿责任；违反《中华人民共和国治安管理处罚法》的，由公安机关依法处理。

依法认定以暴力、威胁、欺骗、诽谤等手段致使参选居民、候选人不能依法行使选举权和被选举权，用金钱或者其他手段贿赂居民、候选人或者选举工作人员，涂改、伪造选票或者虚报选票数，妨害社区选举委员会和选举工作人员履行职责等不正当手段当选社区居民委员会成员的，由区（市、县）民政部门或者街道办事处（乡镇人民政府）宣布其当选无效；区（市、县）民政部门或者街道办事处（乡镇人民政府）不作为的，进行通报批评，并追究其主要负责人和直接责任人的党纪或者政纪责任。

三、纠错纠偏

对确实存在的违法违规违纪行为，应当及时进行纠错纠偏。特别是在对选举结果有异议的情况下，一般由不设区的市、市辖区（县、市）人民政府主管部门或者街道（乡镇）换届选举工作领导小组（工作机构）自受理之日起十日内应当依法认定是否有效，包括选举是否有效、当选是否有效，并根据具体情况作出处理。

1. 选举无效的处理

一种是重新选举，适用于整个正式投票选举程序出错，确属无法局部纠正的情形。重新选举由社区选举委员会主持，重新确定选举日，重新核实参选居民（或户代表、居民代表）名单，按照选举实施方案重新组织投票选举。重新选举是一次全新的选举，不得按另行选举或补选处理。一种是局部纠正，选举过程中哪个环节出错就纠正局部环节。如参选居民数因登记失误造成的，可以重新计算，进行增减，其数量的变化不影响计票的选举有效，影响计票的可让补登记的居民另行投票，重新计算得票数，过半数的当选有效；当选票数计算方法错误的，按正确的计算方法重新计票，过半数的当选有效。

2. 当选无效的处理

当选人在选举活动中用威胁、暴力、贿赂等非法手段当选的,取消其当选资格。造成的缺额由获得法定最低票数的较多票者依次替补;如均未达到法定最低票数,进行另行选举。因选举工作失误造成具体当选人当选无效的,纠正失误的选举环节后(如按正确方法重新计算的票数)仍然当选的,其当选资格有效;无法纠正失误或纠正后没有当选的应重新组织投票选举,保留其候选人资格。

第三编
换届选举法律法规文件汇编

选举未动,法律先行。村民委员会和社区居民委员会的换届选举是依照法律法规和政策组织开展的。因此,做好对换届选举有关法律法规和政策的汇编,有利于广大工作者和干部群众集中地、更好地了解、学习、掌握法律法规规定和政策文件精神,增强法制观念、政策观念,提高依法行使民主选举权利、履行应尽义务的意识,也有利于加强有关法律法规和政策的宣传应用,为做好村民委员会和社区居民委员会换届选举、进一步推进村(居)民自治工作奠定坚实的基础。

中华人民共和国宪法（摘录）

（2004年3月14日第十届全国人民代表大会第二次会议通过的《中华人民共和国宪法修正案》修正版）

第一百一十一条 城市和农村按居民居住地区设立的居民委员会或者村民委员会是基层群众性自治组织。居民委员会、村民委员会的主任、副主任和委员由居民选举。居民委员会、村民委员会同基层政权的相互关系由法律规定。

居民委员会、村民委员会设人民调解、治安保卫、公共卫生等委员会，办理本居住地区的公共事务和公益事业，调解民间纠纷，协助维护社会治安，并且向人民政府反映群众的意见、要求和提出建议。

中华人民共和国村民委员会组织法

(1998年11月4日第九届全国人民代表大会常务委员会第五次会议通过 2010年10月28日第十一届全国人民代表大会常务委员会第十七次会议修订)

第一章 总 则

第一条 为了保障农村村民实行自治,由村民依法办理自己的事情,发展农村基层民主,维护村民的合法权益,促进社会主义新农村建设,根据宪法,制定本法。

第二条 村民委员会是村民自我管理、自我教育、自我服务的基层群众性自治组织,实行民主选举、民主决策、民主管理、民主监督。

村民委员会办理本村的公共事务和公益事业,调解民间纠纷,协助维护社会治安,向人民政府反映村民的意见、要求和提出建议。

村民委员会向村民会议、村民代表会议负责并报告工作。

第三条 村民委员会根据村民居住状况、人口多少,按照便于群众自治,有利于经济发展和社会管理的原则设立。

村民委员会的设立、撤销、范围调整,由乡、民族乡、镇的人民政府提出,经村民会议讨论同意,报县级人民政府批准。

村民委员会可以根据村民居住状况、集体土地所有权关系等分设若干村民小组。

第四条 中国共产党在农村的基层组织,按照中国共产党章程进行工作,发挥领导核心作用,领导和支持村民委员会行使职权;依照宪法和法律,支持和保障村民开展自治活动、直接行使民主权利。

第五条 乡、民族乡、镇的人民政府对村民委员会的工作给予指导、支持和帮助,但是不得干预依法属于村民自治范围内的事项。

村民委员会协助乡、民族乡、镇的人民政府开展工作。

第二章 村民委员会的组成和职责

第六条 村民委员会由主任、副主任和委员共三至七人组成。

村民委员会成员中,应当有妇女成员,多民族村民居住的村应当有人数较少的民族的成员。

对村民委员会成员,根据工作情况,给予适当补贴。

第七条 村民委员会根据需要设人民调解、治安保卫、公共卫生与计划生育等委员会。村民委员会成员可以兼任下属委员会的成员。人口少的村的村民委员会可以不设下属委员会,由村民委员会成员分工负责人民调解、治安保卫、公共卫生与计划生育等工作。

第八条 村民委员会应当支持和组织村民依法发展各种形式的合作经济和其他经济,承担本村生产的服务和协调工作,促进农村生产建设和经济发展。

村民委员会依照法律规定,管理本村属于村农民集体所有的土地和其他财产,引导村民合理利用自然资源，保护和改善生态环境。

村民委员会应当尊重并支持集体经济组织依法独立进行经济活动的自主权，维护以家庭承包经营为基础、统分结合的双层经营体制，保障集体经济组织和村民、承包经营户、联户或者合伙的合法财产权和其他合法权益。

第九条 村民委员会应当宣传宪法、法律、法规和国家的政策，教育和推动村民履行法律规定的义务、爱护公共财产，维护村民的合法权益，发展文化教育，普及科技知识，促进男女平等，做好计划生育工作，促进村与村之间的团结、互助，开展多种形式的社会主义精神文明建设活动。

村民委员会应当支持服务性、公益性、互助性社会组织依法开展活动，推动农村社区建设。

多民族村民居住的村，村民委员会应当教育和引导各民族村民增进团结、互相尊重、互相帮助。

第十条 村民委员会及其成员应当遵守宪法、法律、法规和国家的政策，遵守并组织实施村民自治章程、村规民约，执行村民会议、村民代表会议的决定、决议，办事公道，廉洁奉公，热心为村民服务，接受村民监督。

第三章　村民委员会的选举

第十一条 村民委员会主任、副主任和委员，由村民直接选举产生。任何组织或者个人不得指定、委派或者撤换村民委员会成员。

村民委员会每届任期三年，届满应当及时举行换届选举。村民委员会成员可以连选连任。

第十二条 村民委员会的选举，由村民选举委员会主持。

村民选举委员会由主任和委员组成，由村民会议、村民代表会议或者各村民小组会议推选产生。

村民选举委员会成员被提名为村民委员会成员候选人，应当退出村民选举委员会。

村民选举委员会成员退出村民选举委员会或者因其他原因出缺的，按照原推选结果依次递补，也可以另行推选。

第十三条 年满十八周岁的村民，不分民族、种族、性别、职业、家庭出身、宗教信仰、教育程度、财产状况、居住期限，都有选举权和被选举权；但是，依照法律被剥夺政治权利的人除外。

村民委员会选举前，应当对下列人员进行登记，列入参加选举的村民名单：

（一）户籍在本村并且在本村居住的村民；

（二）户籍在本村，不在本村居住，本人表示参加选举的村民；

（三）户籍不在本村，在本村居住一年以上，本人申请参加选举，并且经村民会议或者村民代表会议同意参加选举的公民。

已在户籍所在村或者居住村登记参加选举的村民，不得再参加其他地方村民委员会的选举。

第十四条 登记参加选举的村民名单应当在选举日的二十日前由村民选举委员会公布。

对登记参加选举的村民名单有异议的，应当自名单公布之日起五日内向村民选举委员会申诉，村民选举委员会应当自收到申诉之日起三日内作出处理决定，并公布处理结果。

第十五条 选举村民委员会，由登记参加选举的村民直接提名候选人。村民提名候选人，应当从全体村民利益出发，推荐奉公守法、品行良好、公道正派、热心公益、具有一定文化水平和工作能力的村民为候选人。候选人的名额应当多于应选名额。村民选举委员会应当组织候选人与村民见面，由候选人介绍履行职责的设想，回答村民提出的问题。

选举村民委员会，有登记参加选举的村民过半数投票，选举有效；候选人获得参加投票的村民过半数的选票，始得当选。当选人数不足应选名额的，不足的名额另行选举。另行选举的，第一次投票未当选的人员得票多的为候选人，候选人以得票多的当选，但是所得票数不得少于已投选票总数的三分之一。

选举实行无记名投票、公开计票的方法，选举结果应当当场公布。选举时，应当设立秘密写票处。

登记参加选举的村民，选举期间外出不能参加投票的，可以书面委托本村有选举权的近亲属代为投票。村民选举委员会应当公布委托人和受委托人的名单。

具体选举办法由省、自治区、直辖市的人民代表大会常务委员会规定。

第十六条 本村五分之一以上有选举权的村民或者三分之一以上的村民代表联名，可以提出罢免村民委员会成员的要求，并说明要求罢免的理由。被提出罢免的村民委员会成员有权提出申辩意见。

罢免村民委员会成员，须有登记参加选举的村民过半数投票，并须经投票的村民过半数通过。

第十七条 以暴力、威胁、欺骗、贿赂、伪造选票、虚报选举票数等不正当手段当选村民委员会成员的，当选无效。

对以暴力、威胁、欺骗、贿赂、伪造选票、虚报选举票数等不正当手段，妨害村民行使选举权、被选举权，破坏村民委员会选举的行为，村民有权向乡、民族乡、镇的人民代表大会和人民政府或者县级人民代表大会常务委员会和人民政府及其有关主管部门举报，由乡级或者县级人民政府负责调查并依法处理。

第十八条 村民委员会成员丧失行为能力或者被判处刑罚的，其职务自行终止。

第十九条 村民委员会成员出缺，可以由村民会议或者村民代表会议进行补选。补选程序参照本法第十五条的规定办理。补选的村民委员会成员的任期到本届村民委员会任期届满时止。

第二十条 村民委员会应当自新一届村民委员会产生之日起十日内完成工作移交。工作移交由村民选举委员会主持，由乡、民族乡、镇的人民政府监督。

第四章 村民会议和村民代表会议

第二十一条 村民会议由本村十八周岁以上的村民组成。

村民会议由村民委员会召集。有十分之一以上的村民或者三分之一以上的村民代表提议，应当召集村民会议。召集村民会议，应当提前十天通知村民。

第二十二条 召开村民会议，应当有本村十八周岁以上村民的过半数，或者本村三分之二以上的户的代表参加，村民会议所作决定应当经到会人员的过半数通过。法律对召开村民会议及作出决定另有规定的，依照其规定。

召开村民会议，根据需要可以邀请驻本村的企业、事业单位和群众组织派代表列席。

第二十三条 村民会议审议村民委员会的年度工作报告，评议村民委员会成员的工作；有权撤销或者变更村民委员会不适当的决定；有权撤销或者变更村民代表会议不适当的决定。

村民会议可以授权村民代表会议审议村民委员会的年度工作报告，评议村民委员会成员的工作，撤销或者变更村民委员会不适当的决定。

第二十四条 涉及村民利益的下列事项，经村民会议讨论决定方可办理：

（一）本村享受误工补贴的人员及补贴标准；

（二）从村集体经济所得收益的使用；

（三）本村公益事业的兴办和筹资筹劳方案及建设承包方案；

（四）土地承包经营方案；

（五）村集体经济项目的立项、承包方案；

（六）宅基地的使用方案；

（七）征地补偿费的使用、分配方案；

（八）以借贷、租赁或者其他方式处分村集体财产；

（九）村民会议认为应当由村民会议讨论决定的涉及村民利益的其他事项。

村民会议可以授权村民代表会议讨论决定前款规定的事项。

法律对讨论决定村集体经济组织财产和成员权益的事项另有规定的，依照其规定。

第二十五条 人数较多或者居住分散的村，可以设立村民代表会议，讨论决定村民会议授权的事项。村民代表会议由村民委员会成员和村民代表组成，村民代表应当占村民代表会议组成人员的五分之四以上，妇女村民代表应当占村民代表会议组成人员的三分之一以上。

村民代表由村民按每五户至十五户推选一人，或者由各村民小组推选若干人。村民代表的任期与村民委员会的任期相同。村民代表可以连选连任。

村民代表应当向其推选户或者村民小组负责，接受村民监督。

第二十六条 村民代表会议由村民委员会召集。村民代表会议每季度召开一次。有五分之一以上的村民代表提议，应当召集村民代表会议。

村民代表会议有三分之二以上的组成人员参加方可召开，所作决定应当经到会人员的过半数同意。

第二十七条 村民会议可以制定和修改村民自治章程、村规民约，并报乡、民族乡、镇的人民政府备案。

村民自治章程、村规民约以及村民会议或者村民代表会议的决定不得与宪法、法律、法规和国家的政策相抵触，不得有侵犯村民的人身权利、民主权利和合法财产权利的内容。

村民自治章程、村规民约以及村民会议或者村民代表会议的决定违反前款规定的，由乡、民族乡、镇的人民政府责令改正。

第二十八条 召开村民小组会议，应当有本村民小组十八周岁以上的村民三分之二以上，或者本村民小组三分之二以上的户的代表参加，所作决定应当经到会人员的过半数同意。

村民小组组长由村民小组会议推选。村民小组组长任期与村民委员会的任期相同，可以连选连任。

属于村民小组的集体所有的土地、企业和其他财产的经营管理以及公益事项的办理，由村民小组会议依照有关法律的规定讨论决定，所作决定及实施情况应当及时向本村民小组的村民公布。

第五章 民主管理和民主监督

第二十九条 村民委员会应当实行少数服从多数的民主决策机制和公开透明的工作原则，建立健全各种工作制度。

第三十条 村民委员会实行村务公开制度。

村民委员会应当及时公布下列事项，接受村民的监督：

（一）本法第二十三条、第二十四条规定的由村民会议、村民代表会议讨论决定的事项及其实施情况；

（二）国家计划生育政策的落实方案；

（三）政府拨付和接受社会捐赠的救灾救助、补贴补助等资金、物资的管理使用情况；

（四）村民委员会协助人民政府开展工作的情况；

（五）涉及本村村民利益，村民普遍关心的其他事项。

前款规定事项中，一般事项至少每季度公布一次；集体财务往来较多的，财务收支情况应当每月公布一次；涉及村民利益的重大事项应当随时公布。

村民委员会应当保证所公布事项的真实性，并接受村民的查询。

第三十一条 村民委员会不及时公布应当公布的事项或者公布的事项不真实的，村民有权向乡、民族乡、镇的人民政府或者县级人民政府及其有关主管部门反映，有关人民政府或者主管部门应当负责调查核实，责令依法公布；经查证确有违法行为的，有关人员应当依法承担责任。

第三十二条 村应当建立村务监督委员会或者其他形式的村务监督机构，负责村民民主理财，监督村务公开等制度的落实，其成员由村民会议或者村民代表会议在村民中推选产生，其中应有具备财会、管理知识的人员。村民委员会成员及其近亲属不得担任村务监督机构成员。村务监督机构成员向村民会议和村民代表会议负责，可以列席村民委员会会议。

第三十三条　村民委员会成员以及由村民或者村集体承担误工补贴的聘用人员，应当接受村民会议或者村民代表会议对其履行职责情况的民主评议。民主评议每年至少进行一次，由村务监督机构主持。

村民委员会成员连续两次被评议不称职的，其职务终止。

第三十四条　村民委员会和村务监督机构应当建立村务档案。村务档案包括：选举文件和选票，会议记录，土地发包方案和承包合同，经济合同，集体财务账目，集体资产登记文件，公益设施基本资料，基本建设资料，宅基地使用方案，征地补偿费使用及分配方案等。村务档案应当真实、准确、完整、规范。

第三十五条　村民委员会成员实行任期和离任经济责任审计，审计包括下列事项：

（一）本村财务收支情况；

（二）本村债权债务情况；

（三）政府拨付和接受社会捐赠的资金、物资管理使用情况；

（四）本村生产经营和建设项目的发包管理以及公益事业建设项目招标投标情况；

（五）本村资金管理使用以及本村集体资产、资源的承包、租赁、担保、出让情况，征地补偿费的使用、分配情况；

（六）本村五分之一以上的村民要求审计的其他事项。

村民委员会成员的任期和离任经济责任审计，由县级人民政府农业部门、财政部门或者乡、民族乡、镇的人民政府负责组织，审计结果应当公布，其中离任经济责任审计结果应当在下一届村民委员会选举之前公布。

第三十六条　村民委员会或者村民委员会成员作出的决定侵害村民合法权益的，受侵害的村民可以申请人民法院予以撤销，责任人依法承担法律责任。

村民委员会不依照法律、法规的规定履行法定义务的，由乡、民族乡、镇的人民政府责令改正。

乡、民族乡、镇的人民政府干预依法属于村民自治范围事项的，由上一级人民政府责令改正。

第六章　附　　则

第三十七条　人民政府对村民委员会协助政府开展工作应当提供必要的条件；人民政府有关部门委托村民委员会开展工作需要经费的，由委托部门承担。

村民委员会办理本村公益事业所需的经费，由村民会议通过筹资筹劳解决；经费确有困难的，由地方人民政府给予适当支持。

第三十八条　驻在农村的机关、团体、部队、国有及国有控股企业、事业单位及其人员不参加村民委员会组织，但应当通过多种形式参与农村社区建设，并遵守有关村规民约。

村民委员会、村民会议或者村民代表会议讨论决定与前款规定的单位有关的事项，应当与其协商。

第三十九条　地方各级人民代表大会和县级以上地方各级人民代表大会常务委员会在本行政区域内保证本法的实施，保障村民依法行使自治权利。

第四十条　省、自治区、直辖市的人民代表大会常务委员会根据本法，结合本行政区域的实际情况，制定实施办法。

第四十一条　本法自公布之日起施行。

中华人民共和国城市居民委员会组织法

（1989年12月26日第七届全国人民代表大会常务委员会第十一次会议通过 1989年12月26日中华人民共和国主席令第二十一号公布 自1990年1月1日起施行）

第一条 为了加强城市居民委员会的建设，由城市居民群众依法办理群众自己的事情，促进城市基层社会主义民主和城市社会主义物质文明、精神文明建设的发展，根据宪法，制定本法。

第二条 居民委员会是居民自我管理、自我教育、自我服务的基层群众性自治组织。

不设区的市、市辖区的人民政府或者它的派出机关对居民委员会的工作给予指导、支持和帮助。居民委员会协助不设区的市、市辖区的人民政府或者它的派出机关开展工作。

第三条 居民委员会的任务：

（一）宣传宪法、法律、法规和国家的政策，维护居民的合法权益，教育居民履行依法应尽的义务，爱护公共财产，开展多种形式的社会主义精神文明建设活动；

（二）办理本居住地区居民的公共事务和公益事业；

（三）调解民间纠纷；

（四）协助维护社会治安；

（五）协助人民政府或者它的派出机关做好与居民利益有关的公共卫生、计划生育、优抚救济、青少年教育等项工作；

（六）向人民政府或者它的派出机关反映居民的意见、要求和提出建议。

第四条 居民委员会应当开展便民利民的社区服务活动，可以兴办有关的服务事业。

居民委员会管理本居民委员会的财产，任何部门和单位不得侵犯居民委员会的财产所有权。

第五条 多民族居住地区的居民委员会，应当教育居民互相帮助，互相尊重，加强民族团结。

第六条 居民委员会根据居民居住状况，按照便于居民自治的原则，一般在一百户至七百户的范围内设立。

居民委员会的设立、撤销、规模调整，由不设区的市、市辖区的人民政府决定。

第七条 居民委员会由主任、副主任和委员共五至九人组成。多民族居住地区，居民委员会中应当有人数较少的民族的成员。

第八条 居民委员会主任、副主任和委员，由本居住地区全体有选举权的居民或者由每户派代表选举产生；根据居民意见，也可以由每个居民小组选举代表二至三人选举产生。居民委员会每届任期三年，其成员可以连选连任。

年满十八周岁的本居住地区居民，不分民族、种族、性别、职业、家庭出身、宗教信仰、教育程度、财产状况、居住期限，都有选举权和被选举权；但是，依照法律被剥夺政治权利的人除外。

第九条 居民会议由十八周岁以上的居民组成。

居民会议可以由全体十八周岁以上的居民或者每户派代表参加，也可以由每个居民小组选举代表二至三人参加。

居民会议必须有全体十八周岁以上的居民、户的代表或者居民小组选举的代表的过半数出席，才能举行。会议的决定，由出席人的过半数通过。

第十条 居民委员会向居民会议负责并报告工作。

居民会议由居民委员会召集和主持。有五分之一以上的十八周岁以上的居民、五分之一以上的户或者三分之一以上的居民小组提议，应当召集居民会议。涉及全体居民利益的重要问题，居民委员会必须提请居民会议讨论决定。

居民会议有权撤换和补选居民委员会成员。

第十一条 居民委员会决定问题，采取少数服从多数的原则。

居民委员会进行工作，应当采取民主的方法，不得强迫命令。

第十二条 居民委员会成员应当遵守宪法、法律、法规和国家的政策，办事公道，热心为居民服务。

第十三条 居民委员会根据需要设人民调解、治安保卫、公共卫生等委员会。居民委员会成员可以兼任下属的委员会的成员。居民较少的居民委员会可以不设下属的委员会，由居民委员会的成员分工负责有关工作。

第十四条 居民委员会可以分设若干居民小组，小组长由居民小组推选。

第十五条 居民公约由居民会议讨论制定，报不设区的市、市辖区的人民政府或者它的派出机关备案，由居民委员会监督执行。居民应当遵守居民会议的决议和居民公约。

居民公约的内容不得与宪法、法律、法规和国家的政策相抵触。

第十六条 居民委员会办理本居住地区公益事业所需的费用，经居民会议讨论决定，可以根据自愿原则向居民筹集，也可以向本居住地区的受益单位筹集，但是必须经受益单位同意；收支账目应当及时公布，接受居民监督。

第十七条 居民委员会的工作经费和来源，居民委员会成员的生活补贴费的范围、标准和来源，由不设区的市、市辖区的人民政府或者上级人民政府规定并拨付；经居民会议同意，可以从居民委员会的经济收入中给予适当补助。

居民委员会的办公用房，由当地人民政府统筹解决。

第十八条 依照法律被剥夺政治权利的人编入居民小组，居民委员会应当对他们进行监督和教育。

第十九条 机关、团体、部队、企业事业组织，不参加所在地的居民委员会，但是应当支持所在地的居民委员会的工作。所在地的居民委员会讨论同这些单位有关的问题，需要他们参加会议时，他们应当派代表参加，并且遵守居民委员会的有关决定和居民公约。

前款所列单位的职工及家属、军人及随军家属，参加居住地区的居民委员会；其家属聚居区可以单独成立家属委员会，承担居民委员会的工作，在不设区的市、市辖区的人民政府或者它的派出机关和本单位的指导下进行工作。家属委员会的工作经费和家属委员会成员的生活补贴费、办公用房，由所属单位解决。

第二十条 市、市辖区的人民政府有关部门，需要居民委员会或者它的下属委员会协助进行的工作，应当经市、市辖区的人民政府或者它的派出机关同意并统一安排。市、市辖区的人民政府的有关部门，可以对居民委员会有关的下属委员会进行业务指导。

第二十一条 本法适用于乡、民族乡、镇的人民政府所在地设立的居民委员会。

第二十二条 省、自治区、直辖市的人民代表大会常务委员会可以根据本法制定实施办法。

第二十三条 本法自1990年1月1日起施行。1954年12月31日全国人民代表大会常务委员会通过的《城市居民委员会组织条例》同时废止。

党的十八大报告节选和党的
十八届三中全会有关精神

党的十八大报告节选

五、坚持走中国特色社会主义政治发展道路和推进政治体制改革

政治体制改革是我国全面改革的重要组成部分。必须继续积极稳妥推进政治体制改革，发展更加广泛、更加充分、更加健全的人民民主。必须坚持党的领导、人民当家作主、依法治国有机统一，以保证人民当家作主为根本，以增强党和国家活力、调动人民积极性为目标，扩大社会主义民主，加快建设社会主义法治国家，发展社会主义政治文明。要更加注重改进党的领导方式和执政方式，保证党领导人民有效治理国家；更加注重健全民主制度、丰富民主形式，保证人民依法实行民主选举、民主决策、民主管理、民主监督；更加注重发挥法治在国家治理和社会管理中的重要作用，维护国家法制统一、尊严、权威，保证人民依法享有广泛权利和自由。要把制度建设摆在突出位置，充分发挥我国社会主义政治制度优越性，积极借鉴人类政治文明有益成果，绝不照搬西方政治制度模式。

（三）完善基层民主制度。在城乡社区治理、基层公共事务和公益事业中实行群众自我管理、自我服务、自我教育、自我监督，是人民依法直接行使民主权利的重要方式。要健全基层党组织领导的充满活力的基层群众自治机制，以扩大有序参与、推进信息公开、加强议事协商、强化权力监督为重点，拓宽范围和途径，丰富内容和形式，保障人民享有更多更切实的民主权利。全心全意依靠工人阶级，健全以职工代表大会为基本形式的企事业单位民主管理制度，保障职工参与管理和监督的民主权利。发挥基层各类组织协同作用，实现政府管理和基层民主有机结合。

党的十八届三中全会有关精神

（一）党的十八届三中全会决议有关精神。发展社会主义民主政治，必须以保证人民当家作主为根本，坚持和完善人民代表大会制度、中国共产党领导的多党合作和政治协商制度、民族区域自治制度以及基层群众自治制度，更加注重健全民主制度、丰富民主形式，从各层次各领域扩大公民有序政治参与，充分发挥我国社会主义政治制度优越性。推动人民代表大会制度与时俱进。推进协商民主广泛多层制度化发展。发展基层民主。

（二）《中共中央关于全面深化改革若干重大问题的决定》。

紧紧围绕坚持党的领导、人民当家作主、依法治国有机统一深化政治体制改革，加快推进社会主义民主政治制度化、规范化、程序化，建设社会主义法治国家，发展更加广泛、更加充分、更加健全的人民民主。

发展社会主义民主政治，必须以保证人民当家作主为根本，坚持和完善人民代表大会制度、中国共产党领导的多党合作和政治协商制度、民族区域自治制度以及基层群众自治制度，更加注重健全民主制度、丰富民主形式，从各层次各领域扩大公民有序政治参与，充分发挥我国社会主义政治制度优越性。

发展基层民主。畅通民主渠道，健全基层选举、议事、公开、述职、问责等机制。开展形式多样的基层民主协商，推进基层协商制度化，建立健全居民、村民监督机制，促进群众在城乡社区治理、基层公共事务和公益事业中依法自我管理、自我服务、自我教育、自我监督。

创新社会治理，必须着眼于维护最广大人民根本利益，最大限度增加和谐因素，增强社会发展活力，提高社会治理水平，全面推进平安中国建设，维护国家安全，确保人民安居乐业、社会安定有序。

改进社会治理方式。坚持系统治理，加强党委领导，发挥政府主导作用，鼓励和支持社会各方面参与，实现政府治理和社会自我调节、居民自治良性互动。坚持依法治理，加强法治保障，运用法治思维和法治方式化解社会矛盾。坚持综合治理，强化道德约束，规范社会行为，调节利益关系，协调社会关系，解决社会问题。坚持源头治理，标本兼治、重在治本，以网格化管理、社会化服务为方向，健全基层综合服务管理平台，及时反映和协调人民群众各方面各层次利益诉求。

中华人民共和国治安管理处罚法（摘录）

（2005年8月28日第十届全国人民代表大会常务委员会第十七次会议通过　根据2012年10月26日第十一届全国人民代表大会常务委员会第二十九次会议《关于修改〈中华人民共和国治安管理处罚法〉的决定》修正）

第二条　扰乱公共秩序，妨害公共安全，侵犯人身权利、财产权利，妨害社会管理，具有社会危害性，依照《中华人民共和国刑法》的规定构成犯罪的，依法追究刑事责任；尚不够刑事处罚的，由公安机关依照本法给予治安管理处罚。

第十六条　有两种以上违反治安管理行为的，分别决定，合并执行。行政拘留处罚合并执行的，最长不超过二十日。

第十七条　共同违反治安管理的，根据违反治安管理行为人在违反治安管理行为中所起的作用，分别处罚。

教唆、胁迫、诱骗他人违反治安管理的，按照其教唆、胁迫、诱骗的行为处罚。

第十九条　违反治安管理有下列情形之一的，减轻处罚或者不予处罚：

（一）情节特别轻微的；

（二）主动消除或者减轻违法后果，并取得被侵害人谅解的；

（三）出于他人胁迫或者诱骗的；

（四）主动投案，向公安机关如实陈述自己的违法行为的；

（五）有立功表现的。

第二十条　违反治安管理有下列情形之一的，从重处罚：

（一）有较严重后果的；

（二）教唆、胁迫、诱骗他人违反治安管理的；

（三）对报案人、控告人、举报人、证人打击报复的；

（四）六个月内曾受过治安管理处罚的。

第二十三条　有下列行为之一的，处警告或者二百元以下罚款；情节较重的，处五日以上十日以下拘留，可以并处五百元以下罚款：

（五）破坏依法进行的选举秩序的。

聚众实施前款行为的，对首要分子处十日以上十五日以下拘留，可以并处一千元以下罚款。

第二十四条　有下列行为之一，扰乱文化、体育等大型群众性活动秩序的，处警告或者二百元以下罚款；情节严重的，处五日以上十日以下拘留，可以并处五百元以下罚款：

（六）扰乱大型群众性活动秩序的其他行为。

第二十五条　有下列行为之一的，处五日以上十日以下拘留，可以并处五百元以下罚款；情节较轻的，处五日以下拘留或者五百元以下罚款：

（一）散布谣言，谎报险情、疫情、警情或者以其他方法故意扰乱公共秩序的。

第二十六条　有下列行为之一的，处五日以上十日以下拘留，可以并处五百元以下罚款；情节较重的，处十日以上十五日以下拘留，可以并处一千元以下罚款：

（一）结伙斗殴的；

（二）追逐、拦截他人的。

第三十二条 非法携带枪支、弹药或者弩、匕首等国家规定的管制器具的，处五日以下拘留，可以并处五百元以下罚款；情节较轻的，处警告或者二百元以下罚款。

非法携带枪支、弹药或者弩、匕首等国家规定的管制器具进入公共场所或者公共交通工具的，处五日以上十日以下拘留，可以并处五百元以下罚款。

第四十二条 有下列行为之一的，处五日以下拘留或者五百元以下罚款；情节较重的，处五日以上十日以下拘留，可以并处五百元以下罚款：

（一）写恐吓信或者以其他方法威胁他人人身安全的；

（二）公然侮辱他人或者捏造事实诽谤他人的；

（三）捏造事实诬告陷害他人，企图使他人受到刑事追究或者受到治安管理处罚的；

（四）对证人及其近亲属进行威胁、侮辱、殴打或者打击报复的。

第九十一条 治安管理处罚由县级以上人民政府公安机关决定；其中警告、五百元以下的罚款可以由公安派出所决定。

全国人民代表大会常务委员会关于《中华人民共和国刑法》第九十三条第二款的解释释义

全国人民代表大会常务委员会讨论了村民委员会等村基层组织人员在从事哪些工作时属于刑法第九十三条第二款规定的"其他依照法律从事公务的人员",解释如下:

村民委员会等村基层组织人员协助人民政府从事下列行政管理工作,属于刑法第九十三条第二款规定的"其他依照法律从事公务的人员":

(一)救灾、抢险、防汛、优抚、扶贫、移民、救济款物的管理;
(二)社会捐助公益事业款物的管理;
(三)国有土地的经营和管理;
(四)土地征用补偿费用的管理;
(五)代征、代缴税款;
(六)有关计划生育、户籍、征兵工作;
(七)协助人民政府从事的其他行政管理工作。

村民委员会等村基层组织人员从事前款规定的公务,利用职务上的便利,非法占有公共财物、挪用公款、索取他人财物或者非法收受他人财物,构成犯罪的,适用刑法第三百八十二条和第三百八十三条贪污罪、第三百八十四条挪用公款罪、第三百八十五条和第三百八十六条受贿罪的规定。

现予公告。

广东省实施
《中华人民共和国村民委员会组织法》办法

（1998年11月27日广东省第九届人民代表大会常务委员会第六次会议通过 2002年5月30日广东省第九届人民代表大会常务委员会第三十三次会议第一次修订 2012年9月28日广东省第十一届人民代表大会常务委员会第三十六次会议第二次修订 2012年9月28日公布 自2012年11月1日起施行）

第一章 总 则

第一条 为了发展农村基层民主，保障农村村民依法实行自治，维护村民合法权益，根据《中华人民共和国村民委员会组织法》，结合本省实际，制定本办法。

第二条 村民委员会是村民自我管理、自我教育、自我服务的基层群众性自治组织，实行民主选举、民主决策、民主管理、民主监督。

村民委员会向村民会议、村民代表会议负责并报告工作。

第三条 村民委员会根据村民居住状况、历史习惯、人口多少、经济状况，按照便于群众自治、有利于经济发展和社会管理的原则设立。

村民委员会的设立、撤销、更名、范围调整，由镇（乡）人民政府提出，经村民会议讨论同意后，报县级（含区、县级市，下同）或者不设区的地级市人民政府批准，并报上级人民政府民政主管部门备案。

第四条 中国共产党在农村的基层组织，按照《中国共产党章程》和《中国共产党农村基层组织工作条例》进行工作，发挥领导核心作用，领导和支持村民委员会行使职权；依照宪法和法律，支持和保障村民开展自治活动、直接行使民主权利。

村民委员会应当维护中国共产党农村基层组织的领导核心地位。

第五条 镇（乡）人民政府对村民委员会的工作给予指导、支持和帮助，但是不得干预依法属于村民自治范围内的事项。

村民委员会协助镇（乡）人民政府开展工作，镇（乡）人民政府应当提供必要的经费和条件；县级以上人民政府有关部门委托村民委员会开展工作需要经费的，由委托部门承担。

第六条 建立健全以省市补助、县级统筹、村集体收入自我保障为主的农村基层组织经费保障制度，各级人民政府应当将农村基层组织经费补助资金列入年度预算。

第二章 村民委员会和村民小组

第七条 村民委员会由主任、副主任和委员共三至七人组成，村民委员会成员之间不得有夫妻、父母子女、兄弟姐妹关系。

村民委员会成员中应当至少有一名妇女成员,多民族村民居住的村应当有人数较少的民族的成员;两个以上自然村联合设立村民委员会的,其成员分布应当考虑村落状况。

第八条 村民委员会根据需要设立若干下属委员会,负责人民调解、治安保卫、公共卫生、经济管理、计划生育、公共福利、群众文体、社会建设等工作;下属委员会成员由村民委员会成员共同讨论确定,村民委员会成员可以兼任下属委员会成员;人口少的村可以不设下属委员会,由村民委员会成员分工负责有关工作。

第九条 村民委员会的主要职责:

(一)召集村民会议和村民代表会议,执行村民会议和村民代表会议的决定、决议。

(二)依照法律、法规规定管理本村属于村农民集体所有的土地和其他财产,编制并实施本村经济和社会发展规划及年度计划,教育村民爱护公共财产和设施,珍惜土地,合理开发利用自然资源,保护和改善生态环境。

(三)尊重、支持集体经济组织和其他经济组织依法独立进行经济活动的自主权,维护以家庭承包经营为基础、统分结合的双层经营体制,保障集体经济组织和村民、承包经营户、联户或者合伙的合法财产权和其他合法利益。

(四)支持和组织村民发展各种形式的合作经济和其他经济,承担本村生产的服务和协调工作,促进本村生产建设和经济发展。

(五)按照村庄规划的要求,组织开展农村生产、生活服务设施建设,引导村民合理建设住宅,整顿村容村貌,搞好公共卫生,改善居住环境。

(六)加强农村社会管理,促进村民团结和家庭和睦,教育村民尊老爱幼、扶贫帮困,照顾五保户、低保户、军烈属和残疾人;多民族村民居住的村和有非本村户籍公民居住的村,应当教育和引导村民加强团结、互相帮助、互相尊重。

(七)依法调解民间纠纷,代表本村处理与邻村的纠纷,维护村与村之间的团结;协调处理村民小组之间的关系;协助有关部门维护社会治安和生产生活秩序;协助有关部门对社区矫正人员和刑释解教人员进行教育、帮助和监督。

(八)促进农村公共服务,发展公益事业,完善公共服务设施,支持服务性、公益性、互助性社会组织依法开展活动。

(九)发展文化教育,普及科技知识,开展多种形式的精神文明活动,完善村级文化设施的综合服务功能,提高村民思想道德素质和科学文化水平,移风易俗,树立社会主义新风尚。

(十)宣传贯彻宪法、法律、法规和国家政策,教育村民依法履行纳税、服兵役、义务教育、计划生育等义务,贯彻落实男女平等基本国策,遵守村民自治章程和村规民约。

(十一)管理本村财务、政府拨款和捐赠资金,建立健全民主理财制度,在银行开设基本账户,定期向村民会议或者村民代表会议报告财务收支情况,并报镇(乡)人民政府备案。

(十二)协助有关部门开展农村富余劳动力转移就业培训。

(十三)支持和组织村民参加新型农村合作医疗及农村养老保险。

(十四)依法维护异地务工人员就业、经商、居住等权利以及依法享有的公共服务权利和参与社区管理的权利。

第十条 村民委员会及其成员应当遵守宪法、法律、法规和国家政策,遵守并组织实施村民自治章程和村规民约,履行法律法规规定的职责,办事公道,廉洁奉公,热心为村民服务,接受村民监督。

第十一条 村民委员会成员实行任期职务补贴。补贴方案由村民会议或者村民代表会议根据本村经济状况和村民委员会成员的工作情况讨论决定,并报镇(乡)人民政府备案。经费由村集体经济收益和各级人民政府补贴解决。

第十二条 村民委员会可以根据村民居住状况、集体土地所有权关系等分设若干村民小组。

村民小组的设立、撤销、更名、范围调整，由村民委员会召集相关村民小组会议讨论后提出，经村民会议或者村民代表会议讨论通过后，报镇（乡）人民政府批准，并报不设区的市、市辖区、县、自治县人民政府民政主管部门备案。

第十三条 村民小组设组长一名，根据需要可以设立副组长。

村民小组组长、副组长（以下简称村民小组长）应当及时收集本村民小组村民的意见和建议，并向村民委员会反映。

村民小组在村民委员会领导下开展工作，执行村民会议、村民代表会议、村民小组会议和村民委员会的决定、决议。

召开村民小组会议，应当有本村民小组十八周岁以上的村民三分之二以上，或者本村民小组三分之二以上的户的代表参加，所作决定应当经到会人员的过半数同意。

第十四条 属于村民小组集体所有的土地、企业和其他财产的经营管理以及公益事项的办理，由村民小组会议依照有关法律的规定讨论决定，所作决定及实施情况应当及时向本村民小组的村民公布。村民委员会不得擅自处分村民小组集体所有的土地、企业和其他财产。

第三章　村民委员会和村民小组长的选举

第十五条 村民委员会主任、副主任和委员，依法由村民直接选举产生。任何组织或者个人不得指定、委派或者撤换村民委员会成员。

村民委员会成员按照《广东省村民委员会选举办法》的规定选举产生。

第十六条 村民委员会主任暂缺时，由副主任临时主持工作；主任、副主任都暂缺时，由村民代表会议在现任委员中推选临时主持工作人选，报镇（乡）人民政府同意后，由其主持工作。

村民委员会全体成员集体辞职时，由中国共产党在农村的基层组织临时主持村务工作，按照《广东省村民委员会选举办法》的规定选举新的村民委员会成员。

第十七条 村民小组长的推选由村民选举委员会或者村民委员会主持，由村民小组会议推选产生。村民小组长与本届村民委员会任期相同，可以连选连任。村民委员会成员可以兼任村民小组长。

村民小组长应当具备《广东省村民委员会选举办法》第十九条所列条件。当选人数不足应选名额的，不足的名额另行选举。另行选举的，参照《广东省村民委员会选举办法》第三十五条的规定执行。

第十八条 村民不能参加推选村民小组长会议的，可以书面委托本村民小组有选举权的近亲属代为投票，但每一村民接受委托投票不得超过三人。采用户的代表投票的，户与户之间不能委托投票。

村民小组长的推选一般不使用流动票箱。

第十九条 村民小组五分之一以上十八周岁以上的村民或者三分之一以上的户的代表，可以向村民委员会提出罢免本村民小组长的要求。罢免要求应当书面提出，并列明罢免理由。村民委员会应当受理并在三十日内召开村民小组会议或者户代表会议进行无记名投票表决，并在村民小组会议后五日内公告决定。

第二十条 村民小组长可以向村民委员会书面提出辞职，由村民委员会受理。村民委员会应当自收到辞职申请之日起三十日内召开村民小组会议或者户代表会议进行审议，决定是否接收其辞职，并在五日内公告。

第二十一条 村民小组长出现缺额时，村民委员会应当在三十日内召集村民小组会议、户代表会议进行补选并予以公告。补选的村民小组长的任期至本届村民委员会任期届满时止。

第二十二条 任何组织或者个人不得指定、委派或者撤换村民小组长。

在村民小组长选举过程中违反本办法规定的，参照《广东省村民委员会选举办法》第七章的规定执行。

第四章 村民会议和村民代表会议

第二十三条 村民会议由本村十八周岁以上的村民组成。

村民会议一般每半年举行一次。村民会议由村民委员会召集;村民委员会不召集的,由村务监督委员会召集。有十分之一以上的村民或者三分之一以上的村民代表提议,应当在三十日内召开村民会议。召集村民会议,应当提前十日通知村民。

召开村民会议,应当有本村十八周岁以上的村民的过半数,或者本村三分之二以上的户的代表参加,村民会议所作的决定应当经到会人员的过半数通过。法律、法规对召开村民会议及作出决定另有规定的,依照其规定。

召开村民会议,根据需要可以邀请驻本村的企业、事业单位和群众组织派代表列席。

第二十四条 村民会议行使下列职权:

(一)制定和修改本村村民自治章程、村规民约,并报镇(乡)人民政府备案审查;

(二)依法选举、罢免和补选村民委员会成员,审议决定村民委员会成员的辞职请求;

(三)听取、审查和批准村民委员会的工作报告、财务收支计划和执行情况报告,审议决定本村建设规划、经济和社会发展规划及年度计划;

(四)审议决定本村集体经济项目的立项、承包方案,决定从村集体经济所得收益的使用;

(五)审议决定本村公益事业的兴办和筹资筹劳方案及建设承包方案;

(六)审议决定集体所有土地的征收征用以及各项补偿费的使用和宅基地的分配方案;

(七)决定聘用或者辞退本村财会人员和其他村务管理人员,决定本村聘用人员和享受补贴人员的报酬标准;

(八)审议村民委员会主要负责人任期经济责任审计报告,听取村务监督委员会工作报告,评议村民委员会成员的工作;

(九)撤销或者变更村民代表会议、村民委员会、村民小组会议不适当的决议、决定;

(十)审议决定村民会议认为应当由其决定的涉及村民利益的其他事项。

法律对讨论决定村集体经济组织财产和成员权益的事项另有规定的,依照其规定。

第二十五条 村民自治章程、村规民约以及村民会议或者村民代表会议的决定不得与宪法、法律、法规和国家政策相抵触,不得有侵犯村民人身权利、民主权利、合法财产权利的内容。

村民自治章程、村规民约以及村民会议或者村民代表会议的决定违反前款规定的,由镇(乡)人民政府责令改正。

第二十六条 二百户以上或者居住分散的村,可以设立村民代表会议。村民代表会议由村民代表、村民委员会成员组成。村民代表应当占村民代表会议组成人员的五分之四以上,妇女村民代表应当占村民代表会议组成人员的三分之一以上。多民族村民居住的村,应当有人数较少的民族的代表。

村民代表的推选,由村民选举委员会主持,可以由村民按照居住相邻的原则和每五户至十五户推选一人的比例推选产生,也可以将名额分配至各村民小组,由村民小组召开村民小组会议推选产生,村民代表的人数不得少于二十人。村民代表的任期与本届村民委员会的任期相同,可以连选连任。

村民选举委员会应当在推选当日或者次日内,将推选产生的村民代表名单在村民委员会和各村民小组所在地公告,并报镇(乡)人民政府备案。

第二十七条 村民代表会议可以讨论决定本办法第二十四条第二项规定的村民委员会成员辞职、补选的事项。经村民会议授权,村民代表会议可以讨论决定本办法第二十四条第一款第三至第九项规定的事项。

村民代表应当实行联系户制度,真实反映自己所代表的村民的意见,向其推选户或者村民小组负责,接受村民监督。

第二十八条 村民代表会议一般每季度举行一次。有五分之一以上的村民代表提议,应当召集村民代表会议,村民委员会应当自受理之日起十五日内召集村民代表会议成员召开村民代表会议。村民委员会不召集的,村务监督委员会应当督促村民委员会召集;经督促村民委员会仍不召集的,由村务监督委员会召集。召集村民代表会议,一般应当提前五日通知村民代表会议成员。如遇救灾等特殊情况可以临时召开。

村民代表会议有三分之二以上的村民代表会议成员参加方可召开,所作决定应当经到会村民代表会议成员的过半数通过;村民代表会议的决定不得与村民会议的决定、决议相抵触。

村民会议和村民代表会议的决定、决议应当于会议结束后报镇(乡)人民政府备案,并在村民委员会和各村民小组所在地公布。

第二十九条 村民代表可以向村民代表会议书面提出辞职,由村民委员会受理并召集村民代表会议进行商议,并视商议结果决定是否同意辞职,及时公告。

村民代表的缺额按照原推选得票多少的顺序依次递补或者另行推选。

第三十条 应当通过村民会议决定的事项,不得由村民代表会议、村民委员会或者村民小组会议代替。

第五章 民主管理和民主监督

第三十一条 村民委员会应当发扬民主,依法办事,实行少数服从多数的民主决策机制和公开透明的工作原则,建立健全各项工作制度。

涉及村和村民切身利益的重大事项,村民委员会应当提交村民会议或者村民代表会议讨论作出决定。

第三十二条. 村民委员会实行村务公开制度。

村民委员会应当通过设立规范的村务公开栏、村务公开电子信息平台等形式及时公布以下事项,接受村民监督:

(一)本办法第二十四条、第二十七条规定的由村民会议、村民代表会议讨论决定的事项及其实施情况;

(二)落实国家计划生育政策的情况;

(三)救灾救济救助款物、优抚安置款物及国家各种补贴经费的管理使用情况;

(四)组织社会捐赠和接受社会捐赠款物的管理使用情况;

(五)新型农村合作医疗的收支情况、参加农村合作医疗的农民的医药费用报销情况;

(六)村民委员会协助人民政府开展工作的情况;

(七)本村财务收支和债权债务情况;

(八)涉及本村村民利益,村民要求公开的其他事项。

工作目标执行情况应当每年公布一次,一般事项至少每季度公布一次,涉及财务的事项应当每月公布一次,涉及村民利益的重大事项随时公开。

村民小组应当参照上述规定,对涉及的事项进行公开。

第三十三条 村民委员会应当保证村务公开事项全面、准确、真实,并接受村民查询。村民委员会不及时公开应当公布的事项或者公布的事项不真实的,村民有权向镇(乡)人民政府或者县级有关主管部门反映,有关人民政府或者主管部门应当负责调查核实,责令依法公布;经查证确有违法行为的,有关人员应当依法承担责任。

第三十四条 村应当成立村务监督委员会,负责村民民主理财,监督村务公开等制度的落实。村务监督委员会向村民会议和村民代表会议负责,其成员可以列席村民委员会会议。

村务监督委员会一般由主任、委员共三至五人组成,其成员由村民会议或者村民代表会议在有选举权的村民中推选产生,其中应当有具备财会、管理知识的人员。村民委员会成员及其配偶、父母、子女、兄弟姐妹、祖父母、外祖父母、孙子女、外孙子女不得担任村务监督委员会成员。

村务监督委员会成员与村民委员会成员任职的具体条件相同,村务监督委员会与村民委员会任期相同。新一届村民委员会产生后,应当及时推选产生新一届村务监督委员会。

第三十五条 村务监督委员会成员的罢免、辞职、职务终止以及补选,参照《广东省村民委员会选举办法》的有关规定执行。

第三十六条 村务监督委员会会议每季度至少召开一次,采取少数服从多数的原则议定事项。

村务监督委员会履行下列职责:

(一)监督村级事务民主决策;

(二)监督村民委员会成员行使职权;

(三)对村民委员会在村务公开方面的事项、内容、时间、程序、形式进行民主监督;

(四)参与审查本村集体的财务计划和各项财务管理制度,对本村集体财务活动进行民主监督;

(五)审核财务、账目;

(六)受村民委托,对村民质疑的本村集体的财务账目进行查阅、审核,并要求有关当事人对财务问题作出解释;

(七)向村民会议、村民代表会议报告村务公开和民主理财情况;

(八)收集、听取村民对村务公开和民主理财的意见和建议。

第三十七条 村民委员会成员由村民或者村集体承担误工补贴的其他村务管理、服务人员,应当接受村民会议或者村民代表会议对其履行职责情况的民主评议。民主评议每年年终进行一次,由村务监督委员会主持。

村民委员会成员连续两次被评议不称职的,其职务自行终止。

镇(乡)人民政府应当加强民主评议工作的组织、指导和监督。

第三十八条 村民委员会成员、村民小组长实行任期和离任经济责任审计。

村民委员会成员的任期和离任经济责任审计,由不设区的市、市辖区、县、自治县人民政府农业部门、财政部门或者镇(乡)人民政府负责组织,也可以委托社会中介机构进行审计。

审计结果应当公布,其中因被罢免或者辞职进行经济责任审计的,审计结果应当在被罢免或者辞职正式生效之日起三十日内公布;因任期届满进行离任经济责任审计的,审计结果应当在下一届村民委员会选举之前公布。

村民小组长被提出罢免或者村民小组长提出辞职的,村民委员会应当在自受理之日起三十日内组织对其经济责任进行审计,并公布审计结果。经济总量大的地方或者有条件的地方,按照本条第二款的规定对村民小组长实行任期和离任经济责任审计。

第三十九条 村民委员会应当建立印章使用的审批、登记、备案、移交制度。

印章应当由专人保管,保管人由村民委员会提名,并经村民代表会议讨论后确定。印章使用审批和印章保管应当分开,使用印章应当做好记录。涉及贷款、承包、对外签订合同等重大问题需要使用印章时,村民委员会应当及时召开村民会议或者村民代表会议,经讨论同意并经村民委员会主任签字后方可使用。对违反印章使用管理规定的,视情节轻重给予批评教育,违反法律的,依法追究法律责任。

村民委员会的印章,由镇(乡)人民政府负责制发,并报不设区的市、市辖区、县、自治县人民政府公安部门备案。换届选举工作结束后,上一届村民委员会应当在十日内向本届村民委员会移交印章。拒不移交村民委员会印章的,由制发机关负责追缴,并追究责任。

第四十条 建立和完善村务档案管理制度。村务档案内容包括：

（一）选举文件资料和选举情况记录；

（二）村民委员会及其下属委员会成员、村务监督委员会成员、村民代表、村民小组长和其他村组织成员名单；

（三）各种会议记录和文件；

（四）本村资金、资产、资源的经营、管理、收益、分配、使用、增值情况和企业、经济组织情况；

（五）土地发包方案和承包合同；

（六）经济合同；

（七）集体财务账目，集体资产登记文件；

（八）基本建设资料；

（九）宅基地使用方案；

（十）各项经费、款项收支情况；

（十一）协助政府开展工作的情况；

（十二）发展公益事业，办理公益事项情况；

（十三）各类社会组织、驻村单位情况；

（十四）村务公开资料；

（十五）村民委员会成员、村民小组长任期和离任经济责任审计报告；

（十六）计划生育情况资料；

（十七）需要保存的其他村务资料。

村务档案管理应当遵照法律、法规有关规定执行，并做到真实、准确、完整、规范。

第四十一条 村民委员会或者村民委员会成员作出的决定侵害村民合法权益的，受侵害的村民可以向镇（乡）人民政府或者县级有关主管部门申诉，镇（乡）人民政府或者县级有关主管部门应当进行调查并作出处理；也可以申请人民法院予以撤销，责任人依法承担法律责任。

村民委员会不依照法律、法规的规定履行法定义务的，由镇（乡）人民政府责令改正。

镇（乡）人民政府干预依法属于村民自治范围事项的，由上一级人民政府责令改正。

第六章 附　　则

第四十二条 不设区的市、市辖区、县、自治县人民政府民政部门和镇（乡）人民政府负责制定和实施村民委员会成员的培训计划。每届村民委员会主任、副主任、委员任期内至少应当培训一次，培训经费由不设区的市、市辖区、县、自治县以及镇（乡）两级人民政府列入财政预算。

第四十三条 《中华人民共和国村民委员会组织法》和本办法由各级人民政府组织实施，民政部门负责日常工作。

各级人民政府应当根据本行政区域的实际情况，制订村民自治规划，全面开展村民自治活动，组织开展农村社区建设。

第四十四条 本省各级人民代表大会和县级以上各级人民代表大会常务委员会在本行政区域内保证《中华人民共和国村民委员会组织法》和本办法的实施，保障村民依法行使自治权利。

第四十五条 街道办事处属下的村，适用本办法；街道办事处履行本办法所规定的应当由镇（乡）人民政府履行的职责。

第四十六条 本办法自2012年11月1日起施行。

广东省实施
《中华人民共和国城市居民委员会组织法》办法

（1996年4月5日广东省第八届人民代表大会常务委员会第二十一次会议通过　根据2014年1月9日广东省第十二届人民代表大会常务委员会第六次会议关于修改《广东省实施〈中华人民共和国城市居民委员会组织法〉办法》的决定修正）

第一条　为加强我省城市居民委员会建设，根据《中华人民共和国城市居民委员会组织法》（以下简称《居民委员会组织法》）规定，制定本办法。

第二条　居民委员会应当执行《居民委员会组织法》规定的任务，协助当地政府、街道办事处开展工作。

第三条　不设区的市、市辖区、乡、民族乡、镇的人民政府或者街道办事处应当加强对城市居民委员会工作的指导、支持和帮助，各机关、团体、部队、企事业单位应当支持所在地居民委员会的工作。

第四条　居民委员会应当在当地政府的指导和扶持下，动员社区各方面的力量，开展便民利民的社区服务活动，因地制宜兴办福利设施，有条件的，可以兴办经济实体。有关部门和单位应当给予支持。

居民委员会兴办的各类福利设施、经济实体，其财产所有权归居民委员会，任何部门和单位不得侵犯。

第五条　居民委员会由主任、副主任和委员共5至9人组成，户数在1000户以下的可以设5人，户数在1000－2000户的可以设7人，户数在2000户以上的可以设9人。居民委员会成员可以根据需要安排为专职或者兼职。

第六条　居民委员会主任、副主任和委员应当按照居民委员会组织法第八条规定选举产生。居民委员会可以根据实际需要聘用若干人，办理日常工作。

在本居民委员会工作的非本居住区的本市居民可以作为居民委员会成员候选人。

第七条　居民委员会可以分设若干居民小组。居民小组长由户代表会议推选，由年满18周岁以上且具有行为能力的居民担任，居民委员会成员也可以兼任居民小组长。

第八条　居民委员会办理本地区的公益事业，可以接受居民和辖区内的机关、团体、企事业等单位的捐助、赞助。但不得硬性摊派。

第九条　居民委员会的工作经费，由不设区的市、市辖区人民政府和乡镇政府、街道办事处拨付；经居民会议同意，可以从居民委员会的经济收入中提取部分予以补充。

第十条　居民委员会专职成员的待遇可以由不设区的市（县）、市辖区人民政府参照本地区职工的平均水平确定并拨付；居民委员会主任、副主任待遇可以略高于其他成员。兼职成员的报酬采用误工补贴的办法给予补贴。

第十一条　居民委员会的办公用房由不设区的市（县）、市辖区人民政府统筹解决，每个居民委员会的办公用房一般不少于30平方米；文化活动等用房根据本地实际情况由政府给予帮助解决。城建规划部门审核城市新区和改造旧城区规划时，应当监督建设单位按照城市规划要求的指标配套建设居民委员会办公用房。

第十二条　居民委员会应当按照规定，为居民委员会成员办理有关社会保险事宜。

第十三条 不设区的市（县）、市辖区人民政府的民政部门定期培训居民委员会成员，提高居民委员会成员的政治素质和业务能力。

第十四条 不设区的市（县）、市辖区的人民政府及其有关部门需要居民委员会协助进行工作的，所需的专项费用由安排工作的部门负担。

第十五条 民政部门对居民委员会建设的日常工作进行指导，居民委员会的设立、撤销、规模调整等事宜，由不设区的市（县）、市辖区的民政局审核后报本级人民政府决定。

第十六条 本办法自公布之日起施行。

广东省村民委员会选举办法

(1998年11月27日广东省第九届人民代表大会常务委员会第六次会议通过 2001年7月27日广东省第九届人民代表大会常务委员会第二十七次会议第一次修订 2010年12月1日广东省第十一届人民代表大会常务委员会第二十二次会议第二次修订)

第一章 总 则

第一条 为了规范村民委员会的选举工作，保障村民依法行使民主权利，根据《中华人民共和国村民委员会组织法》和有关法律，结合本省实际，制定本办法。

第二条 村民委员会由主任、副主任和委员共三至七人组成，各村的具体职数由村民会议或者村民代表会议提出方案，报乡、民族乡、镇人民政府批准，并报不设区的市、市辖区、县、自治县人民政府主管部门备案。

村民委员会成员中应当至少有一名妇女；多民族村民居住的村应当有人数较少的民族的成员；两个以上自然村联合设立村民委员会，其成员分布应当考虑村落状况。

村民委员会成员之间不得有夫妻、父母子女、兄弟姐妹关系。

第三条 村民委员会主任、副主任和委员，由村民直接选举产生。任何组织或者个人不得指定、委派或者撤换村民委员会成员，也不得停止其职务。

第四条 村民委员会每届任期三年，届满应当及时进行换届选举。村民委员会成员可以连选连任。因特殊情况需要提前或者延期换届的，由村民委员会提出申请，经村民会议或者村民代表会议讨论通过后，由乡、民族乡、镇人民政府报不设区的市、市辖区、县、自治县人民政府批准。

第五条 村民委员会的换届选举工作由省人民政府统一部署，由设区的市和不设区的市、市辖区、县、自治县人民政府组织实施，各级人民政府主管部门负责日常工作。

各级人民政府应当建立村民委员会选举观察制度和重大事项报告制度。

第六条 村民委员会的选举工作应当在中国共产党广东省各级委员会的领导下依照宪法和法律进行。中国共产党在农村的基层组织，发挥领导核心作用，依法支持和保障村民委员会换届选举工作。

地方各级人民代表大会和县级以上地方各级人民代表大会常务委员会，对村民委员会的选举工作依法进行监督。

第七条 各级人民政府组织和指导村民委员会选举工作所需经费，由本级财政安排。财政困难的不设区的市、市辖区、县、自治县，上级人民政府给予补助。

村民委员会的选举经费由村的集体经济收益解决，不设区的市、市辖区、县、自治县和乡、民族乡、镇财政给予适当的补助。不得将选举经费摊派给村民。

第二章 选举工作机构

第八条 村民委员会换届选举期间，不设区的市、市辖区、县、自治县和乡、民族乡、镇应当成立村民委员会换届选举工作指导小组,指导村民委员会换届选举工作。

乡、民族乡、镇村民委员会换届选举工作指导小组具体负责下列工作:

(一)宣传和执行《中华人民共和国村民委员会组织法》、《广东省实施〈中华人民共和国村民委员会组织法〉办法》和本办法;

(二)具体部署、指导和监督选举工作,引导村民依法进行选举;

(三)制定选举工作方案,规范选举文书、选票样式,并报上一级人民政府主管部门备案;

(四)培训选举工作人员;

(五)受理有关选举的申诉、检举和控告;

(六)做好有关选举的信访工作;

(七)指导、协助村民委员会完成工作移交;

(八)指导建立、健全选举工作档案;

(九)总结和组织交流选举工作经验。

第九条 村成立村民选举委员会,负责主持村民委员会的选举工作。村民选举委员会由主任、副主任和委员共七至十一人组成。

村民选举委员会成员可以通过召开村民会议或者村民代表会议无记名投票推选产生,也可以将选举委员会成员名额分配到各村民小组会议无记名投票推选产生。村民选举委员会成员按照得票多少的顺序确定当选。推选方式和具体名额由村民会议或者村民代表会议确定。

村民选举委员会的任期,自推选产生之日起至村民委员会完成工作移交时止。

第十条 村民选举委员会成员的分工可以通过内部协商或者投票决定,并向全体村民公布,同时报乡、民族乡、镇村民委员会换届选举工作指导小组备案。

村民选举委员会议事实行少数服从多数的原则。

第十一条 村民选举委员会履行下列职责:

(一)开展宣传动员工作,解答村民提出的有关选举的问题;

(二)制定本村换届选举工作实施方案,经村民会议或者村民代表会议通过,报乡、民族乡、镇村民委员会换届选举工作指导小组备案后公告;

(三)确定、公布选举方式、选举日和日程安排,准备村民委员会成员候选人提名表、选票和其他表格;

(四)培训监票人、计票人、唱票人、公共代写人等工作人员;

(五)审查、登记并公布登记参加选举的村民名单,处理村民对登记参加选举的村民名单有异议的申诉;

(六)审查村民委员会成员候选人资格,依法确定、公布候选人名单;

(七)组织投票选举,公布选举结果,并报乡、民族乡、镇村民委员会换届选举工作指导小组备案;

(八)总结和上报选举工作情况,建立选举工作档案;

(九)主持村民委员会的工作移交。

第十二条 村民选举委员会成员在选举期间无正当理由三次不参加村民选举委员会会议的,其职务自行终止。

对不依法履行职责的村民选举委员会成员,乡、民族乡、镇村民委员会换届选举工作指导小组或者本村五分之一以上有选举权的村民可以提出免职建议,经村民会议、村民代表会议或者推选其为村民选举委员会成员的村民小组会议同意,予以免职。

村民选举委员会成员接受提名为村民委员会成员候选人的,其村民选举委员会职务自行终止。

村民选举委员会成员职务自行终止或者被免职的,村民选举委员会应当予以公告,其缺额按照原推选得票多少的顺序依次递补或者另行推选。

第三章　参加选举村民的登记

第十三条　年满十八周岁的村民，依照法律规定享有选举权和被选举权。

计算村民年龄的截止时间为本村的选举日。

第十四条　村民委员会选举前，应当对下列人员进行登记，列入参加选举的村民名单：

（一）户籍在本村并且在本村居住的村民；

（二）户籍在本村，不在本村居住，本人表示参加选举的村民；

（三）户籍不在本村，在本村居住一年以上，本人申请参加选举，并经村民会议或者村民代表会议同意参加选举的公民。

已在户籍所在地或者居住地登记参加村（居）民委员会选举的公民，不得再参加其他地方村民委员会的选举。

第十五条　有下列情形之一的，经村民选举委员会确认，不列入参加选举的村民名单：

（一）依照法律被剥夺政治权利的；

（二）精神病患者不能行使选举权利的；

（三）本人书面明确表示不参加选举的；

（四）登记期间不在本村居住，村民选举委员会依法告知后，在规定期限内未表示参加选举的。

第十六条　村民选举委员会应当在选举日二十日前在村民委员会和各村民小组所在地公布登记参加选举的村民名单。

对登记参加选举的村民名单有异议的，应当自名单公布之日起五日内向村民选举委员会申诉，村民选举委员会应当自收到申诉之日起三日内作出处理决定，并书面告知有关村民；村民对处理决定不服的，可以自收到告知书之日起三日内向乡、民族乡、镇村民委员会换届选举工作指导小组申诉，该指导小组应当在选举日七日前作出决定，书面答复申诉人，并告知该村村民选举委员会。

第十七条　因故不能如期进行选举，由村民选举委员会提请村民会议或者村民代表会议审议，另行确定选举日，并报乡、民族乡、镇村民委员会换届选举工作指导小组。推迟时间不得超过三个月。推迟选举的，应当核实登记参加选举的村民名单的变动情况，并予以公告。

第四章　选举方式

第十八条　村民委员会成员的选举，可以采取有候选人的选举方式，也可以采取无候选人的选举方式。

第十九条　村民委员会成员一般具备以下条件：

（一）遵守宪法、法律、法规和国家政策；

（二）遵守村民自治章程和村规民约；

（三）品行良好，公道正派，热心公益；

（四）有一定的组织管理能力，工作认真负责，能够在本村工作并带头发展农村经济；

（五）具有初中以上学历，身体健康。

第二十条　采取有候选人选举方式的，候选人由本村登记参加选举的村民投票提名产生。

登记参加选举的村民可以自荐参选村民委员会成员候选人，并在选举日十五日前向村民选举委员会提交自荐材料。村民选举委员会对自荐人进行资格审查后，在选举日十日前在村民委员会和各村民小组所在地以姓名笔划为序公布自荐名单。

第二十一条 提名村民委员会候选人，应当由村民选举委员会召开村民会议或者各村民小组会议，由过半数登记参加选举的村民参加投票。

登记参加选举的村民可以提名自荐名单中的村民，也可以提名其他村民。每一村民提出的候选人人数不得超过应选名额。

正式候选人按照得票多少的顺序确定，其中应当至少有一名妇女。

第二十二条 村民选举委员会确认提名有效并进行资格审查后，应当在选举日五日前在村民委员会和各村民小组所在地以姓名笔划为序公布候选人名单。

本人不愿意被列为候选人的，应当自名单公布之日起两日内向村民选举委员会书面说明。候选人的缺额按照提名得票多少的顺序依次递补。

第二十三条 村民选举委员会应当组织候选人在指定场所与村民见面，由候选人介绍履行职责的设想，回答村民提出的问题。但选举日必须停止此项活动。

候选人在宣传和介绍自己时，应当实事求是，不得违反法律、法规和国家政策。有关主要内容应当事先书面提交村民选举委员会备案。

第二十四条 村民委员会成员实行差额选举，候选人人数应当多于应选名额。村民委员会主任、副主任候选人人数应当分别比应选名额多一人，委员候选人人数应当比应选名额多一至三人。

第二十五条 村民委员会的选举可以一次性投票选举主任、副主任和委员；也可以先选主任，再选副主任，最后选委员。

分次投票选举村民委员会成员的，主任候选人未当选时，可以作为副主任的候选人；副主任候选人未当选时，可以作为委员的候选人。

第二十六条 采取无候选人选举方式的，在选举日直接进行投票选举。

有意愿参选村民委员会成员的村民，应当在选举日十日前向村民选举委员会书面提出参选意愿。村民选举委员会对有参选意愿的村民进行资格审查后，在选举日五日前在村民委员会和各村民小组所在地以姓名笔划为序公布参选人名单。

第五章 选举程序

第二十七条 投票选举前，村民选举委员会应当做好下列准备工作：

（一）核实登记参加选举的村民人数、办理委托投票，公布名单。

（二）提前五日公布投票选举的具体时间、地点和有关安排。

（三）准备票箱和选票，布置选举大会会场，设立投票站；选票由乡、民族乡、镇人民政府统一印制，加盖本村村民选举委员会印章。

（四）提请村民会议或者村民代表会议决定监票人、计票人、唱票人、公共代写人等工作人员名单，并予以公布；村民委员会成员候选人及其配偶、父母子女和兄弟姐妹不得担任选举工作人员。

（五）向村民公布或者说明写票方法和其他选举注意事项。

（六）完成村选举工作实施方案规定的其他准备事项。

第二十八条 在村民选举委员会主持下，投票选举可以采取召开选举大会的方式，也可以采取设立中心投票站和分投站的方式。

居住分散、确实不便到会场或者投票站投票的，经村民选举委员会提出，报乡、民族乡、镇村民委员会换届选举工作指导小组批准并公告后，可以设立流动票箱进行投票。

票箱应当符合安全、保密的要求。每个票箱必须有三名以上监票人负责监督。

第二十九条 登记参加选举的村民在选举期间外出不能参加投票的，可以书面委托本村有选举权的近亲属代为投票，但每一村民接受委托投票不得超过三人。

委托投票应当自登记参加选举的村民名单公布之日起六日内到村民选举委员会办理，村民选举委员会应当对委托投票的村民进行审核，并在两日内在村民委员会和各村民小组所在地予以公告。

第三十条　村民委员会选举采取无记名投票方式，选举会场和投票站必须设立秘密写票处。因特殊原因无法填写选票的村民，可以委托公共代写人或者除候选人以外的人代写，代写人不得违背委托人的意愿。

登记参加选举的村民和代写人进入秘密写票处写票，其他人不得围观；任何人不得亮票、拍摄选票或者在选票上做记号。

投票选举时，对候选人可以投赞成票，可以投反对票，可以投弃权票，也可以另选其他村民。

第三十一条　投票结束后，每个票箱应当当场密封，并于当日由监票人送回选举大会会场或者中心投票站集中，当众开箱，由监票人、计票人、唱票人公开核对、计算票数，做好记录，并由监票人签名确认。

第三十二条　有登记参加选举的村民过半数参加投票，且收回选票数等于或者少于发出选票数的，选举有效；收回选票数多于发出选票数的，选举无效。

选票上所选的每项职务人数等于或者少于应选人数的有效，多于应选人数的无效，书写模糊无法辨认或者不按规定符号填写的部分无效。

第三十三条　村民委员会成员候选人或者本村其他村民获得参加投票的村民的过半数赞成票，始得当选。主任、副主任的当选人按照得票多少的顺序确定。主任、副主任的当选人中有妇女的，委员的当选人按照得票多少的顺序确定；没有妇女的，委员的当选人按照下列原则确定：

（一）有妇女获得过半数赞成票的，应当首先确定得票最多的妇女当选，其他当选人按照得票多少的顺序确定；

（二）没有妇女获得过半数赞成票的，应当在委员的应选名额中确定一个名额另行选举妇女成员，其他当选人按照得票多少的顺序确定。

得票数相同不能确定当选人时，应当在三日内对得票数相同的人再次投票选举，以得票多的当选。

当选人数不足应选名额的，应当另行选举。

第三十四条　当选的村民委员会成员之间有夫妻、父母子女或者兄弟姐妹关系的，只保留其中职务最高的一人的职务；如果职务相同，则只保留得票最多的一人的职务，其他当选人由村民选举委员会宣布其当选无效。

第三十五条　另行选举时，根据前一次投票时得票多少的顺序，按照本办法第二十四条规定的差额数，从未获当选者中确定候选人。另行选举的当选人按照得票多少的顺序确定，但获得赞成票不得少于所投票数的三分之一。

经过三次投票选举，当选人数已达三人以上但仍少于应选名额的，不足的名额是否再另行选举，由村民会议或者村民代表会议决定。

第三十六条　村民选举委员会确认选举有效并进行资格审查后，当场公布选举结果，并报乡、民族乡、镇村民委员会换届选举工作指导小组和不设区的市、市辖区、县、自治县人民政府主管部门备案。不设区的市、市辖区、县、自治县人民政府主管部门应当在十日内颁发统一印制的村民委员会主任、副主任和委员当选证书。

第三十七条　任何组织和个人不得有下列行为：

（一）以暴力、威胁、欺骗、诽谤等手段致使村民、候选人不能依法行使选举权和被选举权；

（二）用金钱或者其他手段贿赂村民、候选人或者选举工作人员；

（三）涂改、伪造选票或者虚报选票数；

（四）妨害村民选举委员会和选举工作人员履行职责。

村民对前款所列情形有权向乡、民族乡、镇村民委员会换届选举工作指导小组，乡、民族乡、镇人民代表大会和人民政府，不设区的市、市辖区、县、自治县人民代表大会常务委员会和人民政府及其有关主管部门举报，有关机关应当负责调查并依法处理。

第三十八条 不设区的市、市辖区、县、自治县人民政府主管部门或者乡、民族乡、镇人民政府对有异议的选举结果，应当自受理之日起十日内依法认定是否有效。

第三十九条 村民委员会应当自新一届村民委员会产生之日起十日内完成工作移交。工作移交由村民选举委员会主持，由乡、民族乡、镇人民政府监督。

第六章 罢免、辞职、职务自行终止与补选

第四十条 村民委员会成员向村民负责，接受村民监督。村民会议有权罢免村民委员会成员。

第四十一条 本村五分之一以上有选举权的村民或者三分之一以上的村民代表联名，可以提出罢免村民委员会成员的要求。罢免要求应当书面提出，并列明罢免理由。

第四十二条 村民委员会成员有下列情形之一的，乡、民族乡、镇人民政府可以提出罢免建议：

（一）违反法律、法规和国家政策，不适合继续担任村民委员会成员的；

（二）失职渎职造成村民利益重大损失的；

（三）连续三个月以上无正当理由不参加村民委员会工作的。

第四十三条 对提出的罢免要求或者罢免建议，村民委员会应当在三十日内召开村民会议进行无记名投票表决。罢免村民委员会成员，须有登记参加选举的村民过半数投票，并须经投票的村民过半数通过，罢免结果应当予以公告。罢免村民委员会成员不得实行委托投票。

罢免村民委员会主任或者全体村民委员会成员的，应当在不设区的市、市辖区、县、自治县人民政府主管部门和乡、民族乡、镇人民政府的指导下，由重新推选产生的村民选举委员会主持。

第四十四条 提出罢免要求或者罢免建议者，应当到村民会议作出说明并回答询问，被提出罢免的人有权出席会议进行申辩或者书面提出申辩意见。罢免未获通过的，一年内不得以同一事实和理由再次提出罢免要求或者罢免建议。

第四十五条 村民委员会成员因故辞职，应当书面向村民委员会提出，村民委员会应当自收到辞职申请之日起三十日内召开村民会议或者村民代表会议进行审议，决定是否接受其辞职，并在五日内公告。

第四十六条 村民委员会成员有下列情形之一的，其职务自行终止：

（一）死亡的；

（二）被判处刑罚的；

（三）丧失行为能力的；

（四）违反计划生育法律、法规超计划生育的；

（五）连续两次民主评议不称职的。

村民委员会成员职务自行终止的，村民委员会应当予以公告，并报乡、民族乡、镇人民政府备案。

第四十七条 村民委员会成员出现缺额，可以由村民会议或者村民代表会议进行补选。村民委员会成员不足三人时，应当在一个月内补选；已足三人但仍缺额的，是否补选，由村民委员会提出意见，经村民会议或者村民代表会议决定，报乡、民族乡、镇人民政府备案。补选村民委员会个别成员的，由村民委员会主持；补选全体村民委员会成员的，由重新推选产生的村民选举委员会主持。

补选时，村民委员会成员中没有妇女的，应当先补选妇女成员，其他候选人从本届未获当选者中按照得票多少的顺序确定，候选人人数可以多于或者等于应选名额。登记参加选举的村民过半数或者村民

代表会议组成人员的三分之二以上参加投票，选举有效，以获得赞成票多的当选，但获得的赞成票不得少于所投票数的二分之一。补选结果应当报乡、民族乡、镇人民政府和不设区的市、市辖区、县、自治县人民政府主管部门备案。

补选的村民委员会成员的任期至本届村民委员会任期届满时止。

第七章　法律责任

第四十八条　有下列行为之一的，由上一级人民政府责令改正，对直接责任人给予处分：
（一）指定村民委员会成员候选人的；
（二）指定、委派或者撤换村民委员会成员的；
（三）违反法律、法规规定停止村民委员会成员职务的；
（四）无正当理由不组织或者拖延村民委员会换届选举的；
（五）以不正当手段妨害村民委员会成员履行职责的。

第四十九条　违反本办法第三十七条规定，采取不正当手段当选村民委员会成员的，由不设区的市、市辖区、县、自治县人民政府主管部门或者乡、民族乡、镇人民政府宣布其当选无效；违反《中华人民共和国治安管理处罚法》的，由公安机关依法处理；构成犯罪的，依法追究刑事责任。

第五十条　村民选举委员会不主持工作移交或者上一届村民委员会不办理移交手续的，由乡、民族乡、镇人民政府责令改正；造成村集体财产损失的，依法承担赔偿责任；违反《中华人民共和国治安管理处罚法》的，由公安机关依法处理。

第八章　附　　则

第五十一条　辖有村的街道办事处，在村民委员会选举中履行本办法规定的应当由乡、民族乡、镇人民政府履行的职责。

第五十二条　村民代表的推选，以及村民小组长和副组长的选举参照本办法执行。

第五十三条　本办法自公布之日起施行。

广东省村务公开条例

(2001年5月31日广东省第九届人民代表大会常务委员会第二十六次会议通过 2014年11月26日广东省第十二届人民代表大会常务委员会第十二次会议修订)

第一条 为了规范村务公开，加强农村基层民主建设，保障村民对村务的民主决策、民主管理、民主监督，推进村民自治，根据《中华人民共和国村民委员会组织法》等法律、法规，结合本省实际，制定本条例。

第二条 村民委员会应当按照本条例规定的时间、形式、程序和标准，将涉及村民切身利益、本村经济社会发展的事项以及村民普遍关心的其他事项予以公布，接受村民监督。

第三条 村务公开应当坚持依法、全面、真实、及时、规范的原则，实行事前、事中、事后全过程公开，保障村民的知情权、决策权、参与权和监督权。

第四条 村民委员会主任是实施村务公开的主要责任人。

第五条 县级以上人民政府统一领导本行政区域内的村务公开工作。开展村务公开工作的经费补助资金应当纳入同级财政预算。

县级以上人民政府民政主管部门负责本行政区域内村务公开工作的组织、指导和协调。

监察、公安、司法行政、财政、国土资源、农业、林业、人力资源社会保障、住房城乡建设、审计、信访、卫生计生、税务等部门按照各自职责，协同做好村务公开的相关工作。

第六条 乡、民族乡、镇人民政府负责指导村民委员会完善村务公开规章制度，督查村民委员会履行村务公开职责情况，指导村民委员会解决村务公开有关异议，对村民委员会成员、村务监督委员会成员进行村务公开业务培训，并加强对村民有关村务公开法律法规的宣传普及。

第七条 村务公开事项包括：

（一）本村制定的村民自治章程、议事规则、村规民约。

（二）村民会议、村民代表会议、村民委员会讨论决定的事项及其实施情况：

1. 村民委员会年度工作报告，本村经济社会发展规划的审议和执行情况，村庄规划及其实施计划的实施情况；

2. 村民委员会成员待遇补贴，本村其他村务管理人员的聘用、辞退和补贴情况；

3. 本村兴办公益事业和一事一议筹资筹劳方案、建设承包方案及项目资金使用和工程建设情况。

（三）本村财务收支和债权债务，以及村民委员会涉及的诉讼、仲裁情况。

（四）本村集体资产、资金、资源处置及其经营管理情况：

1. 集体经济项目的立项、招投标、合同订立、履行和变更情况以及村集体经济所得收益的使用情况；

2. 本村集体所有土地、林地、草地、荒地、滩涂等的承包经营、征收征用、安置标准、征收面积和各项补偿费的补偿标准、收入、使用情况，返还留用地的位置、范围、面积、使用情况，集体建设用地使用权流转（出让、出租、转让、转租、抵押）以及土地收益情况；

3. 宅基地的分配情况。

（五）村民委员会成员、村务监督委员会成员、村民小组长、村民代表依法选举、推选、罢免、辞职和补选情况；村民委员会成员任期和离任经济责任审计、民主评议情况。

（六）政府拨付和接受社会捐赠的救灾救助、补贴补助等资金、物资及其管理使用，以及本村的公共服务情况：

1. 救灾救济、社会捐赠款物、农村最低生活保障、五保供养、残疾人保障、孤儿保障、优待抚恤、农村医疗救助等专项经费的数额以及分配、使用情况；

2. 农业补贴、扶贫开发、危房改造等强农惠农富农补贴及扶持资金补贴情况；

3. 城乡居民基本养老保险参保人员领取养老待遇人员，享受政府资助参加城乡居民社会养老保险的特殊困难群体，参加城乡居民基本医疗保险人员以及享受医疗保险待遇人员，领取政府高龄津贴人员，纳入被征地农民养老保险范围对象人员以及被征地农民养老保障资金分配情况；

4. 落实计划生育政策方案和殡葬政策情况；

5. 为居住在本村的非户籍人员提供服务的情况以及本村劳动力培训、就业情况。

（七）村民委员会协助乡、民族乡、镇人民政府开展工作的情况。

（八）涉及本村村民利益，村民普遍关心的其他事项。

第八条 按照本条例第七条规定应当公开的事项，涉及工作目标执行情况的，应当每年公布一次；涉及财务、集体经济、政府专项资金情况事项应当每月公开；涉及村民切身利益的重大事项、重大决策和村民普遍关心的事项，应当及时公开。法律法规另有规定的除外。

定期公开的村务，应当在每年度结束之日起十五日内、每月结束之日起十日内公布；及时公开的村务，应当在公开事项发生之日起五日内公布；遇到特殊情况无法按时公布的，应当及时作出说明。

第九条 村民委员会应当按照省人民政府民政主管部门编制的村务公开事项指导目录，根据县级人民政府编制的具体目录，编制村务公开草案，列明相应事项的公开时间和保留期限，提交村务监督委员会逐项审查，经村务监督委员会三分之二以上成员签名确认后公布，并报乡、民族乡、镇人民政府备案。

第十条 村民委员会应当在位于其所在地的公共场所设置固定的村务公开栏或者电子信息平台，有条件的可以在村民小组所在地增设村务公开栏或者电子信息平台；对于区域较大或者较为分散的村，可以在其便于村民观看的公共场所增设村务公开栏。

村民委员会可以结合实际需要，通过会议、宣传单、广播、明白卡、入户告知、网络、手机等多种方式同步公开村务，公布的内容应当一致。

第十一条 村务公开栏的内容应当保留不少于十日，涉及本条例第七条第三项、第四项、第六项第一目的事项应当保留六个月以上。

通过网络公开的村务内容保留期一般不少于一年。

第十二条 村民委员会应当建立村务公开档案并统一妥善保管，便于查阅。村务公开档案内容应当与村务公开栏公布的内容一致。

村民查阅村务公开档案，村民委员会不得拒绝。

第十三条 村务监督委员会监督村民委员会实施村务公开，向村民委员会反映涉及村务公开工作的意见和建议，督促村民委员会及时答复并予以改进。

村民对村务公开的内容、时间等有异议的，可以口头或者书面形式向村务监督委员会反映，村务监督委员会应当及时交由村民委员会在十日内予以答复；村务监督委员会发现内容有遗漏或者公开的内容不真实的，应当了解情况，并可以对有关资料进行查阅审核，以书面形式督促村民委员会改正。村民委员会应当自收到村务监督委员会书面意见之日起十日内给予书面答复，确有问题的，予以纠正并重新公布。

村务监督委员会或者村民对村民委员会的答复和纠正结果不满意的，可以书面形式向乡、民族乡、镇人民政府、县级或者不设区的地级市人民政府及其有关主管部门投诉并申请调查处理，有关部门应当自收到申请之日起六十日内调查处理并给予书面答复。

第十四条 乡、民族乡、镇人民政府和县级以上人民政府及其相关部门的工作人员在组织、指导村务公开工作中不履行法定职责，弄虚作假、玩忽职守、滥用职权的，由有关部门给予通报批评；情节严重的，依法予以处分。

第十五条 乡、民族乡、镇人民政府，县级人民政府民政主管部门对村务不公开或者公开不及时的村民委员会，应当责令其限期公开；对弄虚作假、欺瞒村民的，应当对有关责任人员批评教育，责令其限期改正；对拒不改正或者有打击报复行为的，可以建议村民会议对村民委员会有关责任人员依法予以罢免。

乡、民族乡、镇人民政府，县级人民政府有关部门发现村务公开中有挥霍、侵占、挪用、贪污公共财物等违纪违法行为的，应当及时处理，并将处理结果公开；构成犯罪的，依法移交司法机关追究刑事责任。

第十六条 村民小组组务、村集体经济组织的资产与财务、社区居民委员会居务等公开参照本条例规定执行。

第十七条 本条例自 2015 年 1 月 1 日起施行。

中共中央办公厅　国务院办公厅
《关于加强和改进村民委员会选举工作的通知》

(中办发〔2009〕20号)

各省、自治区、直辖市党委和人民政府，中央和国家机关各部委，军委总政治部，各人民团体：

近年来，村民委员会选举工作在全国各地农村深入开展，对保障村民实行自治、发展农村基层民主发挥了重要作用。但也应看到，有的地方村民委员会选举竞争行为不规范、贿选现象严重，影响了选举的公正性；有的地方没有严格执行村民委员会选举的法律法规和相关政策，影响了村民的参与热情；有的地方对村民委员会选举中产生的矛盾纠纷化解不及时，影响了农村社会稳定。为进一步做好当前和今后一个时期的村民委员会选举工作，保障村民委员会选举的公正有序，保障村民享有更多更切实的民主权利，推动农村经济平稳较快发展，确保农村社会和谐稳定，经党中央、国务院同意，现就加强和改进村民委员会选举工作通知如下。

一、充分认识加强和改进村民委员会选举工作的重要意义

村民委员会选举，是我国社会主义民主在农村最广泛的实践形式之一。当前，我国农村正在发生新的变革，农村社会结构快速变动，社会利益格局和农民思想观念深刻变化。适应农村改革发展的新形势，不断加强和改进村民委员会选举工作，进一步完善选举各项程序，做深做细做实选举各个环节工作，有利于保障村民依法直接行使民主权利，发展农村基层民主；有利于密切党群干群关系，维护农村社会和谐稳定；有利于调动亿万农民群众建设社会主义新农村的积极性、主动性和创造性，推动农村全面建设小康社会进程。

各地区各部门要高举中国特色社会主义伟大旗帜，以邓小平理论和"三个代表"重要思想为指导，深入贯彻落实科学发展观，按照党的十七大关于坚持和完善基层群众自治制度和党的十七届三中全会关于健全农村民主管理制度的要求，充分认识加强和改进村民委员会选举工作的重要意义，认真研究解决目前选举工作中存在的问题，把以直接选举、公正有序为基本要求的村民委员会选举实践进一步推向深入。

二、切实加强村民委员会选举前的各项准备工作

加强选举领导机构和工作机构。凡举行村民委员会换届选举的地方，省、市、县、乡各级都要成立专门的领导机构和工作机构，保证必要的工作人员和经费，推动选举工作有组织、有步骤、有秩序地开展。要积极指导依法推选村民选举委员会，组织好村民委员会选举工作。

加强选举教育和培训工作。各地区各部门要在农民群众中广泛深入地开展社会主义民主法制教育，激发他们参与村民委员会选举的热情，了解村民委员会选举的基本程序，珍惜民主权利，真正把办事公道、廉洁奉公、遵纪守法、热心为村民服务的人选进村民委员会。县级党委和政府要重点做好对县乡两级负责村民委员会选举工作的党政干部的培训工作，使他们牢固掌握法律法规和相关政策，不断提高指导选举工作的能力和水平。乡级党委和政府要重点做好对包村干部、村民选举委员会成员的培训工作，

使他们熟悉村民委员会选举程序和方法步骤，不断提高实际操作的规范化水平。凡不掌握村民委员会选举法律法规和相关政策的县乡干部以及在选举培训中不合格的县乡干部，不得派到村里指导选举工作。

加强选举方案制定工作。县乡两级要围绕组建村民委员会选举领导机构和工作机构、选举教育和培训、选举工作各个阶段的基本要求、选举工作进展安排等制定工作方案。积极开展调查研究，摸清本地区社会结构变化、人口流动、基层干部群众思想状况等社情民意，增强选举方案的指导性和针对性。加强与外出务工经商人员联络沟通，妥善解决他们依法行使选举权和被选举权问题。重点关注村情复杂、干群矛盾突出以及历次选举中问题较多的村，并制定工作预案，加强工作力量，加大指导力度。未经县（市、区）委批准，无故取消或拖延村民委员会换届选举的，要依法追究乡（镇、街道）党委（工委）、政府和村党组织、村民委员会主要负责人的责任。

加强村级财务审计工作。乡级党委和政府要认真组织开展对现任村民委员会成员的民主评议，做好村级财务清理和村民委员会成员任期届满审计工作。村集体财务收支情况、集体财产管理使用情况、生产经营和建设项目的发包和管理情况、土地补偿分配和使用情况、村级债权债务情况，以及农民群众反映集中、强烈要求审计的其他内容，要列入审计范围，并及时将审计结果公之于众。

三、依法规范村民委员会选举程序

规范村民选举委员会产生程序。村民选举委员会成员必须依法推选产生，任何组织或个人不得任意指定、撤换。提倡按照民主程序将村党组织负责人推选为村民选举委员会主任，主持村民选举委员会工作，发挥村党组织的领导核心作用。村民选举委员会成员依法被确定为村民委员会成员候选人的，应当退出村民选举委员会，所缺名额从原推选结果中依次递补。村民选举委员会成员不履行职责的，经村民会议、村民代表会议或者村民小组讨论同意，按照原推选结果依次递补或者另行推选。

规范村民委员会成员候选人提名方式。村民委员会主任、副主任和委员候选人由本村有选举权的村民直接提名产生，候选人的名额应当多于应选名额。在符合法律法规规定的前提下，各地要对村民委员会成员候选人的资格条件作出规定，引导村民把办事公道、廉洁奉公、遵纪守法、热心为村民服务的人提名为候选人。鼓励农村致富能手、复转军人、外出务工经商返乡农民、回乡大中专毕业生、大学生"村官"、县乡机关和企事业单位提前离岗或退休干部职工通过法定程序积极参与选举村民委员会成员的竞争。提倡村党组织成员和村民委员会成员交叉任职，但要从实际出发，不搞一刀切。适应中国特色社会主义新农村建设需要，提倡把更多女性村民特别是村妇代会主任提名为村民委员会成员候选人。

规范候选人的竞争行为。村民选举委员会应积极主动、客观公正地向村民介绍正式候选人的情况。有条件的地方，提倡组织候选人同村民见面，介绍治村设想或竞职承诺，回答村民提出的问题，禁止候选人或候选人指使的人私下拉票。要加强对候选人治村设想或竞职承诺的审核把关工作，治村设想或竞职承诺不得有与宪法、法律、法规和国家政策相抵触的内容，不得有侵犯其他村民人身权利、民主权利和合法财产权利的内容，不得有对竞争对手进行人身攻击的内容。要引导候选人着力围绕发展经济、完善管理、改进服务提出方案和措施，防止出现为当选进行个人捐助村内公益事业财物比拼加码的现象。对候选人承诺捐助村集体的资金或物资，不应由候选人在选举前或选举后私自决定分配方案，而应交由依法选举产生的村民委员会组织召开村民会议或村民代表会议民主讨论决定。

规范投票行为。全面设立秘密划票处，普遍实行秘密写票制度，保障村民在无干扰的情况下自主表达选举意愿。严格规范委托投票，限定选民接受委托投票的人次，禁止投票现场临时委托。严格控制流动票箱的使用，确有必要使用流动票箱的，其对象和人数应由村民代表会议讨论决定，并张榜公布。切实维护选举大会的现场秩序，禁止任何人实施向选民展示钱物等扰乱选举现场秩序、影响选民投票意向的行为。投票结束后，应当公开唱票、计票，当场公布选举结果。

四、扎实做好村民委员会选举后续工作

扎实做好新老村民委员会交接工作。新老村民委员会的交接工作，由乡级政府负责主持，村党组织参与。原村民委员会应依法在规定期限内将印章、办公场所、办公用具、集体财务账目、固定资产、工作档案、债权债务及其他遗留问题等，及时移交给新一届村民委员会。已经完成选举的地方，要认真检查验收。对拒绝移交或者无故拖延移交的，乡级党委和政府、村党组织应当给予批评教育，督促其改正。要耐心做好落选人员思想工作，引导他们积极支持新当选的村民委员会成员开展工作。选举工作结束后，要及时统计、汇总、上报选举结果，建立健全村民委员会选举工作档案。

扎实做好新当选村民委员会成员培训工作。选举结束后，各地区应根据当地实际，制订规划，广泛培训新当选的村民委员会成员，组织他们学习党的路线方针政策，深入学习实践科学发展观，学习法律法规和实用技术，增强村民委员会成员坚持党的领导的信念，增强正确执行政策、坚持依法办事、善于做群众工作的能力，增强带领广大农民群众建设社会主义新农村的本领。

扎实做好村务公开和民主管理制度健全工作。加强对村民委员会成员履行选举期间竞职承诺的监督，防止其利用职权谋取不正当利益。理顺村级各类组织的关系，抓好以村党组织为核心的村级组织配套建设，领导和支持村民委员会等村级组织依照法律法规和章程开展工作。进一步健全完善村党组织领导的充满活力的村民自治机制，深入开展以村民会议、村民代表会议、村民议事为主要形式的民主决策实践，以自我教育、自我管理、自我服务为主要目的的民主管理实践，以村务公开、财务监督、群众评议为主要内容的民主监督实践，全面推进村民自治制度化、规范化、程序化。凡未经村民会议或者村民代表会议讨论决定，任何组织或个人擅自以集体名义借贷，变更和处置村集体的土地、企业、设备、设施等，均为无效，村民有权拒绝，造成的损失由相关责任人承担，构成违纪的给予其党纪政纪处分，涉嫌犯罪的移送司法机关依法处理。对无正当理由拒不履行为村民服务职责或拒不协助乡（镇）政府开展工作的村民委员会成员，村党组织和乡（镇）党委、政府应对其进行批评教育，对拒不改正的应依法启动罢免程序。

扎实做好村民委员会成员合法权益保障工作。妥善解决村干部的报酬和养老保险等问题，帮助他们解决工作和生活中的实际困难，解除他们的后顾之忧。按规定渠道，切实解决村民委员会的活动场所问题，及时拨付工作运行经费；乡级政府需要委托村民委员会承办的事项，应按照"权随责走、费随事转"的原则妥善解决。对于一心为民、工作成绩突出的村民委员会成员；应及时给予宣传表彰。

五、坚决查处村民委员会选举中的贿选等违法违纪行为

坚决制止和查处贿选行为。在村民委员会选举的过程中，候选人及其亲友直接或指使他人用财物或者其他利益收买本村选民、选举工作人员或者其他候选人，影响或左右选民意愿的，都是贿选。各地要结合实际，进一步明确贿选的界限，加强监督，加大查处力度。对参与或指使他人以暴力、威胁、欺骗、贿赂、伪造选票、虚报选举票数等违法手段破坏选举或者妨碍村民依法行使选举权和被选举权的，以及对控告、检举选举违法行为的人进行打击、报复的，要发现一起坚决查处一起。对选举中的违法违纪行为，村民有权向乡、民族乡、镇的人民代表大会和人民政府或者县级人民代表大会常务委员会和人民政府及其有关主管部门举报，有关机关应当负责调查并依法处理。对参与或指使他人以暴力、威胁、欺骗、贿赂、伪造选票、虚报选举票数等违法手段参选的，一经发现即取消其参选资格，已经当选的，其当选无效；违反治安管理规定的，依法给予治安管理处罚；构成犯罪的，依法追究刑事责任。

加大对选举工作人员违法违纪行为的查处力度。村民选举委员会成员在村民委员会选举中有违法违纪行为的，要及时终止其资格。对伪造选举文件、篡改选举结果或者以威胁、贿赂、欺骗等手段，妨害村民依法行使选举权、被选举权的农村党员干部，要给予撤销党内职务、留党察看或者开除党籍处分。

农村党员和国家公务员有参与或者怂恿村民委员会选举中违法违纪行为的,要分别给予党纪或者政纪处分。对假借选举之名,打着宗教旗号从事非法活动、民族分裂活动和刑事犯罪活动的,要坚决依法予以打击。

六、加强对村民委员会选举工作的组织领导

健全和落实领导责任制。各级党委、人大、政府要把加强和改进村民委员会选举工作列入重要议事日程,形成党委领导、人大监督、政府实施、各有关部门密切配合的工作体制和运行机制。县级党委书记要认真履行"第一责任人"的职责,乡级党委书记要认真履行"直接责任人"的职责,村党组织要在村民委员会选举中充分发挥领导核心作用。地方各级人大和县以上地方各级人大常委会在本行政区域内要切实保证村民委员会组织法的实施,保障村民依法行使选举权利。各级党委组织部门要统筹协调村级党组织选举工作和村民委员会选举工作,加强指导。各级民政部门要充分发挥职能作用,认真抓好村民委员会选举工作的指导和监督检查。各级财政部门要落实相关工作经费,保证选举工作顺利进行。各级纪检监察、宣传、信访、公安、司法、综合治理、妇联等部门,各级人民法院、人民检察院,要积极参与、配合村民委员会选举工作。要建立健全工作责任追究制度,对因领导和指导工作不力、敷衍应付、处置不当引发较大规模群体性事件的,要追究相关领导和有关人员的责任。

认真做好群众来信来访工作。县乡两级村民委员会换届选举工作领导机构和工作机构要向社会公布办公地址和工作电话,提供咨询服务。对有关村民委员会选举的来信来访,要及时调查研究,妥善答复,切实维护群众合法权益。对群众反映的问题,如果属实或基本属实的,要及时纠正解决;对与实际情况有出入的,要本着有什么问题就解决什么问题的原则进行完善;对与实际情况完全不符的,要尽快说明情况,争取群众的认可;对群众听信谣传、上当受骗的,要及时予以揭露,澄清事实,消除群众误解。县乡村三级都要建立健全村民委员会选举工作信息报告制度,全面掌握选举动态,及时上报选举引发的重大事件。在选情复杂的地方,县乡两级要建立应急处置工作机制,制定应急处置预案,加强对突发事件的防范和处置。

加大对村民委员会选举工作的监督力度。要充分发挥党委、人大、政府及其职能部门的监督作用,同时结合实际,发挥村民选举委员会、村民对选举全过程的监督作用。要积极探索舆论监督以及各级党代表、人大代表、政协委员担任选举监督员等形式,加强社会力量对选举工作的监督。

加强对村民委员会选举工作的舆论引导。各地区各部门要充分发挥新闻媒体的积极作用,大力宣传党的十七大和十七届三中全会精神,宣传村民委员会选举的法律法规和相关政策,宣传选举中涌现的好经验好做法,形成正面引导的强大声势。县乡村三级都要把宣传教育和舆论引导贯穿于选举工作全过程,把依法办事贯穿于选举实践全过程,把为什么举行村民委员会选举、应该选举什么样的人进村民委员会、什么样的选举行为为法律法规所允许等问题,通过多种方式清清楚楚地告诉广大村民,引导他们行使好自己的民主权利,引导候选人坚持社会主义荣辱观,正确对待自己、其他候选人和村民,正确对待困难、挫折和荣誉,促进理性公平竞争,努力形成和谐选举的良好局面。

各地区各部门要将本通知精神尽快传达贯彻到农村干部群众中,村民委员会选举工作中遇到的重大问题请及时报告中央。

二〇〇九年四月二十四日

中共中央纪委　中共中央组织部　民政部
《关于认真解决村级组织换届选举中"贿选"问题的通知》

(组通字〔2006〕30号)

各省、自治区、直辖市纪委、党委组织部和政府民政厅(局),新疆生产建设兵团纪委、党委组织部、兵团民政局:

近年来,各地按照《中国共产党章程》和国家有关法律法规的规定,不断完善村级组织选举制度,规范选举活动,保证了村级组织换届选举工作的顺利进行。总的看,换届选举工作是健康有序的,但少数地方也程度不同地存在"贿选"等违纪违法现象,有的逐步发展为有组织的活动,个别地方甚至出现为参与竞选实施暴力的苗头。为认真解决村级组织换届选举中的"贿选"问题,现作如下通知。

一、切实提高对解决村级组织换届选举中"贿选"问题重要性的认识

村级组织换届选举中的"贿选"行为,严重破坏了村级组织选举的公正性和严肃性,干扰了基层民主政治建设的健康发展,影响了农村经济发展和社会稳定。认真解决村级组织换届选举中"贿选"问题,对于扩大农村基层民主,促进农村党风廉政建设,密切党群干群关系,增强农村基层组织的创造力、凝聚力和战斗力,加快农村全面建设小康社会进程,推进社会主义新农村建设具有十分重要的意义。各地区、各有关部门要从全局的高度,深刻认识解决这一问题的重要性,采取切实有效措施,认真解决村级组织换届选举中存在的"贿选"问题。

二、加大宣传教育力度,强化农村基层党员、干部和群众依法选举、依法参选的意识

地方各级纪检(监察)机关和组织、民政部门要在党委、政府的领导下,采取多种形式,广泛深入地宣传农村基层民主选举的法律法规、方针政策和程序步骤。要教育引导农村基层干部和参与竞选人员,自觉坚持以"八荣八耻"为主要内容的社会主义荣辱观,树立正确的权力观、地位观、利益观,采取合法、正当方式参与竞选。同时,要加强对广大农村党员群众的教育,引导他们增强民主意识,珍惜自身权利,自觉抵制"贿选"等违纪违法行为,真正把那些公道正派,能依法办事,带头实干,热心为群众服务的人选进村级组织领导班子。

三、严格依法办事,坚决纠正和查处村级组织换届选举中的"贿选"等违纪违法行为

《中国共产党章程》、《中国共产党基层组织选举工作暂行条例》、《中华人民共和国村民委员会组织法》和《中共中央办公厅、国务院办公厅关于进一步做好村民委员会换届选举工作的通知》(中办发〔2002〕14号)是村级组织换届选举工作的基本依据。各地要结合实际,认真研究制定有关村级组织换届选举工作的具体方案、意见、规则,严格选举程序和相关制度,明确"贿选"界限,规范竞选行为,加强组织指导和监督,保证选举的公开、公正、公平。

要依纪依法查处村级组织换届选举中的"贿选"和其他违纪违法行为。对参与或指使他人以暴力、

威胁、欺骗、贿赂、伪造选票等违法手段破坏选举或者妨碍选民依法行使选举权和被选举权的,以及对控告、检举选举违法行为的人进行打击、报复的,要发现一起坚决查处一起。对涉嫌违法犯罪的,移送司法机关处理。对以"贿选"等手段当选的村"两委"成员,一经发现即取消其当选资格。

要高度重视群众的来信来访,充分发挥群众监督的作用。对群众反映村级组织换届选举中的"贿选"等问题,要及时调查处理。

四、加强对解决村级组织换届选举中"贿选"问题工作的领导

各地要高度重视解决村级组织换届选举中的"贿选"问题,切实加强领导和指导,特别是县、乡两级党委和政府,要建立健全领导工作责任制,认真抓好工作落实。各级纪检(监察)机关和组织、民政、司法部门要在党委、政府的领导下,加强协调,密切配合,切实加强工作指导和监督检查,及时制止和纠正村级组织换届选举中的违纪违法行为。要努力形成党委、政府领导,人大监督,各有关方面密切配合,齐抓共管的工作格局,切实解决村级组织换届选举中的"贿选"问题,为推动村级组织换届选举工作顺利进行提供有力保证。

二〇〇六年八月二十一日

中共中央组织部　民政部
《关于进一步严肃村"两委"换届工作纪律的通知》

(组通字〔2010〕59号)

各省、自治区、直辖市党委组织部、民政厅（局），新疆生产建设兵团党委组织部、民政局：

去年以来，各地认真贯彻落实中共中央办公厅、国务院办公厅《关于加强和改进村民委员会选举工作的通知》（中办发〔2009〕20号）和全国村"两委"换届选举工作座谈会精神，切实加强党对换届选举工作的领导，始终掌握工作主导权，村"两委"换届选举工作总体平稳有序。但也有少数地方不同程度地存在一些违法违纪现象：有的地方任意简化选举程序，利用委托投票、代写选票等形式徇私舞弊；有的地方拉票贿选等不正当竞争行为屡禁不止；有的地方存在宗族宗派等各种势力甚至黑恶势力干扰换届选举的现象，等等。这些问题，严重损害了党员、群众的民主权利，破坏了换届选举的正常秩序，干扰了农村基层民主政治建设的健康发展，影响了农村经济发展和社会稳定，必须采取切实有效措施坚决加以整治。今年下半年和明年，全国大多数省（区、市）将进行新一轮村"两委"换届。为进一步严肃村"两委"换届工作纪律，确保换届选举健康有序进行，现就有关事项通知如下。

一、细化换届工作程序。严格遵循《中国共产党章程》和国家有关法律法规的规定，进一步细化和规范村"两委"换届选举程序和实施办法，精心编制换届工作流程图。指导和引导村民选举委员会依法依规制定好本村选举办法，对候选人资格条件作出具体规定，切实把好候选人资格条件关。同时，进一步细化选举程序、选民资格认定、委托投票、有效选票认定以及回避制度等相关规定。探索推行村"两委"换届选举"全程签字"制度，换届选举各个环节，都必须由参与竞争人员签字认可，确保换届选举法定程序、步骤严格执行不变通。

二、规范候选人竞争行为。全面推行乡镇党委和参与竞争人员集体谈话制度，教育他们自觉采取合法、正当的方式，有序参与竞争。引导党员群众在换届选举前，通过制定选举办法等方式，对不当或非法竞争行为裁定提前作出明确规定，让参与竞争人员和党员群众明白哪些可以做，哪些不可以做，确保有序参与不违规。可以通过竞职承诺、公开演说、现场问答等形式，组织候选人与选民直接见面，正当宣传展示自己，搭建候选人公开亮相、公平竞争的有效平台。

三、严格投票组织管理。加强投票现场组织工作，切实维护选举秩序。选举时，应召开选举大会集中投票，也可设立中心投票会场和若干投票站投票，当场领票、写票、投票，集中唱票、计票，当场公布选举结果。严格控制流动票箱的使用，依法办理委托投票手续，规范委托投票和代写选票。完善秘密写票制度，运用人防、物防、技防等各种手段做好防范工作，确保村民在无干扰的情况下自主表达选举意愿，防止出现舞弊现象。

四、完善防范监督措施。要广泛宣传换届选举的目的意义和有关法律、法规、政策，明确换届选举应该选什么样的人、什么样的选举行为符合法律法规，引导广大党员群众正确行使民主权利，自觉抵制拉票贿选等各种干扰破坏换届选举的违法违纪行为。要完善选举监督体系，切实加强对换届选举全过程、全方位的监督。对村民选举委员会推选、候选人提名、候选人公开竞争、投票选举等重点环节，实行全程跟踪监督。采取设立选举监督委员会、邀请党代表、人大代表、政协委员等担任社会监督员等措施，积极探索舆论监督途径，加强社会力量对换届选举的监督。对那些选情复杂、竞争激烈、可能出现拉票贿选或各种势力影响干扰换届选举的重点村、难点村,要重点加强指导和监督,有针对性地制定工作预案,并采取司法提前介入等措施,及时消除隐患,解决苗头性问题。县和乡镇党委、政府要向每个村派驻换届工作指导员;对一些问题较多、矛盾纠纷大的重点村、难点村,要派出得力干部组成工作组驻村指导。切实加强对换届工作指导员及相关工作人员的法律法规政策培训。

　　五、严查违法违规行为。根据本地区经济社会发展状况和风俗人情等实际情况,具体明确拉票贿选等违法违纪行为的界定标准,同时进一步明确对违法违纪行为进行认定、查处的具体程序和责任部门。乡镇党委、政府按程序具体负责对村"两委"换届选举中违法违纪问题的调查处理,必要时,提请县级纪检监察、公安机关和法院、检察院依法依规进行调查认定。做好群众举报和来信来访受理工作。建立反映换届选举违法违纪问题专办制度,县、乡选举工作机构要公布举报电话及其他举报渠道,采取措施方便群众反映问题。坚持有访必接,有报必查,凡情节具体、线索清楚的,要限时办结。切实加大对违法违纪行为的打击力度。对参与或指使他人以暴力、威胁、欺骗、贿赂、伪造选票、虚报选票数等手段,以及利用宗族宗教势力等破坏、妨碍选举的,依法严肃查处;对以不正当竞争手段参选的,一经发现即取消参选资格,已经当选的,宣布当选无效;对黑恶势力、境内外敌对势力干扰破坏选举的,做到依法打击,绝不手软。对换届选举中查处的典型案例,要在一定范围进行通报。

　　六、加强组织领导。各级党委组织部门要发挥牵头协调作用,统筹抓好换届选举工作,重点抓好村党组织换届选举工作;各级民政部门要充分发挥职能作用,加强对村委会换届选举的指导和督查。县、乡党委、政府要高度重视,切实将严肃换届工作纪律、加强和改进村"两委"换届选举工作列入重要议事日程,并积极协调纪检监察、宣传、信访、公安和司法等有关部门参与和配合做好换届选举工作。县、乡党委书记要切实履行第一责任人和直接责任人的职责,认真抓好工作落实。探索建立村"两委"换届工作考核评估机制,把严肃换届工作纪律、防止和打击拉票贿选等违法违纪行为,作为农村创先争优活动考核评价的重要内容。建立换届选举应急处置机制,加强对突发事件的防范、掌控和处理,完善选举重大问题、重要信息报送、情况通报制度和责任追究制度。在村"两委"换届过程中,对工作领导、指导不力和对违法违纪行为查处不力,造成严重后果的,要追究当地党委、政府和有关部门负责人的责任,并作出相应处理。中央组织部将会同民政部,适时对各地村"两委"换届工作纪律执行情况进行专项督查。

二〇一〇年十一月五日

民政部《关于切实做好城市社区居民委员会换届选举工作的通知》

(民函〔2009〕43号)

各省、自治区、直辖市民政厅(局),计划单列市民政局,新疆生产建设兵团民政局:

2009年,全国将有16个省、自治区、直辖市进行城市社区居民委员会(以下简称居委会)换届选举。为切实做好居委会换届选举工作,现就有关事项通知如下:

一、充分认识做好新形势下居委会换届选举工作的重要意义

居委会换届选举是宪法和法律规定的一项重要制度,也是我国社会主义民主在城市基层最广泛的实践形式之一。当前,我国城市基层社会正在发生深刻变化,居委会换届选举工作面临着许多新情况、新问题,特别是随着城市流动人口的激增、就业压力的增大和社区居民民主法制意识的增强,做好居委会换届选举工作的难度在加大、要求在提高、工作量在增加。2009年是我国进入新世纪以来经济发展最为困难的一年。切实做好居委会换届选举工作,对于进一步提高城市社区管理和服务水平,切实保障社区居民享有更多更切实的民主权利,落实中央关于保增长、保民生、保稳定的各项方针政策,都具有重要的意义。各级民政部门要从深入贯彻落实科学发展观和坚定走中国特色社会主义政治发展道路的高度,按照党的十七大关于坚持和完善基层群众自治制度的要求,切实提高对做好2009年居委会换届选举工作重要性的认识,加强组织引导,认真研究解决选举中存在的问题,将居委会换届选举工作抓实做好。

二、认真做好选举前的准备工作

建立健全工作领导机构。凡有居委会换届选举的地方,各级民政部门都要积极向同级党委、人大和政府汇报,在省、市、区、街道层面建议成立由党委、人大和政府领导挂帅,有关部门参与,民政部门组织协调的换届选举工作机构,并保证必要的工作人员和工作经费。要积极指导社区依照有关法律和政策规定组建社区选举委员会,推动选举工作有领导、有步骤、有秩序地开展。

制定完善实施方案。各地特别是市区、街道要在总结和巩固以往换届选举成功经验的基础上研究制定切实可行的换届选举工作实施方案。制定实施方案前要搞好摸底调查,全面掌握社区情况、居委会干部情况及群众关注的突出问题。要重点关注城乡结合部、撤村建居、外来人口聚集、新建住宅区等"难点"社区的选举,对流动人口参选、社区干部交叉任职、候选人竞争演讲等问题做出预案,确保换届选举顺利进行。在撤村建居的地方,凡农村集体经济改制没有完成的,选举时应适用村委会组织法的规定,不能适用居委会组织法的规定。

组织开展选举培训。各地要分级对民政系统工作人员进行培训,使他们熟悉有关法律、法规和政策,熟悉选举的各项程序和相关问题的处置方法,提高指导选举的工作能力。市区、街道要重点做好选举骨干人员的培训,使他们掌握组织选举的必备知识、选举中常见问题的处理方法和技巧,提高实际操作的规范化水平。培训要理论联系实际,以实际操练为重点。

做好宣传动员工作。要通过行之有效的方式,对社区居民进行广泛深入的社会主义民主法制教育,激发他们参与社区居委会选举的热情,了解选举的基本程序,积极主动地参加选民登记和投票选举,同

时要引导选民珍惜自己的民主权利，自觉抵制各种违法行为，真正把那些遵纪守法、办事公道、热心为居民服务的人选进居委会。

三、扎实做好投票选举工作

认真做好选民登记工作。对人户分离的城镇居民，原则上要在经常居住地进行登记，对愿意参加户口所在地选举的，要尊重其自主选择的权利，但不得重复行使选举权利。对选派到社区工作的机关干部、复退军人和大学生，也要在尊重其意愿的基础上对其进行登记。对居住在本社区一年以上的外来务工经商人员，应认真听取其意见，尊重其意愿，凡愿意参加本社区选举的人员，并经社区选举委员会同意，应予以登记。对自愿放弃选民权利的社区居民，可不计算在本届选民数内。

民主提名候选人。各地可以依据法律和有关政策提出候选人倡导性条件，但不得与宪法、法律相抵触。候选人居住的社区原则上应与其参选的社区一致。候选人要由居民提名产生，其人数应多于应选人数。有条件的社区要组织候选人与社区居民见面，向社区居民介绍自己的情况及社区治理方案，组织候选人开展有序竞争。坚决反对和抵制贿选。

组织搞好投票选举工作。要严格按照选举程序组织投票，采用大会形式进行选举投票的，要维持好会场秩序。探索利用互联网、手机短信等现代技术和采用分时设立投票站的灵活做法组织投票选举。投票结束后，要公开唱票、计票。每个统计组由一个唱票员、一个计票员和两个监票员组成，分别负责唱票、计票和监票工作。对选举结果有争议的，由社区选举委员会民主裁定。

四、努力做好换届选举的后续工作

搞好工作交接和建章立制工作。新一届居委会产生后，上届居委会要在街道办事处和社区选举委员会的指导监督下，及时办理工作交接手续，并把公章、财务账目、办公设备、服务设施等一并移交。及时指导居委会在原有的基础上进一步健全居民公约，规范民主决策、民主管理、民主监督程序，完善议事协商、共驻共建等制度，推动社区管理和服务工作有条不紊地进行。

对新一届居委会成员进行培训。要对新当选的居委会成员分期分批进行岗位培训，使他们熟练掌握和运用社区建设的有关法律、法规和政策以及居委会的基本工作方法和相关技能，尽快适应新的岗位，进入新的工作角色。对连任的居委会成员不定期进行轮训。

切实解决居委会成员工作报酬、福利待遇和工作条件问题。对新当选人员，要落实他们的工作补贴和各种福利待遇，其报酬应不低于当地平均社会工资水平；对落选人员要做好思想工作，妥善解决好其生活保障问题。要逐步提高居委会工作经费标准，改善居委会工作用房和居民公益性服务设施等工作条件，确保居委会正常开展工作。

五、加强组织引导，确保居委会换届选举工作顺利完成

各级民政部门要积极争取党委政府的重视和支持，依法履行好对换届选举工作的指导职能。要以省为单位统一届期，以便统一部署、统一组织、统一指导、统一检查，提高工作效率，降低选举组织工作成本。要积极扩大居委会直接选举的覆盖面，力争在"十一五"末实现直接选举覆盖面50%的目标。要及时把握选情，靠前指导，对换届选举中出现的问题，凡是民政部门能够解决的，应及时解决；需要几个部门联合解决的，要主动与有关部门协商解决；需要报请党委、人大常委会或政府决定的，应及时将解决方案上报。要研究新情况，解决新问题，及时进行督促检查，全面掌握换届选举的进程，把握指导工作的主动权和规律性。换届选举工作结束后要及时以省（自治区、直辖市）为单位向本级人民政府写出书面报告，同时报送民政部。

二〇〇九年二月二日

中共广东省委办公厅　广东省人民政府办公厅《关于加强和改进村民委员会建设的实施意见》

（粤办发〔2011〕22号）

为贯彻落实《中共广东省委广东省人民政府关于加强社会建设的决定》（粤发〔2011〕17号）精神，充分发挥村民委员会（以下简称村委会）在农村经济社会发展中的重要作用，切实加强农村公共服务和社会管理，特制定本实施意见。

一、规范村委会组织建设

（一）明确村委会性质和职责。村委会是村民自我管理、自我教育、自我服务的农村基层群众性自治组织，是党和政府联系群众的桥梁和纽带，是国家基层政权的基础，是村民会议和村民代表会议决策的执行者、农民群众参与基层社会管理的组织者、农村经济社会事务的管理者。村委会依法办理农村经济社会事务和公益事业，协助乡镇（街道）做好基层社会管理和公共服务工作。

（二）健全村委会组织体系。加强人民调解、治安保卫、公共卫生、经济管理、计划生育、公共福利、群众文体、社会建设等村委会下设委员会的建设。设立村务监督委员会，对农村村务、村级集体"三资"管理、工程建设项目、村干部履行职责等情况实行民主监督。充分发挥共青团、妇联等组织的作用。培育和发展生产生活服务、公益慈善、群众文体、志愿服务、社会互助、科普教育等类型社区社会组织。

（三）理顺村委会与相关基层组织的关系。乡镇（街道）指导、支持、帮助村委会开展工作，依法保障村民自治。乡镇（街道）需委托村委会承办的事项，按照权随责走、费随事转的原则妥善解决。村党组织领导和支持村委会行使职权，支持和保障村民直接行使民主权利。村委会协助乡镇（街道）开展工作，监督农村基层落实党委、政府各项决策情况，强化社会建设和社会管理职能。村委会和村民小组依法管理本村、本组属于村民集体所有的土地和其他财产，支持和组织村民依法发展各种形式的合作经济和其他经济，领导和管理村集体经济组织。

二、加强村委会队伍建设

（四）优化队伍结构。村委会一般配置3至7人。加强政策引导，依法把依靠诚实劳动率先脱贫致富的农村个体劳动者、专业协会带头人、民营企业管理人员等优秀人才选为村委会成员。积极引导符合法定条件的大学生参加村委会选举，进一步改善村委会成员结构。提倡村"两委"交叉任职。鼓励外来人员居住集中的村安排适当比例的村民代表名额，选举符合条件的外来人员。探索设置村委会特别委员，吸引优秀外来人员通过选举担任。在有条件的地方试行"选+聘"制度，优先选聘大中专毕业生、退役军人、退休人员等到村委会下属委员会或公共服务站工作，并解决好其工资福利待遇问题。

（五）开展分级培训。建立分级培训制度，创新培训机制，加强村委会成员思想政治、法律法规、政策理论和服务管理技能培训，建设一支政治素质好、思想品德好、致富能力强、协调能力强、做群众工作能力强的"两好三强"村委会干部队伍。县（市、区）将村委会主任纳入干部培训计划，每年至少培训一次；乡镇（街道）可灵活采取脱产培训、以会代训、现场观摩、相互交流等方式，加强对村委会副主任和委员的培训；民政、公安、财政、农业、人力资源社会保障、共青团、妇联、残联等部门和单位要根据各自职能，优先把村委会成员纳入培训计划。

（六）加强人才储备。坚持以乡镇（街道）为单位建立村委会人才资源库，建立后备人才档案。实施"定向培训、定岗锻炼、定人带教"的培养机制，实行跟踪考察、检查督促、综合考核的评价机制，加强后备人才储备、培训和管理，培育优秀后备人才。健全和完善择优选拔招聘制度，加大从优秀村干部中考录公务员、招聘事业单位工作人员、选任乡镇（街道）领导干部的力度。

三、改善农村社区基础设施

（七）推进基础设施建设。制定村委会办公活动场所建设标准和规范，力争到2015年，每个村建有一个农村社区公共服务站，配套有文体活动中心、健康计生服务中心、家庭服务中心、综治信访维稳工作站和其他必要设施设备，并建有户外小广场或公园。推进村委会办公和活动场所标准化建设，实施机构门牌、工作制度、办事流程、宣传公告、服务窗口"五统一"标准。有条件的地区可为村委会统一配置电脑、打印机、复印机等办公设备。加强和完善村委会档案管理设施建设。

（八）加强信息化建设。改善村委会信息技术装备水平，积极推进村委会内部管理和服务工作电子化。整合利用农村各种信息网络资源，建设农村综合服务管理信息平台，为农民群众提供住房建设、农资、科技、流通、培训、就业、地理、气象、文化、体育、档案等资讯服务，逐步实现农村村务信息化、农村商务信息化和农村民生信息化。

（九）完善"两个公开阵地"建设。巩固村务公开成果，提高村务公开质量，继续抓好"村务公开栏"建设工作。每个村按照"广东省村务公开栏统一模板样式"标准，建设固定玻璃橱窗式"村务公开栏"，确保工作目标执行情况每年公开一次，一般事项每季度公开一次，涉及财务的事项每月公开一次，群众普遍关心的事项及时公开，保障农民群众的知情权、表达权和监督权。完善农村党风廉政信息公开平台建设，落实全省农村党风廉政信息公开平台内容目录方案，凡在"村务公开栏"上公开的内容和被列入民主决策范围的事项，同步推行网上公开。有条件的村民小组可推行组务公开。

四、完善农村基层自治制度

（十）完善以直接选举、公正有序为基本要求的民主选举制度。探索村民主动登记的参选登记新方式，试行组合竞选等新形式。完善非户籍公民参选机制，保障农民工等非户籍常住人口的选举权和被选举权。推进妇女村委会成员和村民代表专职专选，维护妇女民主权益。推行当选村委会成员宣誓承诺制度，增强村委会成员民主履职和廉洁自律意识。加大对贿选和违法违规违纪行为的查处力度。

（十一）完善以村民会议、村民代表会议为主要形式的民主决策机制。完善民主决策程序，健全村"两委"联席会议制度，推行"四议两公开"工作法，凡涉及村集体土地和资产处置、集体企业改制、集体举债、"一事一议"筹资筹劳、村庄发展建设等与农民群众切身利益密切相关的事项，均实行村民会议、村民代表会议民主决策，任何组织或个人不得擅自变更村民会议或村民代表会议依法决定的事项。探索引入决策公证程序，建立村级重大事务公决和旁听、质询、问责制度，探索建立村务发言人制度。

（十二）完善以自我教育、自我管理、自我服务为主要目标的民主管理制度。健全村民会议和村民代表会议议事规则，建立村民代表联系户制度。完善村委会日常工作、财务管理、学习教育和廉洁自律等制度，切实加强村委会内部管理。规范村级各类组织职责、工作程序及相互关系。完善资金、资产和资源的管理、收益、分配、增值制度，重大村级财务活动须经村民会议或村民代表会议表决。强化村委会对村民小组的领导，加强村民小组的建设和管理。完善村务公开和民主管理的政策法规，强化法制宣传工作，做好涉村信访工作。建立"难点村"动态排查治理机制。加强村委会档案管理和农村青少年教育工作。

（十三）完善以村务公开、内外监督、群众评议为主要内容的民主监督制度。强化村财审计、村委会成员任期和离任经济责任审计。加强村委会民主评议和绩效考评工作，考评结果与村委会成员推荐使用、落实补贴、评先评优直接挂钩。建立村委会成员谈话提醒、限期停职、引咎辞职、责令辞职和过错责任追究制度，切实加强对村委会成员的监督。推行村务监督委员会制度，加强农村基层党风廉政建设。加强社会舆论监督。深入开展星级村委会和村务公开民主管理示范村创建活动，到2015年，全省示范村达标率达到70%。

五、推进农村社区服务体系建设

（十四）编制服务专项规划。省、市制订农村社区建设总体意见和建设标准、规范。以县（市、区）为单位，按照统筹城乡发展、空间布局合理、人口规模适度、资源配置有效的要求，编制农村社区服务专项规划。适应农村社区管理服务的新要求，依据国民经济社会发展规划，做好土地利用总体规划和城乡总体规划的有机衔接，推动形成城乡经济社会一体化新格局。

（十五）完善公共服务设施。推进以公共服务站为主体、专项服务设施为配套、服务网点为补充的农村社区服务网络建设。着重建立集管理、服务、活动等功能于一体的农村社区公共服务站，作为政府公共服务覆盖到农村的综合平台，为农民群众和非户籍常住人口提供"一站式"服务。原则上每个村配置一个公共服务站，对于区域范围较大、居民居住分散的，可根据需要设立服务网点，构建"半小时服务圈"。公共服务站由村党组织和村委会领导和管理，业务接受乡镇（街道）的指导，人员和经费由镇、村共同解决。农村公共服务设施要向非户籍常住人口开放，加快将非户籍常住人口纳入农村社区服务范围。到2015年，10%的行政村实现社区化建设和管理，20%的行政村建有300平方米以上的公共服务站。

（十六）健全服务功能体系。全面推进农村社区建设，积极开展农村社区服务，建立健全政府公共服务、村民志愿互助服务、社区便民利民服务相衔接的覆盖农村全体居民的新型社区服务体系。开展面向全体村民的优抚安置、社会救助、社会事务、医疗卫生、公共就业、社会保障、计划生育、扶贫济困、志愿助残、康复训练、文教体育、农技推广、金融保险等基本公共服务。做好刑释解教人员、社区矫正人员的帮教工作。按照安全、生态、方便、实惠的要求，引导经营性服务机构在农村设立服务网点，开展农资供应、百货销售、农副产品收购和餐饮、家庭服务、维修等便民利民市场化服务，以及劳动力资源普查、培训转移就业、就业介绍、城乡医疗保险和农村新型养老保障等服务。组织开展农村社区志愿服务、群众性的互助和自助服务，满足村民生产生活多样化需求。发挥驻村单位作用，实现资源共享、共驻共建。

六、落实保障措施

（十七）加强组织领导。各地各有关部门要高度重视村委会建设工作，积极推进村民自治，坚持把村委会建设列入重要议事日程，纳入经济社会发展规划、党政领导班子绩效考核内容。建立县（市、区）党委书记抓村委会建设责任制。切实加强村民自治职能部门的工作力量，建立健全各级村务公开工作领导协调机制。稳妥推进村改居，规范乡镇（街道）考核村制度，建立村民评议乡镇（街道）制度。建立党代表、人大代表、政协委员以及公职人员联系农村社区、接待群众和兼职服务制度。

（十八）加大经费投入。积极调整财政支出结构，将村委会成员培训经费以及村委会办公活动场所和服务设施建设、农村社区建设经费纳入市、县政府财政预算。建立健全以省市补助、县级统筹、村集体收入自我保障为主的农村基层组织经费保障制度，省、市、县、镇（乡）政府要将农村基层组织经费补助资金列入年度预算,并由各级财政对欠发达地区年集体收入在3万元以下的贫困村村委会工作经费补助每村每年2万元。建立村干部待遇自然增长机制,逐步提高村干部待遇水平。建立健全村干部基本社会保险制度、业绩奖励机制。

(十九)强化督促指导。各地各有关部门要加强对村委会建设工作的督促检查和分类指导,定期研究解决村委会建设中遇到的重点难点问题。省民政厅要发挥牵头作用,加强对村委会建设日常工作的指导;各地各有关部门要各司其职,制订具体落实方案,共同抓好村委会建设工作。

中共广东省委办公厅 广东省人民政府办公厅《关于加强城市社区居民委员会规范化建设的实施意见》

(粤办发〔2011〕22号)

为贯彻落实《中共广东省委广东省人民政府关于加强社会建设的决定》(粤发〔2011〕17号)精神,加强城市社区居民委员会(以下简称社区居委会)建设,提高社区居委会参与社会建设的能力,特制定本实施意见。

一、规范社区居委会职能定位

(一)规范社区居委会设置。按照地域性、认同感等构成要素和便于居民自治、便于管理服务的原则,科学合理设置城市社区,社区人口规模一般为2000—3000户常住居民。相对独立、设施完善的住宅小区可单独设为社区。一个社区原则上设立一个社区居委会。加强城乡结合部、工矿企业所在地、新建住宅区和流动人口聚居地等重点区域的社区居委会组建工作。

(二)明确社区居委会性质和职责。社区居委会是居民自我管理、自我教育、自我服务的基层群众性自治组织,是党和政府联系群众的桥梁和纽带,是开展城市社会管理服务的基础,是社区居民自治的组织者、推动者、实践者。社区居委会依法组织社区居民开展自治活动,协助基层政府及其派出机关做好基层社会管理和公共服务工作,依法依规组织开展监督活动,维护居民合法权益。

(三)健全社区居委会组织体系。建立健全社区居委会下属的人民调解、治安保卫、公共卫生、公共福利、计划生育、群众文体等各类专业委员会。推行居民代表与业主代表、社区居委会成员与业主委员会成员交叉任职。选齐配强居民小组长、楼(栋)长,积极开展楼院居民自治。

(四)理顺社区居委会与相关组织的工作关系。街道(镇)对社区居委会工作给予指导、支持和帮助,社区居委会依法协助街道(镇)开展工作。社区党组织支持保障社区居委会依法行使职权,社区居委会主动接受社区党组织领导监督。社区居委会对社区内业主委员会、物业服务企业及社区社会组织进行指导监督,引导其参与社区建设;业主委员会、物业服务企业及社区社会组织积极配合社区居委会依法履行自治管理职能。

(五)建立社区公共服务站。有条件的社区居委会要按照"一居一站"标准建立社区公共服务站,作为基层政府延伸到社区的公共服务平台,协助社区居委会开展相关管理工作。社区公共服务站的设立、调整和撤销,由街道(镇)提出申请,经区(县、市)民政、财政和编制部门提出意见后报同级人民政府批准。社区公共服务站统一名称、标识、章程和办事流程。社区公共服务站接受街道(镇)和民政部门的指导,接受社区党组织、社区居委会的领导和监督。

二、加强社区民主制度建设

(六)健全社区民主选举制度。稳步提高社区居委会直接选举比例,推动社区居委会成员属地化。力争到2015年社区居委会直接选举比例达到40%,居委会成员属地化比例达到50%;到2020年社区居委会直接选举比例、属地化比例均达到70%。本地户籍居民原则上在居住地社区登记参加社区居委会选举。鼓励外来人员集中的社区安排适当比例的居民代表名额专门选举外来人员,扩大外来人员对社区管理服务的参与面,保障其民主权益。

(七)健全社区民主决策制度。健全社区党组织领导下的"两委"联席会议制度,推行"四议两公开"工作法,对社区重大事务实行社区党组织提议、社区"两委"联席会议商议、党员大会审议、居民代表会议或居民会议决议,实行决议公开、实施结果公开。健全社区居民会议、居民代表会议以及社区党员代表议事制度,引导社区居民和驻区单位广泛参与,对涉及居民切身利益的重大事项和社区重要公共事务进行议事协商、民主听证,在充分听取群众意见的基础上进行民主表决,保障社区居民的决策权。

(八)健全社区民主管理制度。健全以居民公约、社区居民自治章程为主要内容的社区民主管理制度,社区公共事务由利益相关的居民群众进行集体协商。探索推广以网上论坛、民情恳谈会、社区居民聊天群、居民议事日等方便居民参与的有效形式,保障社区居民的知情权和参与权。建立党代表、人大代表、政协委员以及公职人员联系社区、接待社区居民的制度。

(九)健全社区民主监督制度。健全社区党务、居务、财务公开制度,明确公开的内容、程序、时间、方法。完善监督保障机制,加强社区档案管理。到2015年,居务公开民主管理社区达标率达到70%。组织居民有序开展各类公共服务工作监督评价活动,重点对城市基层人民政府及其派出机关、工作人员的工作情况、政府购买服务单位提供社区服务情况、驻区单位参与社区建设情况进行民主评议,对供水、供电、供气、环境卫生、园林绿化等市政服务单位在社区的服务情况进行监督,保障社区居民的监督权。

三、加强社区队伍建设

(十)优化社区居委会工作队伍结构。社区居委会工作人员由社区居委会成员和社区专职工作人员组成,原则上按照每300户常住人口配备1名专职人员。社区居委会一般设置5至9人,按照法定条件和程序民主选举产生,其中女性成员应占有一定比例;社区专职工作人员面向社会公开招聘,具体办法由地级以上市人民政府确定。鼓励引导本社区内的党政机关、工青妇群团组织、事业单位和社会组织在职党员干部以及社会知名人士通过民主选举兼任社区居委会成员;鼓励专业社会工作者、大中专院校毕业生、转业复员退伍军人等到社区担任专职工作人员。

(十一)加强社区居委会工作人员培训。定期培训社区居委会工作人员。基层政府或其派出机关每年至少对社区居委会主任培训一次,其他成员和专职工作者每两年至少培训一次。建立学习激励机制,鼓励和支持社区居委会工作人员取得社会工作职业资格证书等相应资格、学历。建立健全工作奖惩机制,定期对社区居委会工作人员进行岗位工作绩效考核。

(十二)增强社区居委会工作人员队伍生机活力。积极将优秀社区居委会工作人员培养发展成为党员,适当提高各级党代会代表、人大代表、政协委员中优秀社区居委会工作人员的比例。建立和完善从社区居委会工作人员中考录公务员、招聘事业单位工作人员、选拔街道(乡镇)领导干部的制度。宣传报道社区居委会工作人员好人好事,表彰奖励优秀的工作人员。

四、推动社区基础设施建设

(十三)推进"六个一"工程建设。制订社区办公及服务活动设施建设标准,打造社区服务"15分钟服务圈"。稳步推进基础设施"六个一"工程建设,力争到2015年,有条件的社区建有一个公共服务站、文体活动中心、健康计生服务中心、家庭服务中心、综治信访维稳工作站、小广场或公园,中心城区管辖范围较小的社区可以街道为单位建设。社区办公用房和社区服务活动设施纳入城乡建设规划和土地利用总体规划,按照社区办公用房和室内服务设施面积每百户不少于20平方米,室外活动场所面积每百户不少于30平方米的标准配套建设。规范商业开发项目中公共服务设施的建设及移交管理。

(十四)规范设置社区办公服务用房。按照资源节约、便民利民的原则,科学合理设计、使用社区办公和服务用房,提倡"一室多用",提高利用率。推进社区办公用房标准化建设,实施机构门牌、工作制度、办事流程、宣传公告、服务窗口"五统一"标准。

(十五)加快社区信息化建设。改善社区居委会信息技术装备条件,积极推进管理服务工作电子化,逐步实现"一网式"、"一号式"服务,提高工作效率。整合社区现有信息网络资源,建设管理规范、内容丰富的社区综合服务信息网,为居民提供社区政务服务、居民互动、生活资讯、电子商务等信息。鼓励社区居委会积极利用博客、微博、网上社区等新渠道,加强与社区居民沟通联系。

五、创新社区工作机制

(十六)厘清社区工作职责。坚持依法行政,保障社区居委会应有的法律地位。不属于社区居委会职责范围内的事务、专业性技术性较强的工作,不得强加于社区居委会。推行行政管理事项社区准入制度,确属社区居委会协办协管的工作,须经所在区(县、市)社会工作机构批准同意,实行权随责走、人随事调、费随事转。减少各级各部门对社区居委会的考核评比,切实减轻社区居委会工作负担。

(十七)建立便民利民工作机制。社区办理公共事务,实行服务内容、办事程序、申报材料、办理依据、办理期限和收费标准"六公开"。社区受理事项实行一次性告知、首问负责、限时办结、承诺办理。完善网格化管理、上门服务、挂钩联系住户等工作机制。在不减少总体工作时间、不增加工作强度的前提下,鼓励社区居委会和社区公共服务站实行弹性工作制、错时上下班,方便居民办事。

(十八)推动社区共驻共建。强化驻区单位的社区建设责任,积极引导驻区单位将文化、教育、体育等活动设施向社区居民开放,为社区居委会提供人力、物力、财力支持,推动社区共驻共建。社区居委会要主动听取驻区单位的意见建议,营造共商社区事务、共享社区资源、共建幸福社区的良好氛围。建立驻区单位社区建设责任评价机制,有关部门在评先表彰时要主动听取社区居委会对驻区单位的意见。

六、落实社区工作保障措施

(十九)加强组织领导。各地各有关部门要把社区居委会建设摆上重要议事日程,切实加强组织领导。健全区(县、市)委书记为第一责任人、街道(镇)党工委书记直接责任人的领导责任制,形成党委和政府统一领导、组织部门抓总引领、民政部门指导协调、各有关部门和群团组织支持配合的工作局面。

(二十)加大经费投入。要将社区居委会的工作经费、人员薪酬待遇、社区公益设施建设与维护经费、社区信息化建设经费纳入区(县、市)级以上政府财政预算,建立稳定的财政投入机制。社区居委会专职工作人员薪酬待遇标准原则上不低于上年度当地社会平均工资水平。社区居委会工作经费按照社区常住人口户数核定,珠江三角洲地区每年每千户不少于6万元,其他经济欠发达地区不少于3万元。

(二十一)强化督促检查。各地各有关部门要认真落实加强社区居委会规范化建设的各项保障措施,创新工作机制,定期总结推广好经验好做法。要加大督促检查力度,将加强社区居委会建设工作成效纳入市、区(县、市)、街道(镇)党政领导班子年度目标、工作实绩考核内容。

广东省民政厅　广东省监察厅　广东省财政厅 《关于印发〈广东省村务监督委员会工作规则〉的通知》

(粤民发〔2015〕92号)

各地级以上市党委、人民政府，各县（市、区）党委、人民政府：

为贯彻党的十八届三中全会关于"建立健全居民、村民监督机制"的部署，落实全国农村基层党建工作座谈会、全省基层工作会议等有关会议要求，建立健全基层党组织领导下的村务监督机制，加强和规范全省村务监督委员会建设，推动农村基层治理规范化、法治化，省民政厅、省监察厅、省财政厅联合制定的《广东省村务监督委员会工作规则》，已经省委基层治理领导小组同意，现印发给你们，请遵照执行。

2015年7月29日

广东省村务监督委员会工作规则

第一章　总　则

第一条　为建立健全中国共产党组织领导下的村务监督机制，规范村务监督委员会建设，保障村民管理自己事务的合法权益，推动农村基层民主政治建设和党风廉政建设，完善村民自治制度和农村基层治理机制，促进农村和谐稳定，根据《中华人民共和国村民委员会组织法》、《广东省实施〈中华人民共和国村民委员会组织法〉办法》和《广东省村务公开条例》等法律法规，结合我省实际，制定本规则。

第二条　村务监督委员会是基层党组织领导下的农村基层民主自治的群众监督组织，监督村务决策、执行、公开，监督村民委员会、村集体经济组织等村级组织依法履行职责，对村民会议和村民代表会议负责，主动收集和认真受理村民对村务管理的意见建议，接受村民监督。

村务监督委员会独立行使监督权，不直接参与具体村务和经济事务的决策和管理工作。

第三条　村务监督委员会接受乡镇以上人民政府的工作指导、监督。县以上人民政府民政部门负责牵头本行政区域内村务监督工作组织、指导和协调，纪检监察机关负责对村务监督工作的再监督，对党员干部违纪问题和村务监督委员会成员违纪问题进行纪律审查，严肃问责。其他相关部门按照职责协同做好村务监督的相关工作。

第二章 组织设置

第四条 村务监督委员会一般由主任、副主任、委员共3至5人组成。村务监督委员会成员应当具备以下条件：

（一）服从中国共产党的领导，接受乡镇以上人民政府的指导和监督。

（二）遵守宪法、法律、法规和国家政策。

（三）依法拥有选举权和被选举权的本村村民，全年有三分之二以上时间居住在本村。

（四）熟悉村情，热心公益，协调议事能力强。

（五）身体健康，能正常履行工作职责。

村务监督委员会主任一般由村党组织成员或者村内党员担任。村务监督委员会成员中，应当有具备财会、管理知识的人员。村民委员会成员、村集体经济组织相关负责人、村民小组长及以上人员的近亲属、村文书、村报账员等村务工作人员不得担任村务监督委员会成员。

第五条 村务监督委员会名称统一为：××县（自治县、市）××乡镇××村村务监督委员会或者××市（设区的市）××区（县）××乡镇××村村务监督委员会。

村务监督委员会衔牌的规格、样式和制发参照村民委员会衔牌规格、样式和制发的相关规定执行。

村务监督委员会的衔牌悬挂在村民委员会衔牌之后。

第六条 村务监督委员会印章的模式、制发、使用、保管、追责等参照村民委员会印章的相关规定执行。

第七条 各级人民政府将村务监督委员会成员补贴列入同级财政预算，其补贴按照村"两委"成员补贴标准（不包含通讯补贴）的四分之一计算。省财政将粤东西北14个地级市以及江门的恩平、台山、开平市年集体经济收入在3万元以下的贫困村的村务监督委员会成员列入补贴范围，按平均每村3人给予补贴，省、市、县、村按照4.8:1.6:1.6:2的比例负担；村务监督委员会的办公经费纳入村党组织、村民委员会（以下简称村"两委"）办公经费中统筹解决。有条件的地级以上市、县（市、区）人民政府可以根据本地区的经济发展水平适当提高村务监督委员会成员补贴的财政预算标准；县（市、区）人民政府统一制订村务监督委员会成员待遇指导标准和工作经费解决办法，并报省民政厅、省财政厅备案。

乡镇党委、人民政府和村"两委"应当为村务监督委员会提供必要的办公设备和办公场所，保障村务监督委员会成员集中办公，办公场所整洁、安全。

第三章 主要职权

第八条 村务监督委员会履行以下职责：

（一）监督农村经济社会事务民主决策。村务监督委员会成员列席村务和经济事务各类会议、农村基层组织联席会议、村民小组会议、农村社区公共服务机构有关会议等，主要监督村务按照"五民主五公开"工作法、班子联席会议、党群联席会议等规定程序进行决策的情况，及时发现违反决策程序的行为。

（二）监督农村集体资金、资产、资源（以下简称"三资"）管理。加强村级资金、资产、资源监督，监督制定集体财务计划和各项财务管理制度，对村级财务事项按月或者按季度进行审查。未经村务监督委员会审核的票据不得入账；对有争议的票据，村务监督委员会可提请村民会议或者村民代表会议讨论决定。全程监督行政村一级的集体"三资"运作情况，对村民小组一级的集体"三资"运作进行监督，监督农村社区公共服务机构运作，特别是加强对耕地保护、土地流转工作的监督。配合乡镇按规定组织会审、检查农村集体"三资"及相关经济活动事项，参与乡镇对村级组织成员任期和离任经济责任审计。

（三）监督村务公开制度落实。对村务公开的事项、内容、时间、程序和形式进行民主监督，重点是监督村级财务收支公开制度执行情况。经审查符合要求的，村务监督委员会三分之二以上成员在公开内容上签名确认。对公开事项存有异议的，村务监督委员会应当及时向村民委员会或者村集体经济组织提出，村民委员会或者村集体经济组织应当在十日内予以答复和处理。

（四）监督农村工程项目实施。加强村级工程项目建设的监督，对村、组两级工程项目从立项、招投标、建设施工、质量验收到资金预决算以及支付等进行全过程监督。对项目实施中发现的问题，村务监督委员会应当及时向村党组织、村民委员会、村集体经济组织或者村民小组反映，并督促和协助抓好整改，必要时，向乡镇党委、人民政府反映。

（五）监督村民委员会成员、村集体经济组织相关负责人、村民小组长和由村民或者村集体等承担误工补贴人员廉洁履职。督促村民委员会成员、村集体经济组织相关负责人、农村社区公共服务机构人员和由村民或者村集体承担误工补贴人员认真履行工作职责，发现上述人员有违纪违规行为的，村务监督委员会应当及时向村党组织、乡镇党委、人民政府反映，并协助进行调查。参与对村民委员会成员、村集体经济组织相关负责人和由村民或者村集体等承担误工补贴人员年终考核考评工作，在乡镇党委、人民政府的组织、指导、监督下，在村民会议或者村民代表会议上主持对上述人员公开进行民主评议。

（六）维护村民监督权益。保持与村民的密切联系，广泛听取并收集、整理村民的意见建议，及时向农村基层组织反映村民对村务和经济事务管理的意见和建议，保障村民对村级事务的质疑、建议、反映和举报等监督权利。加强惠农强农政策措施落实监督，对支农资金物资使用、农村基础设施和公共服务建设、确定农村危房改造补助对象等进行监督。

第九条 村务监督委员会及其成员拥有以下权力：

（一）知情权。列席村民委员会、村集体经济组织、村民小组会议和有关联席会议，有权查阅、复印与监督事项有关的文件资料，了解掌握村务和经济社会事务的决策、管理、执行情况。村民委员会、村集体经济组织、村民小组应当主动提供涉及本村村民利益的有关信息。

（二）质询权。对村民反映强烈的村务、财务、集体经济事务、村民小组组务和村务人员履职情况公开开展询问质询，要求有关人员作出解释。

（三）审核权。对村务、财务、集体经济事务、公开情况和财务报账前的原始凭证进行审核；必要时，对村民小组集体"三资"运作情况进行审核监督。

（四）调查权。根据村民意见建议或者工作需要，对村务、财务、集体经济事务和村民小组组务开展调查，核实有关情况；对应当解决而未解决的问题向村党组织、乡镇党委和人民政府反映。

（五）建议权。对村务、财务、集体经济事务和村民小组组务等提出工作建议和意见。对村民委员会、村（或组）集体经济组织和村民小组的决定有原则性不同意见时，可以在提请乡镇党委、人民政府同意后，提交村民会议、村民代表会议或者村民小组会议讨论决定；属于集体经济组织事务提交村（或组）集体经济组织成员大会或成员代表会议讨论决定。

（六）评议权。在乡镇党委、人民政府的组织、指导、监督下，村务监督委员会主持村民会议或者村民代表会议对民主评议对象的履职情况公开进行民主评议。

第十条 村务监督委员会及其成员应当自觉执行党的路线方针政策，遵守国家法律法规，坚持依法依规、实事求是、客观公正地履行职责。

村务监督委员会及其成员应当支持和配合村民委员会、村集体经济组织、农村社区公共服务机构、村民小组正确履行工作职责，积极建言献策，帮助做好村民的思想工作，促进村工作健康发展。

村务监督委员会每年至少向村民会议或者村民代表会议报告一次工作，接受村民会议或者村民代表会议对其履职情况的民主评议和监督；涉及村民切身利益的重大事项、重大决策和村民普遍关心的事项，应当及时报告。日常工作中，村务监督委员会成员应当与村民保持密切联系，广泛听取群众意见和建议，积极改进工作。

村务监督委员会及其成员应当认真学习党的路线方针政策、国家法律法规和村务管理、监督等相关业务知识，积极参加村党组织、乡镇等组织的有关活动；模范遵守村规民约，发挥榜样带头作用。

第十一条 村务监督委员会受到无理阻挠导致无法正常开展工作，或者其成员受到打击报复的，可以向乡镇党委和人民政府或者村党组织反映情况，乡镇党委和人民政府或者村党组织应当制止与纠正，保证、保障村务监督委员会及其成员正常工作。

第四章　工作制度

第十二条 村务监督委员会应当建立以下制度：

（一）集体议事决策制度。村务监督委员会运作实行委员会制度，议事、决策实行少数服从多数和公开透明的原则。村务监督委员会工作时间每周至少要有一至两天。村务监督委员会会议应每月定期召开，如遇特殊情况可随时召开；参加会议一般应全员参加，因特殊情况无法到会的应提前请假，会议参加人数不足3人时不能召开村务监督委员会会议。

（二）村务情况分析制度。定期召开村务情况分析会议，研判和梳理村务、财务等情况，及时发现苗头性问题，及时提醒督促解决。

（三）监督工作报告制度。村务监督委员会每季度向村党组织、村民会议或者村民代表会议报告村务监督工作情况，对监督中发现的重要问题及时向党组织反映。

（四）监督工作台账制度。村务监督委员会每次开展工作、召开会议、组织学习等，应当认真、如实记录。村务监督委员会工作台账列为村务档案，依法依规进行保存。

（五）监督工作公开制度。村务监督委员会的各项监督事务应当按月在党务村务公开栏和农村党风廉政信息公开平台上进行全面公开。

（六）监督工作反馈制度。村务监督委员会发现村务公开内容有遗漏或者公开的内容不真实的，应当及时了解情况，并可以对有关资料进行查阅审核，以书面形式督促村民委员会、村集体经济组织、村民小组等改正。村民委员会、村集体经济组织、村民小组等应当自收到村务监督委员会书面意见之日起十日内给予书面答复，确有问题的，予以纠正并重新公布。村务监督委员会对村民委员会、村集体经济组织、村民小组等的答复和纠正结果不满意的，可以书面形式向乡镇党委、人民政府、县级或者不设区的地级市党委、人民政府及其有关主管部门投诉并申请调查处理，有关部门应当自收到申请之日起六十日内调查处理并给予书面答复。

（七）评议考核村务监督委员会制度。每年底由村民会议或者村民代表会议对村务监督委员会及其成员工作进行民主评议；由乡镇对村务监督委员会及其成员履职情况进行综合考核。评议和考核村务监督委员会的结果划分为满意、基本满意、不满意三个等次；评议和考核村务监督委员会成员的结果划分为优秀、称职、基本称职、不称职四个等次。评议和考核情况与村务监督委员会的岗位补贴相挂钩。

（八）村务监督委员会成员培训教育制度。村务监督委员会应当定期组织成员集体进行政治学习、业务学习，加强自身建设。不设区的地级市、县（市、区）、乡镇党委、人民政府应当将村务监督委员成员的培训教育纳入村"两委"成员的培训教育当中。不设区的地级市、县（市、区）党委、人民政府每年应当至少组织培训一次村务监督委员会主任，乡镇党委、人民政府每年应当至少组织培训一次村务监督委员会成员。乡镇党委和人民政府、村党组织应当加强村务监督委员会成员的思想政治教育。

第五章 推选（选举）、罢免、辞职、职务自行终止与补选

第十三条 村务监督委员会成员由村民会议或者村民代表会议在村民中推选或选举产生，并报乡镇党委、人民政府备案。任何组织或者个人不得指定、委派或者撤换村务监督委员会成员。

村务监督委员会的推选（选举）工作纳入村"两委"换届选举整体工作，与村民委员会的选举同期举行，任期与村民委员会相同。

第十四条 村务监督委员会的推选（选举）由村民选举委员会主持；村民选举委员会未成立或者村民选举委员会已经终止运作的，由村党组织主持。

村务监督委员会成员的推选（选举），可以采取有候选人的推选（选举）方式，也可采取无候选人的推选（选举）方式。采取有候选人的方式，候选人由本村登记参加选举的村民或者村民代表中投票提名产生；采取无候选人的方式，在推选（选举）日直接由本村登记参加选举的村民或者村民代表直接进行投票推选（选举）。推选（选举）方式和具体名额由村民会议或者村民代表会议确定。

有意愿参选村务监督委员会的村民或者村民代表，应当在推选（选举）日十日前向村民选举委员会提出书面参选意愿；村民选举委员会对有参选意愿的村民或者村民代表进行资格审查后，在推选（选举）日五日前在村民委员会和各村民小组所在地以姓名笔划为序公布参选人员名单。在推选（选举）日前，村民选举委员会统一组织开展有关竞选活动。

其他有关推选（选举）事项，参照村民委员会的有关选举规定。

第十五条 村务监督委员会工作移交的程序和法律后果与村民委员会相同。

第十六条 村务监督委员会成员有下列情形之一的，乡镇党委、人民政府可以提出罢免建议：

（一）违反法律、法规和国家政策，不适合继续担任村务监督委员会成员的；

（二）失职、渎职造成工作重大失误的；

（三）连续三个月以上无正当理由不参加村务监督委员会工作的。

（四）民主评议中所获信任票数不足50%的。

本村五分之一以上有选举权的村民或者三分之一以上的村民代表联名，可以向村党组织提出罢免村务监督委员会成员的要求；罢免要求应当书面提出，并列明罢免理由。

具体罢免程序根据村务监督委员会成员的推选（选举）方式，参照村民委员会成员罢免程序进行。

提出罢免要求或者罢免建议者，应当到罢免会议现场作出说明并回答询问。被提出罢免的村务监督委员会成员有权出席罢免会议进行申辩或者书面提出申辩意见。罢免未获通过的，一年内不得以同一事实和理由再次提出罢免要求或者罢免建议。

第十七条 村务监督委员会成员因故辞职，应当书面向村务监督委员会提出，村务监督委员会应当在收到书面辞职后的十日内进行审议，并提交村民会议或村民代表会议决定是否接受其辞职，并在五日内公告。

第十八条 村务监督委员会成员有下列情形之一的，其资格自行终止：

（一）死亡的；

（二）被判处刑罚的；

（三）丧失行为能力的；

（四）违反计划生育法律、法规超计划生育的；

（五）连续两次民主评议不称职的。

村务监督委员会成员资格自行终止的，由村务监督委员会自终止事由发生之日起三日内予以公告，并报乡镇党委、人民政府备案。

第十九条　村务监督委员会成员出现缺额，由村民代表会议进行补选，或者按照原推选（选举）得票多少的顺序依次递补。

补选的村务监督委员会成员的任期至本届村务监督委员会任期届满时止。

第六章　奖励与惩戒

第二十条　乡镇党委、人民政府应当根据村务监督委员会的工作考核情况，对工作业绩突出的村务监督委员会及其成员，给予适当物质奖励。

第二十一条　不设区的地级市、县（市、区）党委、人民政府建立村务监督委员会成员诫勉谈话和过错责任追究制度，建立健全村务监督委员会成员评估、奖罚制度，并引导各村通过民主自治建立村务监督委员会成员引咎辞职制度。

第二十二条　有下列行为之一的，由不设区的地级市、县（市、区）、乡镇党委、人民政府责令改正，对责任单位、直接责任人依法予以处分：

（一）违反法律、法规规定确定村务监督委员会成员候选人，以及停止村务监督委员会工作和成员职务的；

（二）无正当理由不组织或者拖延村务监督委员会及其成员换届选举的；

（三）以不正当手段妨害村务监督委员会及其成员履行职责的。

第七章　附　　则

第二十三条　成立村务监督委员会后，原村务公开监督小组和村民民主理财小组撤销，其职能由村务监督委员会统一承担。

第二十四条　乡镇建立村务监督委员会定期工作交流制度，定期组织各村的村务监督委员会主任集中交流村务监督工作情况。

第二十五条　街道办事处辖下的村，适用本规则；街道党（工）委、办事处履行本规则所规定的应当由乡镇党委、人民政府履行的职责。

第二十六条　社区居务监督委员会参照本规则执行。

第二十七条　地级以上市、县（市、区）根据本规则制订具体实施细则或者指导意见。

第二十八条　本规则由省民政厅会同相关部门负责解释。

第二十九条　本规则自2015年8月1日起施行。

广东省民政厅《关于农村城市化中社区居委会设置有关问题的批复》

(粤民基〔2003〕34号)

深圳市民政局：

你局《关于农村城市化中社区居委会设置有关问题的请示》（深民〔2003〕129号）收悉。经研究，现答复如下：

一、关于村委会撤销问题

按照《中华人民共和国村民委员会组织法》第八条第二款"村民委员会的设立、撤销、范围调整，由乡、民族乡、镇的人民政府提出，经村民会议讨论同意后，报县级人民政府批准"的规定，以及《广东省实施〈中华人民共和国村民委员会组织法〉办法》第五条第二款的规定，撤销村民委员会，须经村民会议同意。

二、关于设立社区居委会问题

按照《中华人民共和国城市居民委员会组织法》第六条第二款的规定"居民委员会的设立、撤销、规模调整，由不设区的市、市辖区人民政府决定"，你们可以决定社区的管辖范围。具体办法请参考《关于印发广东省城市基层管理体制改革工作实施方案的通知》（粤府办〔2002〕14号）的有关规定。

三、关于社区居委会选举和换届问题

根据《中华人民共和国城市居民委员会组织法》第八条"居民委员会主任、副主任和委员，由本居住地区全体有选举权的居民或者由每户派代表产生；根据居民意见，也可以由每个居民小组选举代表2至3人选举产生"的规定，新的社区居委会主任、副主任、委员须由选举产生。在选举前，可以成立筹备小组，负责新设立社区的日常事务。但在选举产生社区居委会之前，社区的重大事项、尤其是涉及原村民切身利益的重大事项的决策，仍须按照《中华人民共和国村民委员会组织法》、《广东省实施〈中华人民共和国村民委员会组织法〉办法》的有关规定，经过村民会议决定。

社区居委会的换届选举，可根据省人民政府的统一部署，到2005年与全省的社区居委会换届选举同步进行。

四、为了促进农村城市化工作顺利进行

你市撤销村民委员会、设立社区居委会的工作，宜在对社区划分、改变村民的户口和身份、集体土地及房屋权属处置、建议撤销村委会、设立并选举社区居委会、农村集体资产的处置、改制后的市政规划和市政设施管理、学校管理、环卫管理、计生政策、就业问题、社会保障问题形成相关政策之后进行。

此复。

二〇〇三年十二月一日

广东省民政厅《关于社区居民委员会名称、印章、衔牌问题的补充通知》

（粤民基〔2002〕5号）

广州、深圳，各地级市和顺德市民政局：

为规范我省城市基层管理体制改革后社区居民委员会的名称和印章、衔牌的制发，特补充通知如下：

一、社区居民委员会的名称：

经过城市基层管理体制改革后设立的社区居民委员会的名称，可在粤府办〔1998〕74号文规定的"××市（指设区的市）××区××街（乡、镇）××居民委员会"和"××市（指不设区的市）××街（乡、镇）××居民委员会"的"居民委员会"前面加上"社区"二字。县设社区居民委员会的，参照办理。

二、社区居民委员会印章、衔牌的规格、样式和制发

粤府办〔1998〕74号文关于居民委员会印章和衔牌的规格、样式和制发的规定，适用于城市基层管理体制改革后设立的社区居民委员会。

二〇〇二年二月一日

广东省民政厅 公安厅
《关于制发村（居）民小组印章问题的通知》

（粤民基〔2000〕35号）

各市、县、区民政局、公安局：

依照《中华人民共和国村民委员会组织法》第十条和《广东省实施〈中华人民共和国村民委员会组织法〉办法》第十二条的规定，各村民委员会可以根据本村的规模、生产生活的实际情况和村民的意愿分设若干村民小组。村民小组是村民委员会领导下的最基层的群众自治组织。为规范我省村（居）民小组印章的规格和制发，特通知如下：

一、需要刻制村（居）民小组印章的村（居）民小组，由该村（居）民小组长提请村（居）民委员会出具刻制印章的介绍信，经乡镇人民政府或街道办事处审核批准后，凭乡镇人民政府或街道办事处另外出具的批准文件到当地县级公安机关备案，申领《刻章许可证》，并到当地公安部门指定的印章刻制单位刻制印章。

二、启用印章时应向本村（居）民委员会及其它有关单位和组织通报印章式样，并向当地公安派出所备案。

三、村（居）民小组的名称为：××县（市、区）××镇（乡、街）××村（居委）××村（居）民小组。

四、印章规格和样式：印章直径为4.2厘米，圆边宽为1.2毫米，中央刊五角星（五角星直径1.4厘米），五角星外刊名称，印文"××县（市、区）×镇（乡、街）××村（居委）"自左而右环行，"×村（居）民小组"自左而右横排。

五、印章使用宋体字和国务院公布实行的简化字。印章质料由制发单位自定。

六、村（居）民小组要按照省政府办公厅《关于修订广东省国家行政机关和企事业单位社会团体印章、衔牌管理规定的通知》（粤府办〔2000〕8号）的规定，加强对印章的使用管理。

广东省档案局 民政厅《关于印发〈广东省村民委员会档案管理暂行办法〉的通知》

(粤档发〔2001〕47号)

各市、县(市、区)档案局、民政局：

为在我省村民委员会更好地贯彻《档案法》、《村民委员会组织法》，进一步加强档案管理工作，特制定《广东省村民委员会档案管理暂行办法》，经"全省农业、农村档案工作会议"征求意见并修改，印发各市、县(市、区)执行。在执行中有何问题，可向广东省档案局反映。

二〇〇一年十二月二十四日

广东省村民委员会档案管理暂行办法

第一条 为了加强村民委员会(以下简称村委会)档案管理，维护村委会档案的完整和安全，有效地开发档案信息，为村务公开、村民自治、农村经济建设和农民致富服务，根据《中华人民共和国档案法》、《中华人民共和国村民委员会组织法》和《广东省实施〈中华人民共和国村民委员会组织法〉办法》、《广东省档案管理规定》，结合我省实际，制定本办法。

第二条 村委会档案是指村委会依法履行职责的过程中，以及村民自治的各项活动中产生的有保存价值的各种门类和载体的历史记录，包括村委会选举、文书、会计、基建、设备、婚姻状况证明、经营管理、土地管理、地籍管理、山林证、科技信息、农土特产品、声像、实物、谱牒等类型。

第三条 村委会必须建立健全档案管理制度，加强对档案工作的领导，明确有一位成员分管档案工作，并为开展档案工作提供必要的条件，确保档案的安全保管。

第四条 村委会档案工作的基本要求是：

(1) 必须指定一名责任心强、经过档案业务培训的村委会成员，负责档案的收集、整理和保管，做好一年一度的立卷归档工作；根据归档文件的重要程度鉴别并判定其保管期限为永久、长期或短期；

(2) 必须有存放档案的固定场所和箱柜，档案存放地点要远离火源和易燃易爆物品，必须配备具有防火、防盗、防强光、防尘、防虫(鼠)、防潮功能的档案装具保管档案；经济发达或条件较好的村，应采用比较现代化的技术与设备保管档案。

(3) 必须建立档案管理各项规章制度；

(4) 制定村民委员会的归档范围：村委会的民主选举、文书(含通知、决议、政策法规文件、治安、民兵、计生、人口管理、村民管理等类)、会计(含财务报告、账簿、凭证)、基建(含报建手续、设计图纸、预决算表、验收证明等)、设备、婚姻状况证明、经营管理(含种类经济合同)、土地管理

（含土地征用、转让、承包、买卖、交换、房屋租赁等）、地籍管理、山林证、科技信息、农土特产品、声像、实物、谱碟以及在农村经济建设和村务决策管理过程中形成的各种门类、各种载体的档案；

（5）必须集中统一管理本村的全部档案；

（6）必须根据需要，编制档案检索工具和常用的编研材料如大事记、组织沿革、基础数字汇编、村史等。

第五条　做好档案的检查、统计工作，完善各种档案管理台账。每年年底，村委会要对全部档案进行一次检查和清点，并将检查、清点情况如实填写《档案检查记录簿》及《档案管理台账》。

第六条　档案工作要积极为村委会和村民提供服务。要严格执行档案查阅利用制度，查阅档案要进行登记。本村村民凭本人身份证明经村委会同意即可利用档案，外来人员查阅档案，必须凭本人身份证或其他有效证明，并经村委会同意。

第七条　村委会换届选举产生新一届村委会以后，原村委会必须在七天内完成档案移交工作，将档案材料全部移交给新的村委会。

第八条　村委会的档案工作，必须接受县、镇档案管理部门的指导。

第九条　本办法由广东省档案局负责解释。

国务院办公厅转发民政部、公安部《关于规范村民委员会印章制发使用和管理工作意见》的通知

（国办发〔2001〕52号）

各省、自治区、直辖市人民政府，国务院各部委、各直属机构：

民政部、公安部《关于规范村民委员会印章制发使用和管理工作的意见》已经国务院同意。现转发给你们，请遵照执行。

二〇〇一年七月二十二日

民政部、公安部《关于规范村民委员会印章制发使用和管理工作的意见》

村民委员会印章，是村级公共权力的象征，在办理村公共事务和公益事业方面具有重要作用。规范村民委员会印章的制发、使用和管理，是村民委员会组织建设的重要内容。一个时期以来，一些农村村民委员会在印章制发、使用和管理方面存在不规范的现象，对农村的社会管理造成了不良影响，有些甚至给村集体经济造成重大损失。为切实保障广大农民群众的利益，规范农村基层管理，促进村民自治健康有序发展，现就规范村民委员会印章制发、使用和管理工作提出以下意见：

一、村民委员会印章的规格式样和制发程序

村民委员会的印章为圆形，直径不得大于4.2厘米，中央刊五角星，五角星外刊县（自治县、旗、市、区）乡（民族乡、镇）村民委员会名称，自左而右环行，或者名称前段自左而右环行、后段在五角星下自左而右横排。民族自治地方的村民委员会，应当并刊汉字和相应的民族文字。印章所刊汉字，应当使用国务院公布的简化字，字体为宋体。

今后，村民委员会的印章一律由乡级人民政府负责制发。刻制村民委员会印章，由村党支部、村民委员会提出意见，交村民代表会议讨论，报乡级人民政府审核，由乡级人民政府到所在地县级人民政府公安机关办理准刻手续，并到指定的厂家刻制。对不按程序刻制村民委员会印章的行为，要进行批评教育，责令改正；造成严重后果的，要依法追究当事人的法律责任。

村民委员会撤销或者合并，被撤销或合并前的村民委员会的印章不得继续使用，制发机关应予及时收缴。村民委员会因故需要更换印章，制发机关应在颁发新印章的同时收缴其旧印章。村民委员会印章丢失，应及时向制发机关报告并申请补发，应予补发的由制发机关登记并办理补发。制发机关应以适当方式公布新印章启用和旧印章作废。使用已作废村民委员会印章的，按私刻公章行为处理。

二、建立健全村民委员会印章的使用管理制度

乡级人民政府和县级人民政府民政部门要加强对村民委员会印章使用管理的指导。要指导村民委员会建立印章使用的审批、登记、备案制度，并纳入村民自治章程或村规民约之中。村民委员会印章要有专人保管，保管人由村党支部、村民委员会提名，并经村民代表会议讨论后决定。为防止乱用印章，一般情况下，印章使用的审批人与印章保管人不得为同一人。村党支部书记、村民委员会主任一般不宜直接保管印章。凡涉及贷款、承包、对外签订合同等重大问题需使用印章时，村民委员会应及时召开村民会议或村民代表会，经会议讨论同意并经村民委员会主任签字后方可使用。对违反印章使用管理规定的，要视情节轻重给予批评教育，造成严重后果的要追究当事人的法律责任。

村民委员会要加强对印章和印章使用的管理，既要严格遵守印章管理规定和印章使用审批程序，又要方便群众的生产和生活。不得以欠交税费等为借口，在村民办理参军、婚姻状况证明、外出务工证明等手续时，拒绝使用印章，也不得借机吃、拿、卡、要，增加农民负担。

三、加强村民委员会的印章管理工作

乡级人民政府、县级人民政府民政部门要监督做好村民委员会换届后的印章移交工作。换届选举工作结束后，上一届村民委员会应在10天内向本届村民委员会移交印章。拒不移交村民委员会印章的，由制发机关负责追缴，并追究责任。

村民委员会成员在届内被集体罢免的，印章由乡级人民政府暂时代管。乡级人民政府应在重新选举工作结束后及时将印章发给新的村民委员会。

各地应结合正在推行的村民自治工作，对村民委员会印章的制发、使用情况和管理工作进行一次检查，以往做法与本意见不一致的，以本意见为准。

城市居民委员会印章的刻制、使用和管理可参照本意见执行。

二〇〇一年六月二十一日

广东省人民政府办公厅
《关于乡、镇人民政府，村民委员会、居民委员会名称、印章、衔牌问题的通知》

（粤府办〔1998〕74号）

各市、县、自治县人民政府，省府直属各单位：

为规范我省撤销管理区办事处，设立村民委员会后全省乡、镇人民政府，村民委员会、居民委员会的名称和印章、衔牌的规格及制发，特通知如下：

一、名称

（一）乡、镇人民政府的名称为：

××县（自治县、市）××乡（民族乡）人民政府

××县（自治县、市）××镇人民政府

××市（指设区的市）××区××镇人民政府

（民族乡指少数民族名称的乡，一般按照地名加民族名称确定，如同一乡内有两个以上少数民族的，以人数多的一个冠在前面。）

（二）村民委员会和居民委员会的名称为：

××县（自治县、市）××乡（民族乡、镇、街）××村民（居民）委员会

××市（指设区的市）××区××街（乡、镇）××居民（村民）委员会

××市（指不设区的市）××街××居民（村民）委员会

二、印章规格、样式和制发

（一）乡、镇人民政府的印章为圆形，直径4.2厘米，圆边宽1.2毫米，中央刊五角星（五角星直径1.4厘米），五角星外刊机关名称，印文自左至右环行，由县（自治县、市、市辖区）人民政府制发；

（二）村民委员会、居民委员会的印章为圆形，直径4.2厘米，圆边宽1.2毫米，中央刊五角星（五角星直径1.4厘米），五角星外刊名称，印文自左至右环行。村民委员会印章由乡、镇人民政府制发；居民委员会印章由镇或街道办事处制发。

三、衔牌的规格、样式和制发

（一）乡、镇人民政府的衔牌长200厘米，宽42厘米，厚3厘米，文字竖写，白底黑字，由乡、镇人民政府自行制作。

（二）村民委员会、居民委员会的衔牌长（高）50厘米，宽70厘米，厚3厘米，文字横写，白底黑字，由村民委员会、居民委员会自行制作。

四、乡、镇人民政府，村民委员会、居民委员会印章、衔牌，一律使用宋体字和国务院公布实行的简化字。印章、衔牌质料，由制发单位自定。

五、过去有关乡、镇人民政府，村民委员会、居民委员会名称、印章、衔牌的规定与本规定不一致的，以本规定为准。

一九九八年十二月九日

城市社区档案管理办法

《城市社区档案管理办法》已经 2015 年 10 月 12 日国家档案局局务会议、2015 年 9 月 29 日民政部部务会议审议通过，现予以公布，自 2016 年 1 月 1 日起施行。

国家档案局局长　李明华

民政部部长　李立国

2015 年 11 月 23 日

城市社区档案管理办法

第一条 为规范城市社区档案（以下简称社区档案）管理，根据《中华人民共和国档案法》《中华人民共和国城市居民委员会组织法》和国家有关规定，制定本办法。

第二条 本办法所称社区档案，是指城市社区党组织、居民委员会、社区服务机构、社区社会组织（以下简称社区各类组织）和居民在社区建设中形成的具有保存价值的各种文字、图表、声像、电子数据等不同形式和载体的历史记录。

第三条 社区档案工作在业务上接受街道办事处（乡镇人民政府）以及档案行政管理部门和民政部门的监督和指导。

第四条 社区党组织和居民委员会应当重视档案工作，加强组织领导，将档案工作纳入社区建设内容，促进档案工作与社区其他各项工作同步协调发展。

第五条 社区档案工作经费从社区的办公经费中列支，并应当满足实际工作的需要。

第六条 社区党组织或者居民委员会应当指定人员管理本社区各类档案，有条件的地方可以设立综合档案室。

档案管理人员应当经过档案专业知识培训，调离工作岗位时应当在离职前办理档案交接手续。

第七条 社区综合档案室或者档案管理人员负责宣传、贯彻和执行党和国家有关档案工作的法律法规和标准规范，指导、监督本社区文件材料的归档、整理和移交工作。

第八条 社区档案由社区综合档案室或者档案管理人员集中统一管理，任何单位和个人不得据为己有或者擅自销毁。

第九条 社区建设中形成的文件材料可以分为文书类、科技类、会计类等三个大类，具体的归档范围和保管期限参照本办法附件。

第十条 社区文件材料的归档，应当符合以下要求：

（一）归档的文件材料应当齐全、完整、排列有序；装订结实、整齐；备考表填写真实、清楚；归档文件目录或者卷内文件目录明晰、准确；

（二）归档的文件材料中有照片或者复印件的，应当图文清晰；

（三）归档时间：

文书材料于次年6月底前归档；

科技文件材料在科技活动结束后1个月内归档；

会计材料由会计部门在会计年度终了后保管1年，于次年3月底前归档；

声像材料在活动结束或者办理完毕后随时归档；

实物材料及时归档；

电子文件按照《电子文件归档与管理规范》（GB/T18894）和《电子文件归档光盘技术要求和应用规范》（DA/T38）的要求整理。

第十一条 社区档案按照下列规则进行分类编号：

（一）文书档案按照年度——问题（社区党建、居民自治、社区管理、社区服务、社区治安等）进行分类，参照《归档文件整理规则》，以件为单位，按年度——问题——保管期限排列编号；

（二）科技档案中的基建档案按照工程项目分类整理，按照项目——时间排列编号；设备仪器档案按照型号分类整理，按照型号——时间排列编号；

（三）会计档案按照年度——类别（报表、账簿、凭证、其他）分类整理并排列编号。

第十二条 社区综合档案室或者档案管理人员应当设立专室或者专柜保管档案，采取有效的防火、防盗、防高温、防潮、防光、防尘、防鼠、防虫、防磁等措施，确保档案的完整与安全。

第十三条 档案管理人员应当定期对档案及其保管状况进行全面检查，并形成安全检查记录；如有破损、霉变、虫蛀、褪色等现象时，应当及时修补、复制或者进行其他技术处理。

对声像档案和电子档案，要定期检查信息记录的安全性，确保档案可读可用；有条件的地方要及时对声像档案进行数字化转化，以利于长期使用。

第十四条 社区综合档案室或者档案管理人员应当建立档案统计制度，对档案的收进和移出、保管数量、借阅和利用效果、销毁等情况，进行及时、准确的统计。

第十五条 社区综合档案室或者档案管理人员应当建立健全档案利用制度，为档案利用创造条件，简化手续，提供方便。

利用档案时应当按照规定办理手续，并及时做好利用效果登记。

档案管理人员应当认真检查归还档案，如发现有短缺、涂改、污损情况，要及时报告并追查。

第十六条 社区应当组织成立档案鉴定工作小组，对已到期档案及时进行鉴定。

鉴定工作小组由社区档案管理人员和形成档案的组织的人员（或者居民代表）组成，鉴定后应当形成档案鉴定报告。对失去保存价值的档案，应当清点核对并编制档案销毁清册，经过必要的审批手续后按照规定销毁。

禁止擅自销毁档案。档案销毁清册应当永久保存。

第十七条 社区档案应当依法保持齐全完整，不得随意将社区档案拆散、重新组合。

第十八条 社区综合档案室或者档案管理人员应当围绕社区中心工作和居民利用需求，加强档案信息资源的开发利用，积极开展档案编研工作。

第十九条 社区档案管理应当积极采用计算机等先进技术，逐步实现档案管理的信息化、现代化。

第二十条 涉及国家秘密、商业秘密和个人隐私等内容的档案的保管、利用，应当按照国家有关法律法规规定办理。

第二十一条 违反国家有关规定，对档案有损毁、丢失以及出卖、涂改、伪造、泄密等情况的，应当依法追究相关人员责任。构成犯罪的，依法追究刑事责任。

第二十二条 各省（自治区、直辖市）、新疆生产建设兵团档案行政管理部门商同级民政部门，可以结合当地实际情况制定本办法的实施细则。

第二十三条 本办法由国家档案局和民政部负责解释。

第二十四条 本办法自2016年1月1日起施行。

附 件

城市社区文件材料归档范围和保管期限表

一级类目	二级类目	顺序号	归档范围	保管期限
文书材料	社区党群管理及社区管理类	1	上级针对本社区设立、撤并、调整、更名、社区干部任免的通知、批复等文件材料	永久
		2	本社区组织简介、人员编制、印信启用和印信作废等文件材料	永久
		3	本社区党组织会议、居民委员会会议的会议纪要、记录、讨论通过的决议、规定等	永久
		4	本社区组织召开的党员大会、居民会议、团组织会议、妇联组织会议等重要会议的通知、名单、日程、报告、讲话、总结、纪要等	永久
		5	本社区组织召开的重要会议的典型材料、交流材料、代表发言材料、简报等	30年
		6	本社区召开的民主恳谈会、居民听证会、民主协商、矛盾纠纷调解、民情民意反映等一般会议的通知、名单、日程、总结、纪要等	10年
		7	本社区召开的一般会议的交流材料、代表发言材料等	10年
		8	本社区开展居务公开、民主评议工作过程中形成的文件材料	永久
		9	上级领导视察、检查本社区工作时形成的文件材料	
			（1）重要的	永久
			（2）一般的、本社区工作汇报材料	10年
		10	本社区居民委员会计划、总结、统计、调研等方面的文件材料	
			（1）年度和年度以上的计划、总结、统计材料、重要专题的调研材料	永久
			（2）年度以下的计划、总结、统计材料、一般问题的调研材料	10年
		11	本社区党组织、居民委员会、社区工、青、妇等群团组织、社区社会组织等各类组织的换届选举材料、上级批准或登记备案材料	永久
		12	本社区专项活动形成的文件材料	
			（1）重要的（如各类创建活动等）	30年
			（2）一般的（如精神文明教育、文化艺术、全民健身、科普教育、环保宣传教育、爱国卫生运动、健康教育等活动）	10年
		13	上级颁发的关于居民委员会工作的文件材料	
			（1）法规政策性文件	30年
			（2）规范性、一般性文件	10年
		14	本社区的请示和上级针对本社区各项工作的批复、批示	
			（1）重要业务问题的	永久
			（2）一般业务问题的	30年

续上表

一级类目	二级类目	顺序号	归档范围	保管期限
文书材料	社区党群管理及社区管理类	15	本社区编辑、编写的文件材料	
			（1）大事记、组织沿革等	永久
			（2）简报、情况反映、工作信息等	10年
		16	关于本社区的新闻报道	10年
		17	本社区制定的各项规章、规范、制度、公约等	30年
		18	针对本社区人员的表彰、奖励等文件材料	
			（1）受县级（含）以上表彰、奖励的	永久
			（2）受县级以下表彰、奖励的	30年
		19	本社区处理问题、事件的惩处决定	
			（1）受到警告（不含）以上处分的	永久
			（2）受到警告处分的	30年
		20	对本社区专职工作人员的选举、聘用、福利、社会保障等文件材料	永久
		21	对本社区专职工作人员的培训、考核、社区志愿者登记制度等文件材料	10年
		22	本社区党团员名册、组织关系介绍信及存根、本社区志愿者队伍人员名单等	永久
		23	本社区的房产、土地所有权和使用权的文件材料	永久
		24	本社区与有关单位签订的合同、协定、协议等文件材料	
			（1）重要的	永久
			（2）一般的	10年
		25	本社区物资（办公设备及用品、机动车等）采购计划、审批手续、招投标、购置等文件材料	30年
		26	本社区居委会国有资产管理（登记、统计、核查清算、交接凭证等）文件材料	
			（1）重要的	永久
			（2）一般的	10年
		27	本社区接待工作的计划、方案	
			（1）重要的	30年
			（2）一般的	10年
		28	本社区出国考察、友好往来等活动中形成的文件材料	30年
		29	本社区信息、档案、保密工作中形成的文件材料	10年

续上表

一级类目	二级类目	顺序号	归档范围	保管期限
文书材料	社区服务类	30	本社区居民的拆迁补偿、养老保险、医疗保险、职工退休、退职等登记表、协议书、存根、审批表及其他社会保障参保、退保等文件材料	永久
		31	本社区现役、复员、转业军人、军队离休干部、革命伤残军人、烈属、病故军人家属、残疾人、特困供养人员、临时救助人员等社会优抚、社会救助相关文件材料	30年
		32	本社区居民殡葬火化初审证明、存根、登记册	30年
		33	本社区登记失业人员情况、就业服务情况登记册、老年卡申办初审、最低生活保障申办初审、享受社会救济救助金申报初审等登记册	10年
		34	本社区物业管理制度、管理规约	30年
		35	本社区服务网点设置和服务内容、家政服务公司名单及运营情况等文件材料	10年
		36	本社区服务工作计划、总结和报告	30年
		37	本社区各小区物业维修基金的使用和结余情况报告	永久
		38	本社区内各小区物业公司的工作报告和财务报告	30年
		39	本社区专业社会工作者、志愿者队伍开展各项活动、各种服务活动组成人员的文件材料	10年
		40	本社区内各类社会组织的数量、人员构成、活动情况等文件材料	30年
		41	本社区公益慈善事业的经费筹集办法、资金及使用情况的文件材料	10年
		42	本社区集体经济收益所得及其使用情况的文件材料	10年
		43	本社区集体经济项目的立项、承包方案以及社区公益事业的建设承包方案	永久
		44	本社区居民家庭及成员基本情况登记表	30年
	社区治安类	45	本社区制定的有关治安综合治理及安全网络建设方面的规定、制度、宣传教育等文件材料	
			（1）重要的	30年
			（2）一般的	10年
		46	本社区治安防范队伍人员名单	30年
		47	本社区各种民事调解、纠纷处理的文件材料	
			（1）涉及房产、资产的	永久
			（2）影响重大的	30年
			（3）一般的	10年
		48	本社区对监管、释放、社区矫正、解除强制隔离戒毒等重点人群的教育、服务、管理材料	30年

续上表

一级类目	二级类目	顺序号	归档范围	保管期限
科技文件材料	基本建设类	49	本社区文化、教育、体育、青少年、老年活动、福利事业、农贸市场等建设设施项目的审批、设计、施工、监理、竣工、维修、扩建等成套的文字、图表、照片等文件材料	
			（1）重要的	永久
			（2）一般的	10年
		50	本社区环境保护项目的审批、设计、施工、竣工、维修、扩建等成套的文字、图表、照片等文件材料	
			（1）重要的	永久
			（2）一般的	10年
		51	本社区所属服务机构基础设施项目审批、设计、施工、竣工、维修、扩建等成套的文字、图表、照片等文件材料	永久
	设备仪器类	52	本社区公共服务设施的购置（引进）合同、协议以及合格证书、使用说明、图纸等	30年
		53	本社区居民委员会关于计算机、传真机、打印机、复印机、电视机、空调、汽车等办公通用和专用设备的购置合同、装箱单、使用说明书、维修及保修记录等	10年
会计材料		54	本社区居民委员会的各类报表及分析报告	
			（1）年度的	永久
			（2）半年的、季度的、月的	3年
		55	本社区居民委员会的各类总账、明细账、分类账，现金出纳账、固定资产明细账和其他辅助账	15年
		56	本社区现金和银行日记账等账簿	25年
		57	本社区居民委员会的各种会计凭证	15年
		58	本社区居民委员会的会计移交清册	15年
		59	本社区居民委员会的会计档案保管清册、档案销毁清册	永久
		60	本社区居民委员会银行余额调节表、对账单	5年

后 记

村民委员会和社区居民委员会换届选举是我省基层民主政治生活中的一件大事,直接关系到全省改革发展稳定的大局。做好全省村(居)民委员会换届选举工作,具有十分重要的意义。省民政厅专门组织成立了编写委员会编写了本书,旨在进一步加大对全省村(居)民委员会换届选举工作的指导力度。但由于准备时间比较紧迫,错漏在所难免,不足之处,欢迎批评指正。

广东省民政厅
2016 年 12 月